Die Wunder von Chanukka

Jüdische Fest- und Feiertage
in Geschichten

Die Wunder von Chanukka

Jüdische Fest- und Feiertage in Geschichten

Mit einem Beitrag zum jüdischen Kalender von
Heinrich Simon
und Reproduktionen nach Originalen von
Anatoli L. Kaplan

Gesammelt und herausgegeben von
Ingetraud Skirecki

Aufbau-Verlag

מזל טוב

Inhalt

Sabbat

Scholem Asch Menschen und Götter
Aus dem Jiddischen von Alexander Eliasberg
9

Scholem Asch Ein herrschaftlicher Sabbat
Aus dem Jiddischen von Helene Sokolow
18

Scholem Asch Der Soldat
Aus dem Jiddischen von Alexander Eliasberg
29

Rosch ha-Schana / Neujahrsfest

Jizchok Leib Perez Der alte Reb Schimen
Aus dem Jiddischen von Alexander Eliasberg
35

Jizchok Leib Perez Wenn nicht noch höher
Aus dem Jiddischen von Alexander Eliasberg
40

Jom Kippur / Versöhnungstag

Dowid Frischmann Ein Festmahl
Aus dem Hebräischen von Ahron Robinsohn
46

Jizchok Leib Perez Ne'ilo
Aus dem Jiddischen von Alexander Eliasberg
53

Scholem Alechem Die Durchsuchung
Aus dem Jiddischen von Alexander Eliasberg
65

SUKKOT / LAUBHÜTTENFEST

Jizchok Leib Perez Der Traum eines litauischen Melameds
Aus dem Jiddischen von Alexander Eliasberg
72

Mendele Moicher Sforim Die Entdeckung Wolhyniens
Aus dem Jiddischen von Theodor Zlocisti
85

SIMCHAT TORA / TORAFREUDENFEST

Scholem Alechem Die Fahne
Aus dem Jiddischen von Stefanie Goldenring
97

CHANUKKA / TEMPELWEIHE

Jizchok Leib Perez Die Wunder von Chanukka
Aus dem Jiddischen von Alexander Eliasberg
109

Scholem Alechem Chanukkageld
Aus dem Jiddischen von Stefanie Goldenring
117

PURIM / LOSFEST

Dowid Pinski Bergab
Aus dem Jiddischen von Theodor Zlocisti
130

Salman Schneur Die unsterbliche Orange
Aus dem Hebräischen von Olga Sigall
148

Jizchok Leib Perez Der Purimgeiger
Aus dem Jiddischen von Alexander Eliasberg
160

PESSACH / OSTERFEST

Scholem Alechem Auf der Wanderung
Aus dem Jiddischen von Alexander Eliasberg
168

Mendele Moicher Sforim Der Tausch
Aus dem Jiddischen von Salomo Birnbaum
178

Samuel Joseph Agnon Der Seder
Aus dem Hebräischen von Hugo Herrmann
186

Jizchok Leib Perez Der Zauberkünstler
Aus dem Jiddischen von Alexander Eliasberg
195

SCHAWUOT / WOCHENFEST

Jizchok Leib Perez Die Verstoßene
Aus dem Jiddischen von Alexander Eliasberg
201

9. AW / TAG DER TEMPELZERSTÖRUNG

Scholem Asch Tischebow
Aus dem Jiddischen von Theodor Zlocisti
205

HOCHZEIT

Mordechai Spektor Der Streik der Schnorrer
Aus dem Jiddischen von Theodor Zlocisti
211

Scholem Asch Ein jüdisches Kind
Aus dem Jiddischen von Stefanie Goldenring
219

Jizchok Leib Perez Die Mitgift
Aus dem Jiddischen von Alexander Eliasberg
226

BRIT MILA / BESCHNEIDUNG

Scholem Alechem Was wir für einen Rabbiner haben
Aus dem Jiddischen von Alexander Eliasberg
234

PIDJON HA-BEN / AUSLÖSUNG DER ERSTGEBURT

Dowid Frischmann Der Kohen
Aus dem Jiddischen von Alexander Eliasberg
243

BARMIZWA / RELIGIÖSE VOLLJÄHRIGKEIT

Moritz Steinhardt Itzigls Barmizwe
252

TRAUER UM VERSTORBENE

Jehuda Steinberg Das versäumte Kaddischgebet
Aus dem Jiddischen von Theodor Zlocisti
262

Scholem Alechem Im Monat Elul
Aus dem Jiddischen von Alexander Eliasberg
268

HEINRICH SIMON DER JAHRESKREIS DER JÜDISCHEN FEIERTAGE
279

ANHANG

Worterklärungen
333

Anmerkungen zu Einzelstellen
339

Verzeichnis der Abbildungen
341

Übersichtstabelle der Monate und Feste
343

SCHOLEM ASCH

Menschen und Götter

Golde, die Fischhändlerin, bewohnte zusammen mit der Christin Antonie ein halbzerfallenes Häuschen drüben hinter dem Flusse, nahe der Stelle, wo die Weiber Wäsche waschen. Beide waren seit Jahren Witwen, und beider Kinder waren schon längst von ihren Müttern fort in die Fremde gezogen.

Goldes ältester Sohn, Chajim der Gamaschenmacher, kam zu den Feiertagen aus Łódź, wo er zuletzt gearbeitet hatte, nach Hause und begann bald nach seiner Ankunft geheimnisvoll mit Antoniens Sohn Antek, dem Schreiner, zu tuscheln. Die Feiertage gingen zu Ende, doch Chajim machte noch immer keine Anstalten, zu seinem Meister nach Łódź zurückzukehren. Er lungerte im Hause und vor dem Hause herum; seine Mutter begann schon das Brot vor ihm zu verschließen, und zwischen Mutter und Sohn gab es öfter Streit. Und eines Abends waren die beiden jungen Leute, Chajim und Antek, plötzlich verschwunden. Man suchte sie überall – sie waren wie von der Erde verschlungen. Die Jüdin schimpfte auf die Christin und die Christin auf die Jüdin. Die eine sagte: »Dein Sohn hat den meinigen verführt!« Und die andere behauptete das Gegenteil. An einem schönen Sommermorgen stehen sie beide vor ihrem Häuschen, rühren sich je ein Viertelpfund Mehl in die Frühstückssuppe und schütten voreinander das Herz aus:

»Wo können sie jetzt sein?«

»Sind wohl beide im Meere ertrunken.«

»Da soll man Kinder großziehen, damit die Fische sie fressen!«

»Vielleicht sind sie noch am Leben?« versucht sich die Jüdin Mut zu machen.

»Vielleicht sind sie wirklich am Leben!« meint auch die Christin.

»Und vielleicht haben sie ihr Glück gemacht?«

»Und haben schon eigene Häuser und Felder?«

»Und werden ihren armen Müttern im Alter helfen?«

Plötzlich kommt Chanele, die Briefträgerin, vorbei:

»Goldele! Goldele! Ihr habt einen Brief! Möge es eine gute Botschaft sein!«

»Woher kommt der Brief?«

»Es ist ein Schiffchen drauf. Der Brief kommt wohl von jenseits des Meeres.«

Und sie gab ihr den Brief. Auch die Christin bekam einen Brief.

Sie entfalten die Briefe. In jedem Brief steckt eine Photographie. Zwei vornehme Herren mit steifen Hüten halten in der linken Hand Spazierstöcke und schütteln einander die Rechte.

Die Frauen schauen die Bilder an. Sind sie es, oder sind sie es nicht? Sie sehen so verändert aus, kaum zu erkennen.

»Mein Chajim!« sagt endlich die Jüdin schluchzend.

»Mein Blut, mein Fleisch!« weint die Christin.

Als die erste Aufregung vorüber war, betrachteten sie aufmerksamer ihre wiedergefundenen Söhne.

»Mein Chajim hat sich gar nicht verändert!« sagt die Jüdin.

»Mein Antek auch nicht!« sagt die Christin.

»Schau nur die Uhrkette an der Brust und die Handschuhe! Als ob er Sundels Sohn wäre und nicht mein Kind!«

»Und der meinige trägt den Zylinderhut wie Graf Dankel!«

»Na, hat mein Chajim deinen Antek zu etwas Schlechtem verführt? Wäre nicht mein Chajim, was hätte dein Antek jetzt getrieben?« sagte die Jüdin zur Christin.

»Ich weiß noch nicht, ob es wirklich ein so großes Glück ist. Er trägt eine goldene Uhrkette, hat aber seine alte Mutter vergessen.«

»Man muß zu Moische, dem Lehrer, gehen, damit er uns die Briefe liest.«

Beide Frauen warfen sich ihre Tücher über den Kopf und gingen mit den Briefen zu Moische, dem Lehrer. Moische, der Lehrer, las ihnen vor, daß die Söhne sich beim besten Wohlsein befänden und das nämliche auch von den lieben Eltern zu hören erhofften. Ferner schrieben sie, daß sie ihre alten Mütter nicht vergessen hätten. Sie hätten viel durchmachen müssen, bis sie sich eine Existenz geschaffen haben. Und nun arbeiteten sie beide in der gleichen Werkstatt und bekämen je fünfzehn Dollar die Woche; es sei aber nicht immer Arbeit da. Und sie schickten ihren Müttern je fünf Dollar und würden sie auch in der Zukunft nicht vergessen. Und am Ende eines jeden Briefes hieß es, daß sie die ganze Nacht aufgeblieben wären, um diese Briefe zu schreiben, und nun schließen müßten, weil die Lampen ausgingen.

Und in den Briefen lagen zwei blaue Scheine, für die Leibusch, der Lotteriekollekteur, nicht ohne Schwierigkeiten je sieben Rubel und fünfundzwanzig Kopeken auszahlte.

Beide Frauen gingen am selben Tag noch auf die Friedhöfe, um ihren Män-

nern zu berichten, daß ihre verlorenen Söhne sich gemeldet und ihre alten Mütter nicht vergessen hätten.

So lebten die beiden Frauen viele Jahre nach dem Tode ihrer Männer und auch viele Jahre vor dem Tode ihrer Männer in engster Nachbarschaft, in dem halbzerfallenen Häuschen jenseits des Flusses, nahe der Stelle, wo die Weiber Wäsche waschen. Das Häuschen war gemeinsamer Besitz des Juden und des Christen; Gott allein weiß, wie sie dazu gekommen waren. Man sagt, das Häuschen hätte einmal einem Geistlichen gehört, und dieser Geistliche hätte sechs Erben hinterlassen. Und als die sechs Erben die Erbschaft unter sich aufteilten, stellte sich heraus, daß einer von ihnen dem Juden etwas schuldete; kurz und gut, der Jude bekam für die Schuld die Hälfte des Häuschens. Das Häuschen bedurfte dringend einer Brandmauer, denn das Regenwasser, das von dem viel höheren Nachbarhause auf das Dach herunterlief, drohte das ganze Häuschen, dessen Wände viel zu schwach waren, einzudrücken. Der Christ schlug dem Juden mehrmals vor, er möchte die nötigen Materialien anschaffen, dann würde er selbst die Mauer hochziehen. Dem Juden fehlten aber die Mittel. Aus seinem Anteil am Häuschen nahm der Jude das nötige Geld, um seine beiden Töchter zu verheiraten. Diese waren inzwischen mit ihren Männern ausgewandert: die eine nach Südafrika, die andere nach Kanada – und das Häuschen stand noch immer ohne Brandmauer da.

Doch der Christ ließ sich Zeit, und wo er nur einen zufällig liegengebliebenen Ziegelstein fand, schleppte er ihn nach Hause. Und als er eine ordentliche Menge Baumaterial beisammen hatte, errichtete er in seiner Hälfte des Häuschens eine Brandmauer und neigte bei dieser Gelegenheit die Dachrinne des Nachbarhauses auf die Dachhälfte des Juden. Und wenn es nun regnete, floß das ganze Wasser auf die jüdische Hälfte herunter; die dünnen Wände der Judenwohnung bogen sich noch mehr, und es floß obendrein so stark durch das Dach, daß man auf Betten, Tische und Schränke Töpfe, Teller, Becken und Schüsseln stellen mußte, um das Wasser aufzufangen.

Doch im allgemeinen lebten Christ und Jude friedlich nebeneinander. Selbst ihre Streitigkeiten verliefen friedlich. Sie zankten sich oft, wurden aber bald danach wieder gute Freunde. Auch die beiden Frauen lebten im Frieden. Wenn die Christin zur Arbeit ging und der kleine Antek, den sie in der Wiege zurückließ, solches Geschrei erhob, daß der Himmel in Stücke zu gehen drohte, kam die Jüdin, die damals ihren Chajim stillte, nahm Antek auf den

Arm und gab ihm ihre Brust. Der kleine Chajim, der währenddessen auf dem andern Arm seiner Mutter lag, wurde eifersüchtig und sah den anderen erstaunt an. Wer weiß: vielleicht hatten sie sich schon damals verabredet, nach Amerika auszuwandern. Und wenn bei Golde vor einem Feiertag, zum Beispiel vor Pessach, das große Reinemachen war und ihre Kinder, aus der Stube verjagt, sich auf dem Hofe herumtrieben, weinten und schrien, nahm Antonie manchmal eines der Judenkinder zu sich in ihre Stube und gab ihm von ihrem Mittagessen. Die Jüdin mußte danach dem Kinde den Mund recht gründlich reiben und scheuern, um jede Spur der verbotenen Speisen zu beseitigen, und das Kind schrie dabei zum Himmel. Und wenn bei der einen ein Kind krank wurde, lief die andere gleich zum Feldscher oder in die Apotheke. Auch halfen sie einander oft mit einigen Groschen oder einem Laib Brot oder etwas Milch aus.

Doch die Götter der beiden Nachbarinnen konnten unmöglich im Frieden miteinander leben und stifteten oft zwischen den beiden Frauen Krieg.

Wenn der eine Gott einen Festtag hatte, wollte es ihm der andere nicht gönnen. Das ganze Jahr lebten die beiden Frauen in schönster Eintracht; doch wenn die Christin einen Feiertag hatte, zum Beispiel Weihnachten, und aus ihrer Wohnung der Geruch der neun Weihnachtsspeisen drang, rümpfte die Jüdin die Nase ... Und wenn zu der Christin der Geistliche ins Haus kam, um die Stube mit Weihwasser zu besprengen, pflegte die Jüdin ihre Kinder in der Wohnung einzusperren und sie nicht eher herauszulassen, als bis der Geistliche wieder fort war. Und wenn sie den gebratenen Schweinekopf sah, aus dessen Augenlöchern irgendein grünes Kraut herausschaute, wurde es ihr übel, und sie spuckte den ganzen Tag.

»Das nennt sich auch Feiertag! Mögen sie ein schwarzes Jahr haben!« pflegte die Jüdin zu sagen. Und sie vermied es eine ganze Woche lang, die Christin anzuschauen.

Wenn aber die Jüdin einen Festtag hatte, zum Beispiel Pessach, und zur Feier des Tages einen Fisch kochte, verriegelte die Christin ihre Wohnung und sagte:

»Wieder so ein Feiertag bei den krätzigen Juden! Der ganze Flur stinkt!«

Und wenn man der Jüdin die Mazzes ins Haus brachte, nahm die Christin ihre Kinder schnell in die Stube und sperrte sie da ein.

Wenn am Freitagabend der Sabbatfisch auf dem Tische stand und die Sabbatlichter brannten, und Goldes Mann Boruch die Sabbatpsalmen sang,

wenn da die Jüdin zum Fenster hinausblickte und sah, wie der Christ einen Karren Sand schob oder einen Sack schleppte, sagte sie verächtlich zu ihrem Mann:

»Einen schönen Sabbat haben sie! Es ist wirklich ein Volk von Götzendienern! ...«

Viele Jahre sind vergangen. Die Nachbarinnen sind alt geworden. Ihre Söhne, Chajim und Antek, die nach Amerika ausgewandert sind, scheinen verschollen zu sein; sie haben aufgehört, ihren Müttern Briefe zu schreiben, und schicken ihnen weder Photographien noch jene blauen Zettel, für die der Lotteriekollekteur Leibusch sieben Rubel und fünfundzwanzig Kopeken zu zahlen pflegt. Die Christin und die Jüdin machen einander wieder Vorwürfe. Die eine sagt: »Dein Sohn hat den meinigen verführt!« Und die andere sagt das Gegenteil.

Nun konnte das Dach über dem jüdischen Teile des Häuschens dem aus der Dachrinne des Nachbarhauses ständig fließenden Regenwasser nicht länger standhalten; es stürzte zusammen und lag platt auf den vier Wänden, die bei der leisesten Berührung gleichfalls einzustürzen drohten. Auch der Schornstein war eingestürzt, und der Ofenrauch füllte die ganze Stube. Das ganze Einkommen Goldes bestand aus dem halben Rubel, den ihr der Vater eines ihrer Schwiegersöhne und ihr gewesener Kompagnon, Reb Matisjohu Chren, gleichsam als ihren Anteil am Geschäftsgewinn wöchentlich ausbezahlte (obwohl sie schon längst kein Geld mehr im Geschäft stecken hatte; bei den Fischhändlern ist es nämlich Sitte, der Witwe eines verstorbenen Kompagnons lebenslänglich eine Art Rente zu zahlen). Und von diesem halben Rubel mußte sie sich Brot und Milch und etwas Fleisch zum Sabbat kaufen und zehn Kopeken in der Woche der Krämerin Chanele abgeben als Ratenzahlung für die Leinwand, die sie sich für ihre Sterbegewänder angeschafft hatte ... Als das Dach zusammengefallen war, lebte sie noch den Rest des Sommers, so gut es ging, in ihrer Wohnung; doch als der Winter kam und es recht kalt wurde, konnte sie in ihrer Stube nicht mehr bleiben. Sollte sie vielleicht zu Reb Matisjohu Chren ziehen, damit dessen beinahe achtzigjährige Frau Blümele die Schadenfreude erlebte und sagen könnte: »Nun ist Golde doch an meinem Tisch angelangt!«? Es blieb Golde also nichts anderes übrig, als für den Winter zu ihrer Nachbarin zu ziehen. Diese war zwar eine Christin, doch ein guter Nachbar ist immer besser als ein ferner Verwandter.

Die Christin nahm sie mit großen Ehren auf und räumte ihr den Winkel beim Ofen ein. Viel Hausrat brauchte Golde nicht mitzunehmen: die Winterbettdecke, die beiden Sabbatleuchter, das Schränkchen, den türkischen Schal, die Sabbathaube und die kleine Kommode.

So lebte die Jüdin im Winkel beim Ofen. Und im Winkel am Fenster, wo das Bett der Christin stand, hing ein Heiligenbild, vor dem ständig ein Lämpchen brannte.

Die Jüdin scheut sich in diesen Winkel zu blicken, wo das Heiligenbild hängt. Sie will nicht mit den Augen sündigen ... sie fürchtet, mit Blindheit gestraft zu werden ... Und es ist ihr, als ob der Dornenkranz des Heilands auf dem Bilde sie auch aus der Entfernung steche ... Und Golde schlägt das alte Jom Kippur-Gebetbuch, das sie von ihrer Mutter geerbt hat, in ihren türkischen Schal ein, damit der Blick der Christin nicht darauffalle. Und wenn sie vor dem Einschlafen das »Höre Israel« spricht, schiebt sie vor ihren Winkel die Kommode vor als Schutzmauer, damit der Heiland auf dem Bilde ihr Gebet nicht höre.

Und mit der Christin ist es genauso. Sie wartet mit ihrem Nachtgebet, bis die Jüdin eingeschlafen ist. Und sie stellt ebenfalls etwas vor ihren Winkel, damit die Jüdin und ihr Gott, den sie in der Kommode hat – sie meint das alte Gebetbuch im türkischen Schal –, ja kein Wort des Gebetes hören.

Und als der erste Freitag kam, traf die Jüdin Vorbereitungen für den Sabbat. Sie breitete auf ihrer Kommode ein sauberes Tischtuch aus, stellte die beiden Sabbatleuchter darauf, steckte neue Kerzen hinein, setzte sich die Sabbathaube auf und begann ihre Gebete zu flüstern. Die Christin erschrak, als in ihrer Stube der jüdische Sabbat gefeiert wurde. Sie wollte aber ihren Verdruß der Nachbarin nicht zeigen. Als sie sah, daß die Jüdin zu ihrem Gotte betete, kniete sie vor ihrem Heiligenbilde nieder und begann zu ihrem Gott zu beten und sich vor die Brust zu schlagen ... Und die Jüdin dachte: »Gerade wenn ich die Lichter anzünde, muß sie beten!«

Nach dem Lichtersegen stellte die Jüdin ein Sabbatbrot auf den Tisch und einen Teller mit Fischen. Eine jüdische Nachbarin pflegte ihr jeden Feiertag Fische zu schicken.

Die Christin war inzwischen mit ihrem Gebet fertig geworden. Sie stand auf und ging zum Tisch der Jüdin. Die Jüdin gab ihr von ihren Fischen, und beide Frauen sprachen über die verschiedensten Dinge.

In der Stube ist es heiß. Die Christin hat ihren Ofen an diesem Tag der Jüdin zu Ehren besonders stark eingeheizt. Auf der Kommode brennen die

Sabbatkerzen, und das Lämpchen vor dem Heiligenbilde im andern Winkel flackert im Halbschatten. Die beiden Frauen sitzen friedlich beisammen, essen die Fische mit großer Vorsicht, um ja keine Gräte zu verschlucken, unterhalten sich über ihre Nachbarinnen und kommen allmählich auf die verschollenen Söhne zu sprechen.

»Wo können sie jetzt sein?« fragt die Christin.

»Sind wohl beide im Meere ertrunken!« antwortet die Jüdin.

»Da soll man Kinder großziehen, damit die Fische sie fressen!« jammert die Christin.

»Und vielleicht sind sie doch noch am Leben?« versucht sich die Jüdin Mut zu machen.

»Vielleicht sind sie wirklich am Leben!« meint auch die Christin.

»Und vielleicht haben sie ihr Glück gemacht?« will die Jüdin hoffen.

»Und haben schon eigene Häuser und Felder?« geht die Christin noch weiter.

»Gott wird helfen!« sagt die Jüdin.

»Gott wird uns nicht verlassen!« bestätigt die Christin.

Und sie vergessen für eine Weile, welcher Gott helfen soll: ob der, der bei den Sabbatkerzen ist, oder der, vor dem das Lämpchen flackert? Und mit Gottes Namen auf den Lippen nicken sie beide ein, immer noch vor der Kommode sitzend, die mit Fischgräten und Krümeln des Sabbatbrotes bedeckt ist.

Im kleinen Stübchen kämpfen zwei Götter: die kleinen Sabbatkerzen auf der Kommode und das Lämpchen vor dem Heiligenbilde, und sie erlöschen beide in der Stille. Und auch die Frauen gehen zur Ruhe und schlafen in der warmen Sabbatnacht schnell ein.

SCHOLEM ASCH

Ein herrschaftlicher Sabbat

Den staubbedeckten Weg zum Städtchen entlang fährt ein stabiler, gediegener Wagen mit zwei weißen Trabern im Geschirr. Er wirbelt dichte Staubwolken auf und kündigt an: Der Großkaufmann kommt.

Der Großkaufmann Schloime Nogid fährt zum Sabbat nach Hause! Die Bäume im Walde und die Ähren im Felde gehören ihm. Er hat sie gekauft. Für ihn wächst der Wald, für ihn reift das Korn. Und er wird sie wachsen lassen, solange es ihm behagt, und wird sie fällen lassen, wann es ihm behagt. – Doch heute ist er nicht der Großkaufmann, der kaufen und verkaufen fährt, heute eilt der Jude zur Sabbatfeier heim.

Es ist erst Freitag Mittag, und die Sonne steht noch hoch am Himmel, doch in Reb Schloimes Haus ist es althergebrachte Sitte, die vom Vater auf den Sohn überkommen ist, am Freitag keine Geschäfte mehr zu machen. Die ganze Woche reist Reb Schloime Nogid umher und handelt – nun fährt er zum Sabbat nach Hause. Die Tasche ist voll Geld. Felder und Wälder hat er gekauft, Holz auf dem Wasser und Wolle auf den Schafen. Voll Gottvertrauen hat er sein Wochenwerk abgeschlossen und eilt nun der Sabbatfreude entgegen.

Reb Schloimes Sabbat währt lange, denn es heißt in der Familie, es sei gut, dem Sabbat möglichst viel von der Woche zuzulegen. Und so gilt der Freitag Reb Schloime schon wie Sabbat. Im Dorfe wartet man bereits auf ihn. Die Bäuerinnen wissen, daß Reb Schloime zum Sabbat nach Hause fährt, und sie bieten ihm allerlei an: ein fettes Huhn, eine Mandel Eier. Und obwohl seine Vorbereitungen zum Sabbat bereits am Donnerstag begonnen haben, kauft Reb Schloime alles, was ihm geboten wird, damit auch ja nichts fehle. Fischer kommen an seinen Wagen und werfen ihm Netze mit frischen lebenden Fischen hinein. Er handelt nicht, nimmt alles mit und fährt weiter. Kaum ist er aus dem Dorfe, begegnet Reb Schloime den ersten Gästen, die zum Sabbat ins Städtchen wandern. Reb Schloimes Sabbatfeier hat weit und breit einen guten Ruf, und Arme aus der ganzen Gegend ziehen zum Städtchen, um von Reb Schloime zum Sabbat geladen zu werden.

»Surach, halt!« befiehlt Reb Schloime dem Kutscher und ruft dem Vorübereilenden zu:

»Steig ein in meinen Wagen, guter Mann.«

Jedesmal, wenn der Wagen armen Juden begegnet, wiederholt sich dasselbe. Vollgepackt mit Gästen und vollgestopft mit Eßwaren für den Sabbat gelangt der Wagen zur Stadt.

Rasselnd und polternd fährt er ins Städtchen hinein, und das Straßenpflaster dröhnt unter seinen Rädern. Die Bürger des Städtchens grüßen ihn aus ihren Läden. Man schaut mit großer Freude dem Wagen nach. »Welch ein Glück für den Juden, wenn er imstande ist, einen Wagen voller Gäste zum Sabbat mit nach Hause zu bringen.« Man gönnt ihm seinen Reichtum. »Schade nur, daß sein Weib Neche im Wochenbett starb. Das war eine gute Frau. Ihre Güte war weithin bekannt.« Von dem jungen Weib, das Reb Schloime erst vor kurzem geheiratet hatte, weiß man im Städtchen nicht viel Gutes zu sagen. Sie würde gern ein reiches Haus führen, erzählt man in den Läden.

Indessen erreicht der Wagen das Haus. Weit öffnet sich vor ihm das Hoftor. Die Kinder, Jungen und Mädchen in verschiedenem Alter, kommen aus dem Hause gestürzt, hängen sich an den Wagen und fahren ein Stückchen mit. Durch die weitgeöffneten Fenster der Küche dringt der Duft von frischgekochten Fischen, von Zimes und von anderen Sabbatgerichten. Reb Schloime Nogid zieht den staubigen Mantel aus und wirft ihn in den Wagen. Dann fährt er sich mit der Hand über den dichten, schöngewachsenen, schwarzen Bart. Seine dunklen, leuchtenden Augen sprühen Funken, sein Gesicht spiegelt Stärke und Tatkraft. Wie ein Jüngling springt der vierzigjährige Mann vom Wagen und ruft in die Küche hinein: »Sprinze, Chane, Dwoire!«

Im Fenster erscheinen die Mägde mit roten, vom Kochen erhitzten Gesichtern. Sie strecken ihre aufgeschürzten Arme hinaus, und der Kutscher Surach reicht ihnen aus dem Wagen die Netze mit den Fischen und die Hühner.

Die Hausfrau läßt sich jedoch am Küchenfenster nicht sehen. Der Heimgekehrte vermißt das breite, festliche Willkommenslachen seiner seligen Neche. Reb Schloime vermutet, sein junges Weib sei verstimmt. Er geht zu ihr in die Küche. Chanele steht am breiten, messingbeschlagenen Küchentisch und ist mit dem Zubereiten der Kugel beschäftigt. Schwarze Augenbrauen und schwarze Wimpern umrahmen die dunklen Augen. Einen Augenblick wartet er. Die junge Frau schlägt die Augen nieder, steht ruhig und läßt sich von ihm betrachten. Er aber glaubt, sie zürne ihm wegen der vielen Gäste. Ein so junges Weib, so kurz nach der Hochzeit möchte wohl nicht gern einen so gro-

ßen Haushalt führen. Und unwillkürlich denkt er an seine Neche zurück ... »Je mehr Gäste, um so lustiger der Sabbat«, pflegte sie zu sagen. Und ein Seufzer entfährt seiner Brust. Chanele meint den Seufzer zu verstehen. Tiefer senken sich ihre Augenlider, die schöne hohe Stirn zieht sich in Falten, und an den Wimpern schimmern Tränen. Der Mann sieht sie an, er betrachtet ihre volle Gestalt, denkt an die bald bevorstehende Beschneidungsfeier, und ein großes Mitleid mit ihr überkommt ihn. »Die Toten sind tot« – denkt er bei sich – »und diese hier ist doch ein richtiges jüdisches Frauchen. Sie ist nur an den großen Haushalt noch nicht gewöhnt.« Er tritt näher zu ihr heran und sagt mit weicher Stimme und einem stillen Lächeln, das sich in dem schwarzen Bart verliert: »Chanele, siehst du mich nicht? Ich bin doch gekommen!« Da schaut sich Chanele in der Küche vorsichtig um, ob sie auch allein seien, und antwortet ihm mit warmer, liebevoller Stimme: »Ich kann dir nicht entgegenlaufen, Schloime.«

Aus ihren Worten fühlt er, daß sie sich immer noch vor ihm ängstigt. Das schmeichelt ihm, und er hat sie noch lieber. Er nimmt ihre Hand und sagt: »Chanele, komm in die Stube, ich hab' dir etwas zu sagen.«

Still und gesenkten Hauptes folgt Chanele ihrem Manne in die Schlafstube. Dort zieht er eine Schachtel aus der Tasche und überreicht sie seinem Weibe.

»Hier hab' ich dir etwas mitgebracht.«

Sie hält das Schächtelchen in der Hand und traut sich nicht, es zu öffnen. Da öffnet er die Schachtel selbst und entnimmt ihr ein goldenes Geschmeide.

»Es ist ein Geschenk für dich. Nimm es hin und sei dafür gut zu den Gästen. Denn Gäste muß man liebhaben und Gott danken, daß er einem Mittel gab, Gastfreundschaft zu üben.« Und er streicht ihr liebevoll über das Haar.

»Hab' ich denn die Gäste nicht gern?« gibt Chanele ihrem Mann zurück. »Möge uns Gott helfen, daß wir recht viele Gäste« – sie stockt, spricht den Satz nicht zu Ende und wagt nicht, den Mann anzusehen. Das »wir«, das ihr unwillkürlich entfuhr, macht sie verlegen, denn sie hat sich immer noch nicht ganz an ihn gewöhnt. Doch dieser lieblichen Verlegenheit wegen hat er sie noch lieber.

Schon kocht der große Topf mit Kartoffeln auf dem Küchenherd, das Freitagmittagessen wird bereitet. Die Knechte machen im Schuppen die Strohsäcke für das Lager der Gäste zurecht, und die Mägde schaben die Fische ab, die sich unter ihren Händen winden und springen, daß die Schuppen ihnen nur so ins Gesicht fliegen. Ja, selbst noch die einzelnen Stücke springen im Wasser in die Höhe – so frisch sind die Fische gewesen.

Reb Schloime sitzt am Tisch und genießt sein Mittagessen, das am Freitag nicht sehr üppig zu sein pflegt. Man muß seinen Appetit für das Abendessen aufheben. Ein frischer Fischkopf, dazu eine frischgebackene Challe, deren Duft das ganze Zimmer füllt, das ist alles.

Die Stube ist schon zum Sabbat hergerichtet – der Fußboden gewischt und mit Sand bestreut. Alle Geräte im Zimmer sind spiegelblank geputzt. Auf der Kommode stehen die vier silbernen Leuchter zum Anzünden vorbereitet.

An Reb Schloimes Seite sitzt sein junges Weib. Leise befragt er sie, ob sie etwa Ärger mit den Kindern hatte. Sie wird verlegen und antwortet ihm, sie habe nicht zu klagen. Die Kinder der Verstorbenen liebten sie und seien ihr wie ihre eigenen.

Auf dem Tisch liegt das Geld, das Reb Schloime nach Hause gebracht hat. Die Frau schichtet die Scheine zu einem Häufchen übereinander. Im Zimmer wird es fröhlich. Die Jungen kommen aus dem Cheder, die Bibel unter dem Arm, auf den Lippen noch den Singsang vom Wochenabschnittlesen. Sie begrüßen den Vater, küssen ihm die Hand und rufen: »Hunger!« Der Schwiegersohn, der Mann der ältesten Tochter, kommt die Treppe herunter. Er ist »auf Kest« bei seinem Schwiegervater. Der junge Mann, der einmal Rabbiner werden will, begrüßt den Schwiegervater und beginnt in der Stube auf und ab zu gehen.

Die älteste Tochter Sorele ist dem Vater gram, weil er so rasch nach dem Tod der Mutter wieder geheiratet hat. Mit der Stiefmutter versteht sie sich dennoch gut, obwohl diese nun im Hause die Stelle der seligen Mutter vertritt. Auch Sorele ist eine junge Ehefrau, erst kurz verheiratet, und so haben sich die beiden gefunden. Chanele ist der Tochter gegenüber viel unbefangener als ihrem Mann.

Nun kommt Oiserl vom Lehrhaus nach Hause. Er ist der älteste Sohn und bereits Bräutigam. Stolz trägt er die goldene Uhr, die er von seiner Braut zum Geschenk bekam. Er begrüßt den Vater mit einem »Scholem alechem« und zieht sich in eine Ecke zurück. Oiserl ist ein Aufgeklärter, er liest die neuen hebräischen Bücher und spricht auch fremde Sprachen, Reb Schloime läßt ihn gewähren. Aber Reb Schloimes Stolz und Freude ist Chaiml, sein vierzehnjähriger Sohn mit den gekräuselten Schläfenlöckchen, der mit der goldenen Uhr, die er vom Vater zur Barmizwa geschenkt bekam, in die Stube tritt.

Er ist das Wunderkind im Städtchen, man spricht überall von seiner Begabung. Der Rabbiner persönlich unterrichtet ihn gesondert. Durch Chaiml wird die Gelehrsamkeit und die Torawissenschaft in der Familie wieder aufleben. Schon jetzt laufen die Heiratsvermittler Reb Schloime die Türen ein und schlagen ihm Partien vor. Aber Reb Schloime ist schon keiner mehr von den ganz Strengen, er will den Jungen nicht so früh verheiraten. Der Junge aber weiß, daß er des Vaters Liebling ist, und er nähert sich ihm mit einer Dreistigkeit, die andere nicht gewagt hätten. Reb Schloime kneift ihn in die Backe und fragt ihn nach seinen Fortschritten. So versammelt sich allmählich die ganze Familie, um den Vater willkommen zu heißen. Voller Liebe und Vertrauen schauen sie ihn an, und keiner wagt in seiner Gegenwart zu sprechen.

Das Papiergeld wird nun im Schrank aufbewahrt, das Kleingeld pflegt Reb Schloime jeden Freitag unter den Armen zu verteilen. Er füllt die Taschen mit dem Kleingeld und macht sich auf den Weg ins Armenviertel. Unterwegs bleibt er bei keinem stehen, spricht mit niemandem, bittet nur Gott, er möge ihm die Bedürftigen zuführen, damit er ihnen helfen könne. Man weiß längst, was Reb Schloime vorhat. Niemand stört ihn, man geht ihm ehrerbietig aus dem Wege.

Im Armenviertel wird er erwartet. Reb Schloime geht auch zu den kranken bedürftigen Juden, von denen niemand weiß, daß sie leiden. Das nennt er Wohltun im geheimen und hält es für ein besonders gutes Werk.

Die Taschen geleert, frohen Herzens tritt er den Heimweg an und dankt dem Schöpfer, daß er ihn zu seinem Verwalter erwählt hat und daß er nicht auf andere angewiesen ist. Reb Schloime glaubt, Gott habe ihm das Vermögen anvertraut, damit er damit viel Gutes tue. Sollte er, Gott behüte, das Vermögen schlecht verwalten, so würde es Gott von ihm nehmen und einem anderen anvertrauen. In solche Gedanken versunken, kehrt Reb Schloime mit einem Gefühl der Befriedigung nach Hause zurück.

Aus der Kinderstube klingt ihm das Lärmen der Kinder entgegen, die dem Sabbat zu Ehren gründlich gewaschen werden. Wie lieb hat Reb Schloime seine Kinder! Er geht in die Kinderstube. An vier Waschschüsseln stehen die Mägde und waschen den Kindern die Köpfe. Chanele holt aus der Kommode frische Wäsche hervor. Die Jungen schreien und suchen ihre Köpfe aus den flinken Händen der Mägde zu befreien. Einige sind schon fertig und sollen nun in die frische Wäsche hinein, doch sie wehren sich aus Leibeskräften. Ein glückliches Lächeln umspielt Reb Schloimes Lippen. Die Kinder erblicken ihn und werden sofort ruhig. Er gibt einem von ihnen scherzhaft einen Klaps auf das nackte Körperchen und verläßt befriedigt die Kinderstube.

Nun beeilt sich auch Reb Schloime, dem Sabbat zu Ehren ein Festkleid anzulegen.

Im Eßzimmer wird alles für den Sabbat bereitet, der langausgezogene Tisch mit einem weißen Tischtuch gedeckt. Auf dem Tisch prangen die vier silbernen Leuchter. Alle werden heute angezündet, denn es muß hell sein am Sabbat in Reb Schloimes Hause. »Je mehr Licht, desto größer das Verdienst«, pflegt Reb Schloime zu sagen. Silbern ist heute das Besteck, das vor jedem Kinde liegt, silbern das ganze Gerät auf dem Tisch. Denn in Reb Schloimes Hause gibt es doppeltes Gerät: für den Wochentag aus Zinn und für den Sabbat aus Silber. So hatte es noch die selige Neche eingeführt, eine hervorragende Hausfrau ist sie gewesen! Die Jungen, gut gewaschen, gekämmt, tragen ihre neuen Sabbatkaftane, die Mädchen mit den kurzen, geflochtenen Zöpfen ihre neuen Kattunkleidchen. Von oben kommt der Schwiegersohn herunter in einem Kaftan aus Atlas und einer pelzverbrämten Mütze. Reb Schloime Nogid ist ein Misnaged, er betet in dem einfachen Lehrhaus, und sein Schwiegersohn betet dort mit ihm, obwohl er ein Chossid ist.

Nun kommt auch der Bräutigam in die Stube. Er trägt einen eleganten Kaftan, an dem der Hausschneider seine ganze Kunst erwiesen hat, denn der junge Mann ist putzsüchtig wie ein Mädchen.

Einen Augenblick gleiten Reb Schloimes Blicke über den Tisch, und ein zufriedenes Lächeln erstrahlt auf seinem Antlitz.

Reb Schloime, sein Schwiegersohn und seine Söhne nehmen die Gebetbücher und gehen ins Lehrhaus. Die Gäste folgen ihnen. Die Juden im Städtchen freuen sich über diesen Anblick und senden Reb Schloime, seinen Kindern und seinen Gästen warme Segenswünsche nach.

Chanele bleibt mit den zwei kleinen Mädchen von sechs und sieben Jahren am Tisch zurück. Die älteste Tochter ist in ihre Stube gegangen, um die eigenen Lichter anzuzünden.

Chanele hat sich zum Lichtanzünden schön geputzt. Sie hat die neue Sabbathaube aufgesetzt und ihr seidenes Hochzeitskleid angezogen. Es ist mit teuren Spitzen besetzt, die ihr der Mann von der Leipziger Messe mitgebracht hatte. Den Perlenschmuck hat sie nicht anlegen wollen, der hatte noch der ersten Frau gehört, und sie will die Kinder nicht kränken. Da sie aber dem Mann zu gefallen wünscht, legt sie die goldene Kette und die goldene Brosche an, die er ihr heute mitbrachte. Wie eine junge jüdische Prinzessin steht sie am feierlich gedeckten Tisch und zündet die Kerzen an. Sie hebt die hübschen weißen Hände zu den Augen empor und bedeckt ihr Gesicht. Das Gebetbuch liegt vor ihr, aber sie betet nicht. Stille, heiße Tränen fließen ihr über die Wangen. Chanele weint. Sie klagt – Gott behüte – nicht über ihr Schicksal, nicht weil sie einen Witwer heiraten mußte. Sie hat ja den Mann gern. An ihres Vaters Haus denkt sie zurück. Chanele stammt aus einer guten, aber verarmten Familie. Das Schnittwarengeschäft, das sich vom Vater auf den Sohn vererbt hatte, mußte geschlossen werden, denn der Vater ging bankrott. Chanele war die Älteste im Hause, und Reb Schloime Nogid ein reicher und angesehener Mann. Es herrschte Trauer im Hause, als sie die Braut eines Witwers wurde, und im Städtchen gab es große Aufregung deswegen. »So weit mußte es kommen, daß Schmul Großglücks Tochter einen Witwer heiratet. Weh uns, daß wir es erlebt haben« – jammerten die Leute.

Reb Schloime Nogid aber hat des Vaters Geschäft wieder in die Höhe gebracht; er gab das nötige Geld zur Aussteuer und zur Hochzeit, ja, sogar das Geld für die üblichen Bräutigamsgeschenke steckte er den Eltern zu. Nein, sie braucht ihr Schicksal nicht zu beklagen. Die Stiefkinder sind gut zu ihr. Es sind freundliche Kinder, die unter den liebevollen Händen der Mutter und den strengen Augen des Vaters aufwuchsen – sie haben sich rasch an sie gewöhnt. Die kleinen Kinder hat sie für ihr Leben lieb. Die älteren sind ihr noch etwas fern – sie trauern im stillen um die tote Mutter und sehen es nicht gern, wenn der Vater zu ihr zärtlich ist. Deswegen vermeidet sie in ihrer Gegenwart jede Zärtlichkeit mit dem Manne.

Mit der ältesten Tochter verträgt sie sich gut. Sie berät sich mit ihr in häuslichen Angelegenheiten und teilt mit ihr die mütterlichen Sorgen um die Jüngsten. Nur dem Manne gegenüber fühlt sie sich noch fremd, obwohl sie ihn vom ersten Augenblick an liebte. Er ist ein starker und selbstbewußter Mensch, und sie fühlt sich geborgen bei ihm. Als man sie nach der Hochzeit allein ließ und er sich ihr näherte und mit ihr sprach, da klopfte ihr das Herz zum Zerspringen, und sie zitterte in seinen Armen. Ja, sie liebt ihn, sie hat aber auch Angst vor ihm und weiß nie, ob sie richtig handelt. Sie möchte ihm so gern gefallen, aber alles, was sie tut, kommt verkehrt an. Sie kennt ihn so wenig und weiß auch nicht, wie die andere Frau gewesen ist. Sie will nicht ebenso sein wie die andere, sie möchte gern nach ihrer Art sein. Immer noch sieht sie ihn in den Armen der Toten, sie aber möchte ihn für sich allein haben. Oh, sie würde ihm schon gefallen, wenn sie nur mit ihm allein sein dürfte, allein mit ihm im eigenen Heim, auch wenn es nur eine Stube wäre, aber allein mit ihm. Die Kinder führen ihn doch immer wieder von ihr fort, hin zu der Toten. Und sie weint bei dem Gedanken, daß es ihr nicht beschert sei, einen Mann ganz für sich allein zu haben. Die beiden Töchter, die mit der Stiefmutter am Tische sitzen, bemerken ihre Tränen. Sie springen zu ihr heran, zupfen sie am Kleid, nehmen ihr die Hände vom Gesicht weg und betteln so lange, bis sie zu weinen aufhört. Da nimmt sie die beiden in ihre Arme und drückt sie fest und warm ans Herz. Eine Wärme steigt in ihr auf, und sie empfindet doch eine stolze Freude darüber, daß sie einen so starken, so bekannten und den schönsten Juden im Städtchen zum Manne hat. Ein Glücksgefühl überkommt sie, und auf einmal hat sie alles lieb, was von ihm kommt und ihm gehört. Sogar all die Gegenstände, die ihr bis jetzt fremd geblieben waren, weil nicht sie sie angeschafft hatte, werden ihr ein wenig lieb und vertraut. Das gehört nun alles ihr – und sie fühlt sich als Herrin des Hauses.

Sie sieht sich in der Stube um, ob auch alles nach den Wünschen des Mannes vorbereitet ist. Da bemerkt sie den Tisch, der für die Gäste mit den Messingleuchtern, mit dem alltäglichen Messinggerät gedeckt ist. Nein, der Gästetisch paßt nicht gut in ihre Sabbatstimmung. Sie hat eigentlich nichts gegen die Gäste, aber sie stören sie an diesem Abend mit ihren schmutzigen Kaftanen an dem schön gedeckten Tisch. Und so befiehlt sie den Dienstboten, den Tisch für die Gäste in die Küche zu stellen, sie will allein mit dem Manne und den Kindern den Sabbat feiern. Und sie glaubt, damit dem Manne einen Gefallen zu tun.

Die älteste Tochter kommt von oben herunter. Auch sie ist festlich gekleidet. Sie sieht den Tisch für die Gäste in der Küche gedeckt und ärgert sich darüber, daß man nach dem Tode ihrer Mutter solche Neuerungen einführe. Sie will jedoch ihren Ärger nicht merken lassen und wartet die Heimkehr des Vaters ab. Sie hat die Stiefmutter gern und kommt mit ihr ganz gut aus, aber im Herzen zürnt sie ihr, weil sie im Hause die Stelle der Mutter eingenommen hat. Chanele möchte ihrerseits die Tochter um Rat fragen, tut es aber nicht, denn sie fühlt, wie sehr das Herz der Tochter noch an der toten Mutter hängt. Schließlich denkt sie bei sich, ist sie doch die Herrin im Hause und kann handeln nach ihrem Belieben.

Indessen ist der Sabbat mit leisem Schritt herangekommen. Die Nacht spannt über den Himmel ein schwarzseidenes Tuch, in das die Sterne wie eingewirkt scheinen, und hüllt das Städtchen in dunkle Schatten. Die Läden sind geschlossen, die Sabbatlichter leuchten aus den Fenstern, und wie ein sanfter Schlaf legt sich die Sabbatfeierlichkeit über das Städtchen.

Juden kehren vom Beten heim. Auch Reb Schloime mit dem Schwiegersohn, den Söhnen und den Gästen gehen ruhigen, feierlichen Schrittes nach Hause. Sie treten in die Stube, und Reb Schloime begrüßt die Anwesenden mit einem »Gut Schabbes«. Er sagt es mit einem stillen, ruhigen Lächeln, das aus vollem Herzen kommt. Und Chanele gibt ihm ein »Gut Schabbes und ein gutes Jahr« zurück, und er fühlt in ihrer Stimme die Wärme ihres Herzens, die ihre ganze Gestalt verschönt.

Mit freudigem Herzen begrüßt er die Sabbatengel, die mit ihm in die Stube eingekehrt sind, sieht den feierlich gedeckten Tisch, die silbernen Leuchter und dankt dem Schöpfer für alles, was er an ihm getan hat. Ein Gefühl des Stolzes auf sein Judentum erfüllt ihn und auf die Tora, die Gott den Juden gegeben hat. Vergessen ist das Exil! Ihm ist, als sei er König in seinem Hause, und er sagt: »Friede sei mit Euch!«

Doch dann erblickt er den für die Gäste gedeckten Tisch in der Küche, und Ärger steigt in ihm auf. Sein Sabbat ist ihm gestört. Er sieht die Gäste am Tisch Platz nehmen, und er fühlt sich gedemütigt. Ein Gast ist Gott ähnlich ... Und er denkt an die Worte des Gostyniner Rebben: »Wenn du einen Gast bei dir bewirtest, so ist es, als wenn du Gott bewirtetest.« Wer ist er denn, daß er sich an den herrlich gedeckten Tisch setzt, Gott aber in der Küche den Sabbat feiern läßt ...

Aber der Sabbat soll nicht durch Zorn entweiht werden, und Reb Schloime sucht sich zu beherrschen. Ruhig geht er an den Familientisch heran, nimmt die Flasche mit dem Becher, trägt sie in die Küche und setzt sich zu den Gästen. Allmählich erheben sich die Kinder, folgen dem Vater in die Küche. Bald rücken die Gäste am Tisch zusammen und machen den anderen Platz. Stühle, Bestecke, Teller werden herbeigeholt, und bald sitzt die ganze Familie gemeinsam mit den Gästen an dem ärmlich gedeckten Tisch in der Küche.

In der schönen Stube brennen die prachtvollen, silbernen Leuchter einsam, verlassen und beschämt.

Chanele fühlt sich gedemütigt. Sie sitzt mit gesenkten Augen am Tisch, wird abwechselnd rot und blaß, spricht kein Wort und irrt sich beim Verteilen der Speisen. Indessen hat sich Reb Schloime Nogid beruhigt, er redet freundlich mit den Gästen, scherzt mit den Kindern, lächelt dem Weibe zu und tut, als wenn nichts vorgefallen wäre. Nach dem Abendessen singt man Sabbatlieder, man ist lustig und vergnügt; und niemand denkt mehr an den ärmlich gedeckten Tisch in der Küche. Nur Chanele bleibt traurig und schweigsam, obwohl Reb Schloime sich Mühe gibt, sie mit Blicken und Worten zu trösten. Spät abends, als sie allein sind, streichelt Reb Schloime Chanele zärtlich und spricht: »Chanele, du bist heute beschämt worden. Aber was hätte ich tun sollen? ›Wenn du einen Gast bei dir bewirtest, so ist es, als wenn du Gott bewirtetest.‹ Wäre es dir lieber gewesen, wenn ich Gott beschämt hätte?«

Da senkt Chanele tief den Kopf und spricht mit tränenerfüllter, demütiger Stimme: »Ich weiß ja nicht, wie ich richtig handle. Lehre du es mich, Schloime, lehre es mich, und ich werde dir willig folgen.« Und sie beugt sich über seine Hände, und er streichelt sie.

Scholem Asch

Der Soldat

Als Sore-Rochel, die Schneidersfrau, am Freitag früh aus dem Hause ging, um ihre Challes zur Bäckerei zu tragen, sah sie den Markt voller Soldaten. In der Nacht war ein ganzes Regiment wie vom Himmel gefallen, eine Menge Soldaten mit schwerem Gepäck, mit schiefsitzenden Mützen, mit Gewehren und Säbeln, und die Luft war vom starken, nicht unangenehmen Geruch von Stiefelschmiere erfüllt. Der Polizeidiener Andrzej stand da und redete mit den Soldaten. Die Schneidersfrau sah sofort, daß die Rede von einer Einquartierung war. Und sie machte kehrt und lief mit den Challes wieder nach Hause.

»Mendel! Sofort ins Bett!« schrie sie ihrem Mann zu.

»Was ist denn los?« fragte er erschrocken.

»Soldaten sind gekommen, es gibt Einquartierung.«

Der Schneider zog sich aus und kroch unter das schwere Federbett, in dem die Federn aller Gänse steckten, die Sore-Rochel seit ihrer Hochzeit hatte schächten lassen. Dann band sie dem Schneider ein Tuch um den Kopf. Und er lag da und stöhnte.

Sie selbst stellte sich vor das Bett, rang die Hände und jammerte:

»Mein Mann! Mein Ernährer!«

In der Tür zeigte sich der Polizeidiener, und ihm folgte ein Soldat mit einem Köfferchen.

»Guten Morgen, Herr Schneider!« begrüßte ihn der Polizeidiener.

»Guten Morgen, gutes Jahr, Herr Andrzej! Seht nur dieses Unglück! Mein Mann, mein Ernährer ist mir plötzlich in der Nacht krank geworden. Was soll ich tun? Was soll ich tun?« jammerte die Frau und brach sich fast die Hände.

»Ach, ach, ach!« stöhnte der Schneider unter dem schweren Federbett.

»Schade«, brummte der Polizeidiener und strich sich den Schnurrbart. »Schade! Da hat mich der Herr Landrat zu dir geschickt, du solltest ihm Maß zu einem Frack nehmen. Aber du bist krank. Also muß ich zu Kabanski gehen«, sagte der Polizeidiener und wollte gehen.

»Warum sollte ich krank sein? Eine böse Nacht nur – möge sie meine

Feinde treffen!« rief der Schneider. »Herr Andrzej, Herr Andrzej!« schrie er und sprang aus dem Bett.

»Du hast also geschwindelt!« sagte der Polizeidiener lachend. Dann wandte er sich an den Soldaten: »Hier ist dein Quartier!« sagte er, und schon war er fort.

Der Soldat nimmt kaltblütig den Koffer vom Rücken, trägt ihn in eine Ecke und macht sich's bequem.

Der Schneider und seine Frau sitzen am Tisch und zanken sich. Sie schimpft auf ihn, weil er sich hat anführen lassen, und er flucht. Der Soldat tut so, als ginge ihn das alles nichts an, er richtet sich in seiner Ecke ein, packt seine Sachen aus, nimmt aus dem Tornister das Kommißbrot heraus und zerschneidet es mit seinem kleinen Soldatenmesser. Der Geruch des Soldaten, der Geruch von Stiefelschmiere verbreitet sich und füllt die ganze Stube.

»Wie er sich breitmacht, wie er sich breitmacht!« brummt die Frau in der Küche.

Der Soldat tut ruhig das Seinige.

»Geh, sag ihm, er soll sich nicht so breitmachen«, sagt die Frau, indem sie ein Stück Holz kleinzumachen beginnt.

»Geh, sag du es ihm«, antwortet der Schneider von seinem Platz aus.

Der Soldat sieht, wie die Jüdin sich mit dem Stück Holz abplagt, das geht ihm gegen die Natur. Gelangweilt steht er auf, nimmt ihr den Klotz aus der Hand und beginnt ihn kleinzumachen.

Die Schneidersfrau gibt ihm das Holz nur mürrisch: »Wenn du es durchaus willst.«

Der Soldat nimmt das Beil und hackt das ganze Holz klein, das er im Hause finden kann. Und er sucht noch mehr Holz, und das Beil in seiner Hand ist bereit, noch mehr zu arbeiten.

Wie er mit dem Holz fertig ist, schneidet die Frau ein Stück Brot ab und reicht es ihm, immer noch mit mürrischer Miene. Der Soldat ißt das Brot. Und wie er mit dem Brot fertig ist, nimmt er, ohne zu fragen, ob man Wasser braucht oder nicht, den Schöpfeimer, holt Wasser und füllt alle Gefäße im Hause, alle Töpfe und Kannen, als ob er den Schneider für sein ganzes Leben mit Wasser versorgen wollte. Und er hält den Schöpfeimer noch immer in der Hand, bereit, noch mehr Wasser zu bringen.

Die Schneidersfrau steht am Herd, trifft Vorbereitungen für den Sabbat und ruft dem Schneider zu:

»Weißt du, der Soldat ist gar nicht so übel.«

»Das habe ich gleich gewußt«, antwortet der Schneider.

»Natürlich hast du es gleich gewußt!« sagt die Schneiderin ironisch.

Die beiden bitten einander stumm um Verzeihung, und der Soldat wird allmählich als Hausgenosse akzeptiert.

Es ist Abend.

Die Frau hat die Stube für den Sabbat aufgeräumt, hat die Nähmaschine, die an den Werktag erinnert, hinter den Ofen gerückt und mit einem Tischtuch zugedeckt. Auf dem breiten Schneidertisch liegt eine saubere Decke, stehen Messingleuchter, liegen Challes. Die Frau hat den Ofen am Abend gut eingeheizt, damit er die Wärme den ganzen Sabbat behält, und der Ofen glüht so, daß man es schon aus einer Entfernung von zwei Ellen spürt. Heiß ist es in der Stube, die Fensterscheiben schwitzen, Tropfen laufen an ihnen herunter, und in den Tropfen spiegeln sich die Flammen der Sabbatlichte, die auf dem Fensterbrett stehen. Der Hauch des Sabbats ruht auf allen Dingen. Der Schneider kommt aus seinem Betzirkel heim, setzt sich zu Tisch und macht Kiddusch.

Der Soldat sitzt in seiner Ecke vor seinem Tornister und packt seine Sachen aus: ein Paar Stiefel, eine Hose, Hemden, Nähzeug. Dann nimmt er sein Kommißbrot vor, holt sich einen Krug Wasser und beginnt zu essen.

Die Alten sitzen am Tisch und essen den Sabbatfisch und die Challe. Alles in der Stube ist sabbatlich, nur dort im Winkel sitzt der Soldat mit seinem Brot. Die Jüdin ärgert sich über das Soldatenbrot, es ist wie ein Stück Wochentag mitten im Sabbat. Sie schneidet eine dünne Scheibe Challe ab und reicht sie ihm: Soll auch der Soldat von der Challe kosten!

Der Soldat nimmt das Stück Challe gleichgültig aus ihrer Hand und verzehrt es mit derselben gleichgültigen Miene.

Nachdem man gegessen und das Tischgebet verrichtet hat, räumt die Jüdin den Tisch ab. Dann kommt Besuch: der Nachbar Joel, der Schuster mit seinem Weib und noch eine Frau. Und man sitzt am Tisch, das kleine Lämpchen brennt so sabbatlich hell, die Lichte flackern und der Dunst zieht durch die Stube. Der Schuster beginnt irgendeine Geschichte zu erzählen, alle hören ihm zu. Sore-Rochel holt aus der Schürze Sonnenblumenkerne heraus und schüttet sie auf den Tisch. Wie der Soldat in seiner Ecke die Sonnenblumenkerne sieht, steht er auf, geht zum Tisch und nimmt sich mit gleichgültiger Gebärde eine Handvoll Kerne, gerade so, wie einer eine Prise nimmt, wenn

eine offene Schnupftabakdose auf dem Tische steht. Und nun beginnt er mit den Gästen um die Wette zu knacken und die Schalen auf den Boden zu werfen. Der Schneider, der den Soldaten nun ganz als einen Hausgenossen ansieht, geht auf ihn zu und klopft ihm auf den Rücken.

»Nun, wird es Krieg geben?« fragt er ihn auf russisch.

»Gewiß wird es Krieg geben«, antwortet der Soldat mit vollem Munde.

Jizchok Leib Perez

Der alte Reb Schimen

»Was tragt Ihr für einen Schatz unter dem Arm, Reb Schimen? Mit zitternder Hand drückt Ihr ihn ans Herz, und die Freude strahlt Euch aus den Augen!«

»Ach!« antwortet Reb Schimen mit verlegenem Lächeln: »Es ist nur mein Schofar, mein Feiertagsschofar!«

»Ein Feiertagsschofar?«

»Das ist bei mir einmal so: An Wochentagen im Elul blase ich einen gewöhnlichen Schofar. Dieser aber ist ein teurer, schön gearbeiteter Feiertagsschofar!«

Er nimmt ihn in die Hand und betrachtet ihn mit großer Liebe. Es ist ein kleiner, dünner, aschgrauer, aber zierlicher Schofar. Er ist gekrümmt wie jeder andere, doch anmutig wie das Lächeln eines Kindes.

Und er streichelt ihn mit zitternden Fingern und hebt ihn bis an den Bart, so daß die langen, feinen, silbernen Haare ihn liebkosen. Die beiden Heiligtümer – der heilige aschgraue Schofar und der heilige silbergraue Bart – berühren sich, und aus den alten Augen leuchtet eine kindliche Freude.

»Liebt Ihr den Schofar?«

»Wie das Leben! Denn ich liebe das Schofarblasen über alles. Mein Vater, er ruhe in Frieden, war Pächter, wir lebten in einem Dorfe, und als kleiner Junge beneidete ich immer den Scharfhirten um seine Flöte. Er pfeift, und die Schafe sammeln sich um ihn und blicken ihm in die Augen.

Ein Schofar ist aber noch mehr: Er sammelt die Seelen, jüdische Seelen, wie sie sich einst um den Berg Sinai drängten. Und die Seelen lauschen ihm!

Ich liebe das Schofarblasen über alles.

Aber nicht jedes Schofarblasen!« fügt Reb Schimen hinzu. »Den langen Schofarton am Ausgang des Jom Kippur liebe ich zum Beispiel nicht … Wenn ich den Schofar an den Mund führe, sind bereits fast alle Leute unter den Bänken verschwunden, um sich die Schuhe wieder anzuziehen. Wenn ich mich umschaue, sehe ich ein Ährenfeld im Sturme; die Ähren neigen sich zu Boden … Und da muß ich Schofar blasen! Das ist gar nicht schön!

Auch den ganzen Elul macht mir das Schofarblasen keine rechte Freude.

Die Gemeinde ist wie an Wochentagen klein und zerstreut. Der eine kommt, der andere geht. Durch die offenen Fenster dringt der Lärm des Marktes herein. Schreie von jüdischen Frauen und von Bauern, sie seien voneinander wohl unterschieden. Auf dem Schulhof trompeten die Gassenjungen. Ich blase, und sie blasen. Ganz verwirrt bin ich jedesmal.

Am Rosch Haschono ist es ganz anders!

Die Betenden stehen in ihren Gebetsmänteln mit den funkelnden Besätzen wie Königssöhne da. Sie wiegen sich wie frische grüne Ähren auf einem von Gott gesegneten Felde. Alles rauscht wie ein Wald, wie ein Fluß.«

»Ihr denkt wohl noch immer an Euer Dorf, Reb Schimen?«

»Ja, das waren schöne Zeiten ... Meine Jugenderinnerungen, Wald und Fluß, und eine alte Mühle stand am Fluß.

Und wenn ein Wind ging und der Wald und der Fluß rauschten, dachte sich der dumme Junge, daß sie einen Psalm sprechen und daß der Himmel gleich Schofar blasen wird. Ach ja, die alte Zeit.«

»Und wie ist es jetzt, Reb Schimen?«

»Jetzt? Wenn ich jetzt vor Pessach ins Dorf fahre, um die Mühle zu kaschern, und wieder den Wald und den Fluß rauschen höre, so ist es mir, als ob sie mir zürnten. Sie brummen: ›Man hat dich doch von hier vertrieben, was hast du hier noch zu suchen?‹ Wenn ich aber an der heiligen Stätte stehe und die Gemeinde sich im Gebet wiegt und rauscht, so sehe ich den alten guten Fluß. Und er rauscht immer lauter und lauter, bis er schließlich überschäumt! Viele Flammen, ein Flammenmeer steigt auf, steigt durch die Decke und durch die Wände zum Himmel empor, wie ein brennender, glühender Psalm!

Und plötzlich ist alles vorbei ... Es ist still, ganz still, die Gemeinde hält den Atem an. Man hört nur die Lichter auf dem Vorbeterpult in heiliger Hitze knistern.

Die Gemeinde wartet auf mein Gebet, auf meinen Segensspruch!

Nun führe ich den Schofar an die Lippen. Der Dajen sagt mir vor, und ich blase ›Tekio‹, ›Teruo‹, ›Scheworim‹. Die Töne sind klar und rein wie kristallklares Wasser.«

In seinen Augen leuchtet wieder eine kindliche Freude.

»Daß Ihr das in Eurem Alter noch fertigbringt, Reb Schimen!«

»Ach«, antwortet er und verzieht das Gesicht. »Sonst bin ich ja schwach wie eine Fliege.«

»Und beim Schofarblasen seid Ihr ein Löwe?«

»Es ist kein Vergleich, aber ich bin wirklich wie ein Löwe!«

»Und es gelingt Euch immer?«

»Nein, nicht immer, zuweilen habe ich mit Schwierigkeiten zu kämpfen.«

»Wenn der Satan in den Schofar hineinkriecht und die Öffnung verstopft?«

»Ach, es gibt ärgere Dinge! Gegen den Satan habe ich meine Mittel. Sichere, altbewährte Mittel. Und helfen sie nicht, so macht man das, was der Berditschewer gemacht hat: Soll Iwan Schofar blasen. /1/«

»Was gibt es denn sonst?«

»Was es sonst noch alles gibt? Manchmal befällt mich mein Husten. Mein alter Husten. Er stammt noch von Taschlich. Vierzig Jahre sind es wohl her. Was den Gojim nicht alles einfällt! Der Pristaw erließ einmal ein Gesetz, daß die Juden nicht mehr zum Stadtbach gehen dürfen, um ihre Sünden abzuschütteln. Mit den Krümeln, die wir aus den Taschen schütteln, wird das Wasser verunreinigt, sagt er. In Jerusalem, sagt er, werdet ihr das tun dürfen.

Nun geht man natürlich heimlich hin. Ein jeder geht für sich zum Fluß, und unten treffen sich alle. Die Polizei merkt es und treibt uns fort. Wir rennen, was wir können, wir erhitzen uns und laufen, vor Schweiß triefend, in die Mikwe, um uns abzukühlen. Ich war aber immer schwächlich und bekam davon eine Lungenentzündung. Mit Gottes Hilfe wurde ich gesund, aber ein Andenken blieb mir zurück: mein Husten. Wenn er mich heimsucht, bin ich an allen Gliedern zerschlagen. Es kommt auch vor, daß er mich gleich nach dem Segensspruch befällt.

Was soll ich tun?! Der Schofar zittert in meiner Hand wie ein Fisch im Wasser, und ich kann ihn nicht an die Lippen bringen. Bringe ich ihn an den Mund, so klopft er an die Zähne. Aber ich habe noch ganz andere Geschichten erlebt!«

»Schlimmere?«

»Und ob! Dem Gotteshause gegenüber wohnt ein Goj, und der hält sich einen Hund. Und dieser Hund bellt, sobald es ihm paßt. Und wenn er bellt, muß ich mit dem Blasen warten. Manchmal bellte er eine ganze Stunde oder auch zwei, wie wenn er einen bösen Geist aus sich herausstoßen wollte, und ich mußte solange warten.

Am Rosch Haschono werden bei uns die Manöver abgehalten. Es kommt vor, daß das Militär mit Musik durch die Stadt zieht. Die Messingtrompeten dröhnen, die Erde zittert. Die Häuser beben, die Fensterscheiben klirren – und da soll einer Schofar blasen!

Vor einigen Jahren gab es just um diese Zeit einen Brand in der Hintergasse. Ich mußte gerade ›Teruo‹ blasen – sie gelang mir sehr gut. Da fuhr aber die Feuerwehr mit ihrem Getute mitten hinein. Glaubst du, daß die Leute ruhig sitzen blieben? Nein, sie liefen gleich alle hinaus, um die Feuersbrunst zu sehen. Und ich blieb ganz allein mit dem Dajen, mit dem Gebetbuch und mit dem Schofar.

Vor drei Jahren habe ich aber etwas viel Ärgeres erlebt. Ich mußte gerade ›Scheworim‹ blasen, es kam so schön trillernd aus dem Schofar und bebte vor lauter Gottesfurcht. Plötzlich ertönte draußen ein Pfeifen, ein Johlen, ein Klirren – die Pogrombande war auf dem Markt erschienen. Schöpfer der Welt, das gab einen Schrecken. Die Leute wollten davonlaufen, sie drängten sich zu der Tür und zu den Fenstern.

Damals lebte aber noch der alte Rebbe – sein Andenken zum Segen. Ein kleines dürres Männchen, aber doch ein Rebbe. Er sprang auf eine Bank und rief: ›Bleibt‹, und die Gemeinde blieb stehen. ›Schließt die Tür und die Fenster!‹ Und man folgte ihm. Es war so finster … Nur wenige Lichte brannten auf dem Tisch, und schreckliche Schatten bewegten sich an den Wänden … Ein Grauen befiel alle, nur der Rebbe allein blieb ruhig.

›Blase!‹ befahl er mir.

Und ich blies. Meine ganze Seele legte ich hinein.

Den Satan habe ich vielleicht vertrieben«, fügt er mit einem traurigen Lächeln hinzu, »aber die Pogrombande nicht. Ein Trümmerhaufen blieb vom Städtchen übrig.

Wer kann auch mit ihnen fertig werden? Wer kann sie vertreiben? Höchstens der Schofar des Messias!«

JIZCHOK LEIB PEREZ

Wenn nicht noch höher

Und der Rebbe von Nemirow pflegte alljährlich um die Zeit der Bußgebete jeden Morgen zu verschwinden.

Er war nirgends zu finden: weder im Bethaus, noch in den beiden Lehrhäusern, noch in einem Betzirkel; und bei sich zu Hause schon ganz gewiß nicht. Seine Wohnung stand offen; jeder, der nur wollte, konnte hineingehen; gestohlen wurde beim Rebben niemals. Doch in der Wohnung war keine Menschenseele.

Wo kann der Rebbe sein?

Wo soll er schon sein? Selbstverständlich im Himmel! Hat denn so ein Rebbe vor den »hohen Feiertagen« wenig zu tun? Juden brauchen, unberufen, Lebensunterhalt, Frieden, Gesundheit, gute Partien für die Kinder; sie wollen gut und fromm sein, doch die Sünden sind groß, und der Satan durchschaut mit seinen tausend Augen die Welt von einem Ende bis zum anderen und sieht alles und zeigt jede Kleinigkeit an. Und wer soll helfen, wenn nicht der Rebbe?

So dachte die ganze Gemeinde.

Einmal kommt aber in die Stadt ein Litwak. Er lacht. Ihr wißt doch, wie ein Litwak ist: von Erbauungsbüchern hält er gar nichts, dafür stopft er sich den Kopf mit Talmudabschnitten und Rechtsentscheidungen voll. Und dieser Litwak weist aus dem Talmud nach – er sticht einem damit förmlich die Augen aus –, daß selbst Moses bei Lebzeiten kein einziges Mal in den Himmel kam, sondern stets zehn Handbreiten unter dem Himmel zurückblieb. Geh' einer und streite mit einem Litwak!

»Wo geht also der Rebbe hin?«

»Meine Sorge?« antwortet er und zuckt die Achsel; und wie er das sagt, faßt er schon den Entschluß – was ein Litwak nicht alles kann –, der Sache auf den Grund zu gehen.

Noch am selben Abend, bald nach dem Abendgebet, stiehlt sich der Litwak ins Zimmer des Rebben hinein, kriecht unter des Rebben Bett und liegt. Er will die Nacht durchwachen und sehen, was der Rebbe vor Morgengrauen, wenn die Leute zu den Bußgebeten gehen, anfängt.

Jemand anderer an seiner Stelle würde einschlummern und die Zeit verschlafen; doch ein Litwak weiß immer Rat: Um sich wachzuhalten, nimmt er im Kopf einen ganzen Talmudtraktat durch; ich weiß nicht mehr, ob es der Traktat »Von den Schlachtungen« oder der »Von den Gelübden« war.

Vor Morgengrauen hört er, wie man an die Läden klopft, um die Leute zum Gebet zu rufen.

Der Rebbe war schon lange wach. Der Litwak hörte ihn schon seit einer Stunde seufzen.

Jeder, der den Nemirower Rebben nur einmal seufzen hörte, weiß, welche Trauer um das ganze Volk Israel, welche Seelenqual in jedem seiner Seufzer stecken ... Es wird einem ganz bange ums Herz, wenn man ihn seufzen hört! Ein Litwak hat aber doch ein Herz aus Eisen: Er hört zu und bleibt ruhig liegen! So liegen sie beide, der Rebbe, leben soll er, auf dem Bett, der Litwak unter dem Bett.

Etwas später hört der Litwak, wie im ganzen Hause die Betten zu knarren beginnen, wie die Hausleute aufstehen, wie hie und da ein jiddisches Wort fällt; wie das Wasser in die Waschbecken fließt und wie die Türen auf- und zugemacht werden. Dann verlassen alle das Haus; es wird wieder still; im Zimmer wird es finster; nur ein schwacher Mondstrahl dringt durch einen Spalt im Laden.

Später gestand der Litwak, daß, als er allein mit dem Rebben geblieben war, ihn ein Grauen befallen habe. Es überlief ihn heiß und kalt vor Angst, und die Wurzeln seiner Schläfenlocken stachen ihn wie Nadeln.

Es ist doch wirklich keine Kleinigkeit: mit dem Rebben allein, beim Morgengrauen in der Zeit der Bußgebete!

Ein Litwak ist aber starrköpfig: er zittert wie ein Fisch im Wasser und – liegt!

Endlich steht der Rebbe auf.

Zunächst wäscht er sich und verrichtet alles, was ein Jude am Morgen verrichten muß. Dann geht er zum Schrank und holt ein Bündel hervor; im Bündel sind Bauernkleider: ein Paar Leinenhosen, Schaftstiefel, ein Bauernrock, eine große Pelzmütze und ein breiter, mit Messingnägeln verzierter Ledergurt.

Und der Rebbe zieht all die Kleider an.

Aus der Rocktasche hängt das Ende eines dicken Bauernstrickes heraus.

Der Rebbe geht aus dem Zimmer, der Litwak geht ihm nach.

Der Rebbe geht in die Küche, bückt sich, holt unter dem Bett eine Axt hervor, steckt sie sich hinter den Gurt und verläßt das Haus.

Der Litwak zittert, bleibt aber nicht zurück.

Ein stilles Grauen, das Grauen der Zeit vor den hohen Feiertagen, lagert über den dunklen Gassen. Hie und da dringt der Aufschrei eines Betenden aus einem der Betzirkel oder das Stöhnen eines Kranken aus einem Fenster. Der Rebbe schleicht an den Mauern entlang, immer im Schatten der Häuser. So schwimmt er aus einem Schatten in den anderen, und der Litwak schwimmt ihm nach ...

Und der Litwak hört, wie das laute Pochen seines eigenen Herzens sich mit den schweren Tritten des Rebben vermengt. Er bleibt aber trotzdem nicht zurück und gelangt zusammen mit dem Rebben vor die Stadt.

Vor der Stadt gibt es ein Wäldchen.

Der Rebbe – leben soll er! – geht ins Wäldchen. Nach dreißig, vierzig Schritten bleibt er vor einem jungen Baum stehen. Der Litwak sieht mit Bestürzung, wie der Rebbe die Axt aus dem Gürtel zieht und auf den Baumstamm einschlägt.

Er sieht, wie der Rebbe immer wieder ausholt; er hört, wie der Baum ächzt und knackt. Der Baum fällt, und der Rebbe spaltet den Stamm in Klötze, dann die Klötze in Späne. Dann macht er aus den Spänen eine Tracht Holz, umbindet sie mit dem Strick, den er in der Tasche hatte, lädt sie sich auf den Rücken, steckt die Axt wieder in den Gürtel und geht zur Stadt zurück.

In der hintersten Gasse bleibt er vor einem kleinen, halb eingefallenen Häuschen stehen und klopft ans Fenster.

»Wer klopft?« fragt eine erschrockene Stimme aus dem Häuschen. Der Litwak erkennt, daß es die Stimme einer Jüdin, einer kranken Jüdin ist.

»Ich bin es!« antwortet der Rebbe auf russisch.

»Wer bist du?« fragt wieder die Frauenstimme.

»Wassil!« antwortet der Rebbe.

»Was für ein Wassil? Und was willst du, Wassil?«

»Ich habe Holz zu verkaufen!« sagt der angebliche Wassil. »Sehr billig, so gut wie umsonst!«

Und ohne die Antwort abzuwarten, tritt der Rebbe ins Haus.

Der Litwak schleicht ihm nach und sieht im fahlen Morgenlicht eine ärmliche Stube, zerbrochenes Hausgerät. Im Bette liegt eine kranke Jüdin, in Lumpen gehüllt, und sie spricht mit erbitterter Stimme:

»Kaufen? Womit soll ich's kaufen? Wo soll ich arme Witwe Geld hernehmen?«

»Ich will es dir borgen«, antwortet der falsche Wassil. »Es sind im ganzen sechs Groschen.«

»Wie soll ich sie dir je bezahlen?« stöhnt die arme Jüdin.

»Törichte Frau!« spricht der Rebbe vorwurfsvoll. »Siehe, du bist arm und krank, ich gebe dir das bißchen Holz und vertraue darauf, daß du es mir bezahlen wirst. Du aber hast einen so großen, so starken Gott und vertraust ihm nicht. Du traust ihm nicht einmal die dummen sechs Groschen zu für eine Tracht Holz!«

»Und wer wird einheizen?« stöhnt die Witwe. »Habe ich denn die Kraft aufzustehen? Mein Sohn ist schon fort zur Arbeit.«

»Ich will auch einheizen«, sagt der Rebbe.

Und während er das Holz in den Ofen legte, sprach der Rebbe stöhnend den ersten Absatz der Bußgebete …

Und als er Feuer gemacht hatte und das Holz lustig zu flackern begann, sprach er, schon etwas lustiger, den zweiten Abschnitt …

Und den dritten Abschnitt sprach er, als das Holz richtig brannte und er die Ofentür schloß.

Der Litwak, der das alles gesehen, wurde von nun an Nemirower Chossid.

Und sooft später jemand erzählte, daß der Nemirower Rebbe alljährlich zur Zeit der Bußgebete jeden Morgen die Erde verlasse und in den Himmel fliege, lachte der Litwak nicht mehr, sondern fügte still hinzu:

»Wenn nicht noch höher!«

DOWID FRISCHMANN

Ein Festmahl

Eine Geschichte will ich euch erzählen; von drei Leuten, die am Jom Kippur ein Essen veranstaltet haben. Nicht etwa in einem geheimen Winkel versteckt, nein, öffentlich, in der großen Synagoge, vor den Augen der ganzen Gemeinde. Es waren nicht etwa einfache Leute, die niemand kannte, vielmehr die vornehmsten, frömmsten Männer der Stadt, der Rabbiner und seine beiden Assessoren. Und doch blieben sie nach dieser Tat, was sie gewesen, und die ganze Gemeinde schaute zu ihnen empor wie zu Heiligen.

Ich war damals ein kleines Kind und verstand den Vorgang nicht recht. Aber ich ahnte, daß sich etwas Großes ereignete.

Es waren grausige, finstere Tage. Ein Unglück war vom Himmel gekommen. Zum ersten Mal. Man nannte es Cholera.

Aus fernen Ländern, aus Asien, kam das Gespenst zu uns und schlich sich in unser kleines Städtchen. Es wütete unbarmherzig in den Straßen und in den Häusern ohne Einhalt. Es raste wild durch die Nächte und ungesehen auch an den hellen, lichten Tagen. Wer konnte die Toten zählen, die ihm zum Opfer gefallen, wer die Namen nennen? Wer kannte die Zahl der frischen Grabhügel?

Am grausamsten wütete die Pest in der Judengasse. Jung und alt, klein und groß wurden dahingerafft. Kein Haus, in dem es nicht mehrere Tote gab. Oben im Dachstübchen, über der Wohnung meiner Eltern, starben an einem Tage neun Söhne, unter uns, in der Kellerwohnung, starb eine Mutter mit vier Kindern. Im Haus gegenüber hörten wir die ganze Nacht schweres Stöhnen, und morgens wußten wir, daß kein Mensch am Leben geblieben war.

Die Leichenwärter und Totengräber stellten ihre Tätigkeit ein, sie konnten die Leichen nicht mehr bestatten. Die Toten lagen auf der Erde, eine Leiche dicht neben der andern, und niemand kümmerte sich um sie.

So verging der Sommer, und dann kamen die heiligen Tage und dann der heiligste aller Tage, der Versöhnungstag.

Das Kol Nidre: Vor dem Betpult bei der heiligen Lade steht diesmal nicht der Vorbeter mit zwei angesehenen Bürgern, wie es von alters her Brauch ist, sondern der Rabbiner mit seinen beiden Assessoren. Ringsumher brennen die

Kerzen, und ihre Flammen knistern leise und unheimlich. Die Betenden drängen sich heran, gehüllt in ihre Gebetmäntel, mit weißen Kitteln und weißen Mützen.

An den Wänden schwimmen die Schatten hin und her und bewegen sich unablässig. Sind es die Schatten der Toten, die heute, die gestern, die vorgestern gestorben? Sind sie es, die an den Wänden spuken? Können sie keine Ruhe finden und sind darum hergekommen?

Die Stimme des Rabbiners ertönt und dann die der Assessoren. Ein Seufzer durchfährt den ganzen Saal. Dem Seufzer folgen Worte. Man spricht die Einleitung zum Gebet:

»Im Namen Gottes und im Namen der Gemeinde, im Namen des himmlischen und im Namen des irdischen Gerichtes gestatten wir, daß man mit den Sündern zusammen das Gebet verrichte.«

Ich lausche. Warum sagt das der Rabbiner? Wo gibt es denn heute Sünder, warum benutzt er dieses Wort? Er scheut sich nicht, an den Satan zu erinnern, jetzt, in einer so grausigen Zeit?

Eine herzbeklemmende Angst überfällt mich, und ich spüre, daß die gleiche Angst alle, die da in der Synagoge versammelt sind, alt und jung, befällt. Da sehe ich, wie der Rabbiner den Almemor besteigt.

Wird er heute eine Predigt halten, eine Strafrede vielleicht, oder will er trösten und Mut einflößen? Doch was ich höre, ist etwas ganz Neues. Ein neuer Brauch, den ich bisher nicht gekannt. Er spricht eine Seelenandacht für die Toten, die in der letzten Zeit gestorben sind, und nennt sie alle bei ihren Namen. Ach, wie lang ist die Reihe, wie groß die Zahl der Namen, die er nennt. Minute um Minute vergeht, und noch ist der Rabbiner nicht zu Ende. Er hätte wahrlich besser getan, die Lebenden aufzuzählen.

In jener Nacht hatte niemand die Synagoge verlassen. Nach dem Beten rezitierte man Hymnen, hierauf ging man zu den Psalmen über, dann griff man zur Mischna und danach zu andern heiligen Büchern.

Morgens aber fehlten wieder einige Beter. Sie waren plötzlich niedergestürzt und standen nicht mehr auf. Gehüllt in die Gebetmäntel und Kittel, trug man sie hinaus. So fehlte ihnen nichts mehr zur Überfahrt vom Leben in den Tod …

Aus der Judengasse drangen weitere Schreckensnachrichten in die Synagoge. Aber es achtete niemand darauf, niemand fragte, und niemand wollte etwas hören. Jeder hatte Angst zu erfahren, wie es bei ihm zu Hause aussieht.

Am Nachmittag des Versöhnungstages steht auf dem Almemor in der Synagoge der Rabbiner hoch aufgerichteten Hauptes.

In einer Ecke stehe ich, ein Kind, und kann mich von diesem Anblicke nicht losreißen. Der Rabbiner ist alt, ein Greis, wohl achtzig Jahre oder darüber. Und doch ist seine Gestalt kerzengerade und hoch, so daß er alle überragt. Weiß ist sein Bart, weißer noch sein lichtes Kopfhaar, weiß wie frischer Schnee. Auch sein Antlitz ist weiß, so daß man es kaum vom weißen Mantel unterscheiden kann. Weiß sind auch seine Lippen. Nur die Augen, die großen, brennenden Augen, sind schwarz, samtschwarz, und sie leuchten in einem ungebrochenen jugendlichen Glanze.

Von klein an war ich es gewöhnt, diesen Mann zu verehren. Schon als Kind wußte ich, daß er ein göttlicher Mann ist, auf dessen Wort alles lauscht, dessen Weisungen die ganze jüdische Welt gehorcht. Ich wußte auch, daß er von jeher geneigt war, den strengen Gesetzesvorschriften einen leichteren Sinn abzuringen, und daß alle Rabbiner sich seinem Urteil beugten wie dem Urteil der Tora.

Schweigend steht die Gemeinde da und wartet auf das, was der göttliche Mann verkünden wird. Niemand wagt auch nur hörbar zu atmen. Und der Rabbiner spricht. Seine schwache, leise Stimme wird von Augenblick zu Augenblick stärker, so kräftig, daß sie den ganzen Saal beherrscht. Er spricht von der Heiligkeit des Feiertages, von der Absicht, die der Stifter der Tora damit verbunden hat. Er spricht vom Leben und Sterben, von den Lebenden und den Toten. Er spricht von der Pest, die wie ein reißender Strom hereingebrochen ist, plötzlich, schrecklich, tückisch, die alles dahinrafft, frißt und nicht satt wird, trinkt und ihren Durst nicht stillt. Wie lange, wie lange noch?

Seine bleichen Wangen und seine Lippen färben sich allmählich rot, und plötzlich höre ich ihn laut sagen:

»Und sieht der Mensch, daß Leiden über ihn kommen, so ist es seine Pflicht, sich und seine Taten zu untersuchen. Nicht nur die Handlungen zwischen ihm und Gott, zwischen ihm und seiner eigenen Seele, sondern auch die Handlungen zwischen ihm und seinem eigenen Körper, zwischen ihm und seinem eigenen Fleische, zwischen ihm und seinem täglichen Leben ...«

Noch immer steht er da und spricht: von der Reinlichkeit, die das Leben erhält, und vom Schmutze, der das Leben dahinrafft. Er spricht von Hunger und Durst und davon, daß Hunger und Durst böse Engel sind, die dem Menschen das Leben rauben, sobald eine Pest kommt, zu töten und zu vernichten, zu vernichten und zu töten.

Und dann:

»Es steht geschrieben: ›Leben soll man durch die Gebote, aber nicht sterben durch sie.‹ /2/ Und weiter erklären die heiligen Weisen den Psalmvers ›Zeit zum Tun für Gott ist es; sie haben deine Lehre gebrochen‹ /3/: Zuweilen gibt es eine Zeit, wo es angebracht ist, ein Gebot der Lehre zu übertreten. Zuweilen ist es geboten, daß man die Gesetze verletzen soll, um dadurch Welt und Leben zu erhalten!«

Plötzlich höre ich ihn aufschluchzen, und mir wird es warm und weich in der Seele. Und wie ich in der Ecke dastehe, bebend und zitternd, beginne ich mitzuweinen, und Träne um Träne fließt aus meinen Augen.

Noch heute sehe ich ihn oben stehen, wie er die Hand ausstreckt, die Assessoren herbeiwinkt, und sehe, wie die beiden zu ihm auf den Almemor hinaufsteigen.

Alle drei stehen auf dem Almemor, der Rabbiner am höchsten, die beiden Assessoren niedriger als er, der eine zur Rechten, der andere zur Linken. Was flüstert ihnen der Rabbiner ins Ohr? Warum ist er kreidebleich geworden?

Darauf höre ich ihn und die beiden Assessoren gar sonderbare Worte sagen. Klar und deutlich ist ihre Rede, und doch kann ich den Sinn nicht erfassen. Wie aus einem Munde kommen die rätselhaften Worte hervor:

»Im Namen Gottes und im Namen der Gemeinde gestatten wir heute zu essen und zu trinken.«

Eine schreckliche Stille, eine Totenstille herrscht in der ganzen Synagoge.

Plötzlich verstehe ich unheimlich deutlich, was der Rabbiner von uns verlangt. Er verlangt, daß Juden am Versöhnungstage nicht fasten, sondern essen sollen, wegen der Pest, wegen der Pest, wegen der Pest!

Ich beginne laut zu schluchzen. Nicht ich allein schluchze, viele schluchzen mit mir, auch die drei dort auf dem Almemor. Am lautesten schluchzt der höchste unter ihnen, er schluchzt wie ein kleines Kind. Wie ein kleines Kind fleht er. Seine Worte sind weich und milde. Zuweilen kommen die Tränen und ersticken ihm die Worte in der Kehle:

»Eßt, gehet essen, es ist so eine Zeit: Es gibt Zeiten, wo es geradezu ein Gebot ist, die Tora zu verletzen. Leben soll man durch sie, durch die Gebote, nicht sterben!«

Aber es rührt sich niemand von seiner Stelle.

Und flehentlich fährt er fort, daß er auf sich die große Sünde nehme, sie aber werden rein vor Gott sein, rein, ohne Sünde, ohne Fehl.

Aber es rührt sich niemand von seiner Stelle.

Und plötzlich verändert sich seine Stimme, er bittet nicht mehr, er befiehlt: »Ich wünsche, ich, ich, ich!«

Wie Pfeile schießen seine Worte heraus, wie Blitze treffen sie. Niemand aber rührt sich von seiner Stelle.

Und wieder wird seine Stimme weich und flehentlich:

»Warum habt ihr euch alle gegen mich verbunden, warum wollt ihr mich zum Äußersten bringen? Habe ich heute noch nicht genug gelitten, vom frühen Morgen bis jetzt?«

Die Assessoren kommen ihm zu Hilfe und reden auf die Gemeinde bittend ein – vergebens.

Und das Gesicht des göttlichen Mannes wird noch bleicher als vorher. Tief sinkt sein Kopf auf seine Brust hinab, und ein Seufzer, ein tiefer, herzzerreißender Seufzer durchdringt die Synagoge von einem Ende bis zum andern. Dann vernimmt man ein Flüstern:

»Es ist Gottes Wille«, sagt er mit trockener Stimme, als ob er zu sich selbst reden würde.

»Zweiundachtzig Jahre bin ich alt geworden, und noch nie habe ich bewußt ein göttliches Gebot verletzt. Doch auch dies ist ein Gebot, eine Lehre, ein Gesetz. Es scheint Gottes Wille zu sein, daß ich nicht eher sterben soll, bis ich auch dieses Gebot gehalten habe.«

Und Stille herrscht eine Minute lang, Stille, wie in einem Totenhaus.

Wieder ertönt die Stimme des Rabbiners. Er ruft den Synagogendiener herbei. Der Synagogendiener steigt zu ihm hinauf, und er flüstert ihm etwas ins Ohr. Dann spricht er leise mit den Assessoren. Diese nicken ihm zustimmend zu. Der Diener verläßt lautlos die Synagoge und kehrt mit einer Flasche Wein, Gläsern und Kuchen in den Händen zurück.

Wäre mir ein noch so langes Leben beschieden, jene Szene werde ich nie vergessen. Noch jetzt, wenn ich meine Augen schließe, sehe ich sie vor mir, die drei, die am Versöhnungstage gegessen haben.

Drei große, heilige Männer stehen auf dem Almemor in der Synagoge und essen am Jom Kippur vor den Augen der ganzen Gemeinde. Es waren Helden!

»Ihr habt es von mir gefordert, ich habe es getan«, sagte der Rabbiner. Seine Stimme ist klar und bebt nicht mehr. »Gottes Name sei gesegnet!«

Und die Gemeinde ißt mit und weint …

Jizchok Leib Perez

Ne'ilo

Ein hinkender Goj kommt in die Synagoge, steckt neue Kerzen in die Hängeleuchter und in die Kerzenhalter auf den Betpulten und zündet sie an.

Die Gemeinde in den weißen Kitteln beginnt erneut zu seufzen. Leute, die sich draußen ausgeruht haben, kommen wieder herein. Alle erheben sich von ihren Plätzen.

»Jisgadal!« beginnt der heisere Vorbeter.

Die Betenden ziehen die Gebetmäntel über die Köpfe, aus der Frauenabteilung dringt plötzlich ein Jammern. Die Männer klopfen auf die Betpulte, um die Weiber zum Schweigen zu bringen. Die Frauen hören aber nicht auf, und die bleichen Gesichter der Männer zeigen einen komischen Zorn.

»Schmeh rabbo!« fährt der Vorbeter fort.

Die Frauen sind etwas stiller geworden, die Männer wiegen sich hin und her und begleiten den Gesang mit einem weinerlichen »Ai – ai – ai« ...

Ne'ilo!

Gleich wird sich der Himmel auftun, um sich gleich darauf wieder zu schließen. Die Tore für die Gebete werden zugeschlagen werden. Die Gemeinde hat darum große Eile!

Ein jeder meint, daß heute die letzte Gelegenheit ist, mit seinem Gebet in den Himmel zu dringen; gelingt es heute nicht, so kommt man ein ganzes Jahr nicht mehr dazu. Hauschano rabbo kann man vielleicht noch einen Versuch wagen, aber schlecht steht es um den, dessen Gerichtstag verschoben wird. Es ist schon besser, wenn man sein Urteil gleich auf der Stelle zudiktiert bekommt.

Die Frauen reißen die Männer mit sich fort.

... Die Schmoine-Eßre ertrinkt in heißen Tränen. Stürme tosen, Ströme brausen, alte Wälder rauschen ...

»So laß die Furcht vor dir, Ewiger, unser Gott, auf alle deine Geschöpfe kommen!«/4/ schluchzt der eine früher, der andere später, doch ohne besondere Andacht. Dem Bademeister von Zichanowka ist es eigentlich gleich, ob Parol, der ihm die Badequaste bindet, vor jemand anderm Furcht hat außer vor ihm. Es macht ihm wirklich nicht viel aus. Und der hochgeachtete Schloime Setz kann sich selbst mitten in der Schmoine-Eßre nicht enthalten, seinen schönen weißen Bart zu streichen und zu teilen. Er hat kein großes Interesse daran, daß alle seinen Gott fürchten. Es gibt nicht viel Christen in Zichanowka. Daß der Bürgermeister und der Schreiber Christen sind, ist ihm sogar recht: Gott behüte ihn vor einem jüdischen Beamten, wer weiß, was man bei dem auszustehen hätte. Außerdem benötigt man den Ofenheizer und den Eruw-Hüter. Wer würde denn die Öfen heizen? In der Vorstadt wohnen zwar noch mehr Christen in reinen, hübschen Häuschen mit Vorhängen und Blumentöpfen in den Fenstern. Sollen die nur ruhig in ihrem Irrglauben verharren! Aber, Schöpfer der Welt! »*So laß die Furcht vor dir kommen*« – daß die Schwiegertochter nicht auf Scheidung besteht, nur weil mein Sohn die Fallsucht hat. Soll sie sich daran gewöhnen … »*Und die Angst vor dir*« – spricht er mit großem Nachdruck und denkt dabei, wie schade es doch ist, daß die Weizenpreise in diesem Jahre so schnell heruntergegangen sind. »*Sie sollen alle ein Bund werden.*« – Schöpfer der Welt, denkt er sich, soll man doch wirklich einen Bund schließen, um den Preis auf der Höhe zu halten. … »*Um deinen Willen mit ganzem Herzen zu tun.*«

»Himmlischer Vater!« schreit er mitten hinein: »*Freude deinem Lande und Wonne deiner Stadt.*« In seinem Kopfe brennt aber der Gedanke: Noch ein solches Jahr, und ich bin kaputt! …

»*Du hast uns auserwählt!*« schreit laut Bendet, der Schneider. Und er wiederholt es noch einmal: »Du hast uns auserwählt!« Seine Frau liegt schon seit mehreren Jahren krank danieder, sie spuckt Blut, und die ganze Familie muß in einem einzigen Zimmer hausen. Kein Kunde will über seine Schwelle treten! Himmlischer Vater, du hast uns doch auserwählt! Du selbst hast sie mir zum Weibe bestimmt. »*Du hast uns geliebt.*« Habe ich sie denn schlecht behandelt? … »*Du hast Wohlgefallen an uns gefunden.*« Habe ich denn das erwartet? Habe ich das gewollt? »*Und du hast uns in deinen Dienst gestellt, unser König*« … Welchen Wert hat noch meine ganze Arbeit? So klagt er bis: »*Endlos währen die Feueropfer für unsere Verschuldungen.*« An dieser Stelle schreit er noch lauter, denn er hat mehr Schulden als Haare auf dem Kopfe.

Nun sind die Leute mit der Schmoine-Eßre fertig. Man wartet nur noch, daß auch Chajim-Bär fertig wird. Der Synagogendiener hat große Lust, auf den Tisch zu klopfen. Aber ein Verwandter Chajim-Bärs, Joine-Wolf, der Gartenpächter, der in der Synagoge das größte Ansehen genießt, hält ihn da-

von ab. »Soll er sich nur gut ausweinen.« ... Chajim-Bär hat acht Kinder und kein Stück Brot im Hause.

»*Du begehrst nicht ihren Tod*«, schluchzt noch immer Chajim-Bär. Du begehrst nicht ihren Tod! Und sie sterben einfach vor Hunger, denkt er sich, meine Kinder, und meine Rochel!

»*Und wozu wollt ihr sterben?*« Warum? Wofür? Was haben sie verbrochen, die armen Schäfchen?

»*Schmerzen und böse Krankheiten!*« Krank sind sie ja auch noch: Scharlach, Masern, Würmer, Zahnen – Schöpfer der Welt!

Nun beginnt der Vorbeter. Die Leute setzen sich auf ihre Plätze und sekundieren ihm in der »lauten Schmoine-Eßre«. Manche sind stehengeblieben. Sie drücken ihre glühenden Schläfen an die kühle Mauer und schluchzen leise vor sich hin.

Unter diesen ist auch Chajim-Bär.

Ne'ilo! Jeder Augenblick ist kostbar, gleich wird das Tor geschlossen. Er zerfließt in Tränen.

Wie lange ist es her, daß er heiratete und Familienvater wurde?

Vor neun oder vor zehn Jahren sang er noch die Gebete mit einer lustigen Tanzmelodie. Er erinnert sich noch an eine Sünde, und es wird ihm heiß in allen Gliedern: er hatte das Gebet absichtlich laut gesungen, damit es Rochel in der Frauenabteilung höre. Wie er während des Gebets einen Blick nach dem Vorhang am Fenster warf, hinter dem sie zu stehen pflegte, glaubte er etwas Rundliches zu sehen. Sie sah sicher auf ihn herab.

Ja, damals sah der Jom Kippur ganz anders aus.

Damals war er ein junger Ehemann, hatte einen neuen Tallis und einen funkelnagelneuen Kittel mit doppeltem Besatz. Der Gürtel und das Käppchen glänzten wie Gold und Silber! Schwarze Locken hatte er, ein schwarzes Bärtchen und warme Socken an den Füßen. Sorglos und frei fühlte er sich am Jom Kippur. Vor allen Dingen legte er den Sünden keine allzugroße Bedeutung bei. Er machte sich nicht viel aus ihnen. Joine-Wolf hatte ihn einmal so ganz ohne jeden Grund geohrfeigt, und das im Lehrhaus, am Großen Sabbat, während des Rebben Predigt. Nun, hat er ihm denn nicht verziehen? Er hat Joine-Wolf diese Ohrfeige verziehen. Sollte Gott eine winzige Schwäche nicht verzeihen? Und was hat er denn sonst für Sünden auf dem Gewissen? Sündigen und dann einfach Buße tun war nicht seine Art. Jom Kippur sühnt, das

Fasten sühnt, und was noch übrigbleibt, wird mit Gottes Hilfe auch erlassen werden.

Und er pflegte aus übervollem Herzen zu singen. Wenn es ihm zu heiß wurde, ging er in den Vorraum hinaus, um sich abzukühlen. Und wenn ihn der Magen ans Essen erinnerte, sagte er zu ihm stolz: »Sei still, Magen! Du kannst mir einen Tag Kredit geben. Ich werde es dir mit Zinsen zurückzahlen. Hat denn meine Rochel nicht Kapores schlachten lassen?«

Heute verläßt er aber den ganzen Tag nicht das Lehrhaus. Von Kol Nidre bis Ne'ilo steht er auf den Beinen. Er singt nicht, er weint nur und betet ... Nun glaubt er schon an seine Sünden. Er muß doch Sünden begangen haben, große schreckliche Sünden, obwohl er von ihnen nichts weiß. Wie wäre es denn sonst möglich, daß ihn das Unglück so verfolgt!

»*So laß die Furcht vor dir kommen*«, beginnt der Vorbeter, und seine Stimme windet sich wie ein Bohrer. Die Gemeinde hat sich beruhigt; nur ab und zu nimmt jemand dem Vorbeter ein Wort aus dem Munde. Der Vorbeter singt die Schmoine-Eßre, und Chajim-Bär steht noch immer auf den Beinen, den Kopf an die Wand gedrückt. Es sieht so aus, als ob er betete, aber die Andacht des Gebets liegt ihm nicht im Sinn.

»*Wenn du tilgen wirst die Herrschaft des Frevels von der Erde*«, rezitiert der Vorbeter mit Nachdruck. Natürlich wäre es unserem Chajim-Bär sehr lieb, wenn der Bürgermeister und der Schreiber sich bessern würden. Mit dem Bürgermeister kann man ja noch einigermaßen auskommen: mit einem Schluck Branntwein läßt er sich kaufen ... Aber der Schreiber! Man hört von ihm nichts als Mahnungen wegen der Steuerrückstände ... Woher? Wovon? ... Seit einiger Zeit reagiert er auf ihn schon gar nicht mehr. Seit ein paar Jahren besitzt er nichts mehr, keinen Hausrat und kein Bettzeug, und selbst das Häuschen ist schon längst verkauft. Der Schreiber mag schreien, soviel er will. Soll er kommen und die Rückstände eintreiben, wenn er kann! Und was sind das überhaupt für Rückstände? Weil Zichanowka einmal eine Stadt mit Magistrat, Polizei und Privilegien war, muß er heute, wo Zichanowka nur noch eine Marktgemeinde ist und er vor Hunger stirbt, alte Schulden bezahlen? Gewiß, wenn er seine Kissen nicht hätte versetzen müssen, wenn er nicht zu fürchten brauchte, daß man ihm sein Häuschen wegnehme, dann würde Chajim-Bär andächtig mit dem Vorbeter sprechen: »*Wenn du tilgen wirst die Herrschaft des Frevels von der Erde.*« Aber heute kann er über den Bürgermeister und den Schreiber nur lachen.

Er hat den Kopf in die Hand gestützt und wiegt sich im Takte des Gebets hin und her. Seine Lippen sprechen dem Vorbeter nach: »*Möge zu dir hinaufsteigen die Erinnerung an uns.*«

»*Die Erinnerung an uns und das Andenken unserer Väter.*«

Er erinnert sich, daß sein Vater ein frommer Mann gewesen war und sein Schwiegervater ein Toraschreiber. Es wäre doch nur recht und billig, wenn sie sich für ihn dort oben verwenden würden.

Darum betet er schon ganz ohne Andacht weiter: »*Und das Andenken des Messias, des Sohnes Davids, deines Knechtes, und das Andenken Jerusalems, deiner heiligen Stadt.*«

Glaubt ja nicht, daß Chajim-Bär ein Gegner des Heiligen Landes wäre oder daß er, Gott behüte, ein Ketzer sei und nicht glaubt, daß der Messias kommen wird. Er weiß, daß er kommen muß und jeden Tag kommen kann. Chajim-Bär ist ein kluger, erfinderischer Kopf, aber doch nur ein einfacher Jude, wie alle anderen. Er glaubt felsenfest an alle diese Sachen. Von ihm aus kann der Messias schon morgen kommen!

Über die Brücke aus Papier/5/ zu gehen ist für ihn eine Kleinigkeit. Er würde über sie laufen, ohne sich auch nur einen Augenblick zu besinnen. Er hätte auch nichts dagegen, in Jerusalem zu wohnen. Warum auch nicht? Es wird Zeit, er hat schon längst keinen Groschen mehr in der Tasche. Aber bis zum Krieg von Gog und Magog, bis der Türke/6/ alle siebzig Völker der Erde/7/ überwunden hat, bis der Prophet Elia und der Messias, der Sohn Josefs, gekommen sind, bis der Messias, der Sohn Josefs, umgebracht ist, kann er noch hundertmal Hungers sterben. Er und Rochel und alle seine kranken und gesunden Kinder. Schöpfer der Welt, wo ist deine Barmherzigkeit?

Er fühlt, daß die Schuld nur ihn allein trifft. Zunächst ihn und dann auch den Schöpfer der Welt. Hätte er denn nicht ebensogut Kaufmann werden können? Einen Laden, eine Schenke eröffnen, sich an einer Lieferung beteiligen oder den Beruf eines Maklers ergreifen wie viele andere Juden? Er war aber als Erfinder geboren. Die Erfindungen haben ihn zugrunde gerichtet. Als Junge hat er vortreffliche Zinnkreisel gegossen, Laternen geschnitzt, konnte besser als alle anderen schwimmen und auf dem Eise laufen. Er hatte große Begabung für alle diese Dinge. Ein merkwürdiger Junge war er, er wollte alles wissen, alles können. Er erfand eine Methode, hohle Hawdolekerzen um einen Stock zu flechten. Für diese Verdienste gab ihm der Synagogendiener die dicksten Lichter zum Lernen in den Winternächten. Heute werden solche Kerzen in allen Städten hergestellt, damals kannte aber noch niemand das Geheimverfahren, und man nannte sie »Chajim-Bärs Hawdolekerzen«. Ungemein geschickt war er im Bauen von Laubhütten. Er konnte eine vorschriftsmäßige Laubhütte aus einigen Brettern, fast ohne Nägel und ganz ohne Werkzeuge zimmern. Und erst seine Girlanden am Wochenfest, seine meisterhaften Misrachs!

Aber, wie gesagt, die Erfindungen richteten ihn zugrunde.

Wie alle Juden gleich nach der Hochzeit einen Handel zu beginnen, hatte er keine Lust. Er sehnte sich nach irgendeiner kleinen Fabrik, wo er seine Erfindungsgabe hätte ausprobieren können. Er begann damit, daß er von einem Schnorrer das Rezept für eine Fleckenreinigungsseife kaufte. Der Schnorrer schwindelte von ihm für das Rezept einen Hunderter heraus, und Chajim-Bär zog in die Welt, um die Seife zu verkaufen. Seine Frau weinte, sie wollte nicht gleich nach der Hochzeit allein zu Hause bleiben. Auch glaubte sie nicht an den Erfolg des Unternehmens. Seife war für ihre Begriffe keine gangbare Ware. Wer braucht solche Seife? Grüne Seife braucht man noch, um den Kindern die Köpfe zu waschen, und einfache Seife – für die Wäsche. Aber wer braucht eine Fleckenreinigungsseife? Frauenkleider lassen sich wie jede andere Wäsche waschen, und bei Männerkleidern machen Flecke gar nichts aus. Wenn man eine Beschneidungsfeier, eine Hochzeit oder auch nur ein Sabbatausgangsmahl mitgemacht hat, so ist das Gewand sowieso hin. Chajim-Bär glaubte aber die Welt zu kennen. Er wußte, daß sie bei Zichanowka nicht aufhört und daß es nicht überall Sitte ist, die Flecke auf den Kleidern zu lassen. Er schwor mit allen Eiden: Sobald er die ersten zweitausend Rubel verdient hat, wird er nach Hause zurückkehren, ein Grundstück kaufen und ein ruhiges Leben beginnen. Keinen Fuß wird er mehr über die Schwelle setzen! Er wird eine Schenke oder einen Kaufladen eröffnen und den Rest seines Lebens in Ruhe verbringen.

Die arme Frau mußte sich seinem Willen fügen. Nach einem halben Jahr kam er ohne einen Dreier zurück. Die Geschäftsspesen hatten alles aufgezehrt, obwohl er unterwegs fast nichts gegessen hatte und mit zerrissenen Kleidern heimkehrte.

Rochel weinte bittere Tränen und schickte ihn zum Rebben.

Er machte sich auf den Weg. Beim Abschiednehmen sagte er ihr: »Weißt du, Rochele, du hast mich beschämt und damit deinen Lohn im Jenseits verscherzt. Ich hatte erwartet, daß du, wenn ich heimkehre, nach Weiberart schreien und schimpfen oder mich gar am Barte oder an den Peies reißen wirst. Du tatest aber nichts dergleichen! Hast nur ein wenig geweint und sonst nichts. Und das tat mir so furchtbar weh.«

Rochel lächelte mit Tränen in den Augen. Sie hoffte, daß Gott und dann auch der Rebbe ihn auf den rechten Weg führen werden.

Von unterwegs schrieb er ihr einen Brief. Erstens sei er bei bester Gesundheit und wünschte dasselbe auch von ihr zu vernehmen; zweitens fahre er nicht zum Rebben, wie er es beabsichtigt hatte, sondern wieder in die weite Welt hinaus! Großes Glück hat er gehabt: Eine neue Erfindung hat er gekauft, eine Art Wachs, mit dem man zerbrochene Teller und Gläser zusammenkleben kann. Dieses Mittel braucht nun wirklich jeder Jude; der ärmste Mann hat zweierlei Geschirr/8/ in seiner Wirtschaft und Kinder, die es zerschlagen. Auch ein paar Gläser liegen in jedem Hause herum. Er hofft auf Gott usw. ...

Rochel weinte wieder ein halbes Jahr, und Chajim-Bär kam wieder in zerrissenen Kleidern heim. Diesmal brachte er ein Rezept für einen Fruchtsaft mit, dieses Geschäft wollte er nun zu Hause betreiben.

Für das Rezept hatte er den letzten Gulden hergegeben, den er noch besaß. Nun plagt er sich schon seit mehreren Jahren mit diesem Geschäft ab. Im ersten Sommer, als das Obst gut geraten war und alle Bäume in den Gärten von Zichanowka sich unter der Last der Äpfel, Birnen und Pflaumen bogen, so daß man sie stützen mußte, lebte Chajim-Bär auf! Er rechnete Rochel vor, wieviel Geld er mit seinem Fruchtsaft verdienen werde: das Rohmaterial werde ja fast gar nichts kosten. Obst sei ja halb umsonst zu haben. Aber er hatte sich leider verrechnet. Weil das Obst halb umsonst zu haben war, aßen die Leute das Obst und brauchten seinen Fruchtsaft nicht. Und dasselbe wiederholte sich jedes Jahr. War das Obst billig, verkaufte er seinen Fruchtsaft nur an Festtagen wie am Laubhüttenfest oder zum Torafreudenfest. An Wochentagen verkaufte er nichts. Und wenn der Winter kam, lag das Geschäft ganz still.

Schöpfer der Welt! schreit Chajim-Bär in seinem Herzen. Schöpfer der Welt, soll doch das Obst wenigstens einmal nicht gut geraten, soll es der Wind von den Bäumen schütteln, sollen es die Würmer fressen! Schöpfer der Welt!

Diese traurigen Gedanken unterbrach der Vorbeter mit den Worten: »*Öffne uns das Tor ...*«

Ganz anders betete Chajim-Bärs Verwandter, Joine-Wolf, der Gartenpächter, derselbe, der den Synagogendiener davon abgehalten hatte, auf den Tisch zu klopfen, weil Chajim-Bär mit der Schmoine-Eßre noch nicht fertig war.

Auch er steht während des ganzen Jom Kippur auf den Beinen, auch er glüht unter seinem Tallis, auch er springt und hüpft und schreit. Während aber Chajim-Bär weint und wie ein Kind seinen Vater wenigstens um ein trockenes Stück Brot bittet, tanzt Joine-Wolf vor dem Herrn voller Freude und dankt ihm für seine Wunder. Seit sechs Jahren hat er einen Obstgarten in Pacht, und der Garten bringt von Jahr zu Jahr mehr ein. Er seufzt nur bei: »*Gedenke unser zum Leben*«, »*Schreibe uns ein in das Buch des Lebens*« oder »*Besiegele uns zum Leben*« – denn die Gesundheit ist das wichtigste!

Während er dem lieben Gott für seine Gesundheit und für die Gesundheit seiner Frau dankt, erfleht er von ihm Gesundheit für seine Kinder. Mit einem Kinde ist etwas nicht in Ordnung: Es hat einen Ausschlag auf dem Köpfchen, sein Näschen ist immer gerötet, und die Mandeln meistens geschwollen.

Solange das Kind zahnte, schrieb man alles dem Zahnen zu. Später glaubte man, daß es von den Würmern käme. Aber das Kind nahm eine Menge Kräuter gegen die Würmer ein, und es nützte alles nichts. Man schickte dem Rebben ein Bittzettelchen, einmal brachte man sogar das Kind selbst zum Rebben. Es wurde zuerst etwas besser, dann aber bald wieder schlimmer.

Der Feldscher meint, es seien Skrofeln. Man müsse das Kind in Salzwasser baden oder in ein Bad schicken. Für eine Badereise langt das Vermögen aber nicht, selbst wenn Joine-Wolf den ganzen Hausrat versetzen und der Frau die Ohrringe aus den Ohren nehmen wollte. Zu Hause aber kann man die Salzbäder nicht machen. Im Garten, wo man den ganzen Sommer über wohnt, gibt es kein Wasser. Das Wasser zum Kochen muß man in einer Kanne aus einer Entfernung von einundeinhalb Werst holen.

Der Junge wächst mit dem Ausschlag auf dem Kopfe, mit den entzündeten Mandeln und der geröteten Nase heran; den ganzen Winter lernt er im Cheder und ist sonst ein wohlgeratenes Kind.

»*Besiegele uns zum Leben*«, weint darum Joine-Wolf: mein Kind, mein Stolz, meine Freude, mein Trost soll mir leben!

Auch bei »*Gedenke unser zum Leben*« folgen Joine-Wolfs Gedanken nicht den Worten des Gebets. Den ganzen Tag lobt und preist er den Höchsten.

Da er aber ein unwissender Mensch ist, hängt er sich manchmal an ein Wort und schluchzt oder freut sich ohne Verstand. Wenn Joine-Wolf etwas mehr Hebräisch verstünde und den Sinn der Gebete besser erfaßte, könnte es wohl kein Mensch mehr in der Synagoge aushalten. Denn kommt ein ihm bekanntes Gebet, reißt er dem Vorbeter alle Worte aus dem Munde und schreit so fürchterlich, daß, wenn die Synagoge nicht in der alten Zeit gemauert wäre, die Mauern erzittern und vielleicht auch einstürzen würden. Glücklicherweise bleibt er an den schwierigsten Stellen stecken.

Und wenn die ganze Gemeinde plötzlich innehält, verzieht er sein Gesicht, beginnt die Stirn zu runzeln und mit den Augen zu zwinkern oder auch den Tallis über den Kopf zu ziehen, damit die Leute glauben, er bete voller Andacht. Doch gerade in solchen Augenblicken schweifen seine Gedanken. Wenn er schreit, betäubt er sie; wenn er aber den Kopf in den Tallis hüllt und verstummt, kommen sie von selbst hervor. Er dankt dem lieben Gott und preist ihn mit seinen eigenen Worten. Es geht ihm ja recht gut. Große Schätze verdient er nicht, aber die Armut ist er los. Er hat der Frau ein Paar silberne Leuchter/9/ gekauft, und es ist auch was zu essen da. Ein Kind ist zwar leider kränklich, aber Gott wird schon helfen! Auch er selbst hat ja früher einmal einen Ausschlag auf dem Kopf gehabt, und sein Schädel glänzt heute wie der Vollmond.

Ja, ja!

Er erinnert sich noch, wie ihn die anderen Jungen im Cheder verfolgten. Nur Chajim-Bär nicht. Der nahm ihn in Schutz, weil er ein Verwandter war und weil er einen wirklich guten Charakter hat, dieser Chajim-Bär! Und doch war er die Ursache aller seiner Leiden. Chajim-Bär konnte stets die Lektion, und er nicht; Chajim-Bär war zu allem zu gebrauchen, und er zu nichts. Immer wieder wurde ihm Chajim-Bär unter die Nase gerieben. Der Lehrer ohrfeigte ihn und sagte: »Nimm dir an Chajim-Bär ein Beispiel!« Und wenn die Mutter ihn prügelte, stellte sie ihm Chajim-Bär als Vorbild hin. Auch der Vater quälte ihn immer mit Chajim-Bär!

Obwohl Chajim-Bär ihn immer in Schutz nahm und oft aus den Händen der Peiniger rettete, haßte er ihn doch insgeheim. Wofür? Warum?

Joine-Wolf kommt erst jetzt darauf: Aus Neid! Und er empfindet aufrichtig Reue. Heute beneidet er Chajim-Bär nicht mehr. Er betet sogar für sein Leben.

Er hat jetzt Chajim-Bär tatsächlich sehr lieb. Er bemitleidet ihn von ganzem Herzen. Drei Viertel aller seiner Seufzer während des Gebets bezogen sich auf Chajim-Bär.

Der Herr möge ihm helfen! Wie wird er durch den Winter kommen? Möge er doch wenigstens einen guten Sommer haben und etwas verdienen. Wenn man etwas verdient, hat man einen baren Groschen im Hause und kann atmen.

Bei »*Groß sind die Nöte deines Volkes*« verstummt er wieder. Das ist für ihn eine schwere Stelle, ein Weg voller Gräben und Löcher. Er senkt den Blick auf das große Gebetbuch und vertieft sich wieder in seine Gedanken:

Schöpfer der Welt, wenn ich oder mein Weib oder meine Kinder oder meine Vorfahren irgendwelche Verdienste vor dir haben, so sende meinem Kinde vollkommene Genesung. Laß in meinem Garten die Äpfel wachsen, die saftigen, dicken Äpfel, die im Munde schmelzen. Schöpfer der Welt, laß deine Juden den Saft meiner Äpfel trinken! Und denke, Schöpfer der Welt, auch an Chajim-Bär, laß auch ihn seinen Fruchtsaft verkaufen.

Plötzlich fährt er auf. Man ist bei: »*Gedenke des Bundes mit Abraham und der Opferung Isaaks*« angelangt. Das ist für ihn wieder eine Chaussee, ein ebener Weg. Nun läuft er Galopp! Es kommen zwar auch hier noch kleine Hindernisse und Löcher vor, aber das macht nichts: alles geht in der bekannten Melodie unter. Bei »*Das Seufzen der dich Preisenden*« ist die Straße wieder ganz glatt, und zum Schluß fühlt er sich schon wie zu Hause: er schreit, er poltert, er singt, als ob er ganz allein in der Synagoge wäre!

Beim Verlassen der Synagoge traf er mit Chajim-Bär zusammen.

»Mögen alle deine Gebete in Erfüllung gehen!«

»Dasselbe wünsche ich auch dir!« antwortete Chajim-Bär.

»Alles, was du dir wünschest, möchte dir Gott geben!«

»Auch dir, Joine-Wolf! Möchte Gott uns beiden ein glückliches Jahr geben.«

Und sie trennten sich.

Ihre Wünsche waren ganz aufrichtig gemeint. Als sie sich aber verabschiedet hatten, hoben sie beide noch einmal ihre Blicke zum Himmel:

»Das Obst möchte wie Gold werden!« betete Joine-Wolf.

»Faulen soll es!« betete Chajim-Bär …

Später schickte Joine-Wolf seinem Verwandten Chajim-Bär einen großen, fetten, gesottenen Hahn. Und Chajim-Bär schickte ihm drei Flaschen von seinem Fruchtsaft. Beide gingen voll Gottvertrauen zu Bett.

Joine-Wolf hoffte, daß die Äpfel wie Gold geraten, und Chajim-Bär, daß das Obst verfaulen und er viel Geld an seinem Fruchtsaft verdienen wird.

Ihre Frauen konnten lange nicht einschlafen. Chajim-Bärs Frau zerbrach sich den Kopf: Woher nehme ich Geld für das Laubhüttenfest? Und Joine-Wolfs Frau dachte: Woher bekomme ich wenigstens noch ein halbes Dutzend silberne Löffel für die Festtafel?

Scholem Alechem

Die Durchsuchung

Wartet!« rief ein Mann mit runden Ochsenaugen, der die ganze Zeit in der Ecke am Fenster gesessen und rauchend den Gesprächen über Diebstähle, Raubüberfälle und ähnliche Verbrechen zugehört hatte. »Nun will ich euch die schöne Geschichte von einem Diebstahl erzählen, der bei uns passiert ist, und ausgerechnet im Lehrhaus und dazu noch an einem Jom Kippur.

Unser Städtchen Kasrilewka – ich bin nämlich ein Kasrilewkaer – ist ein armes, kleines Städtchen, und es gibt bei uns keine Diebe. Man stiehlt bei uns nicht, denn man hat niemanden, bei dem es was zu stehlen gibt. Und schließlich und endlich ist doch der Jude kein Dieb. Das heißt, der Jude ist im Grunde genommen doch ein Dieb, aber keiner, der durchs Fenster in eine Wohnung steigt oder einen Menschen mit dem Messer überfällt. Etwas verdrehen, jemandem was andrehen oder den Kopf verdrehen, das macht der Jude; aber die Hand in eine fremde Tasche stecken, so daß man ihn erwischen und einsperren kann – das paßt wohl zu einem Verbrecher, aber zu keinem Juden. Nun stellt euch vor: Bei uns in Kasrilewka gab es einmal doch einen Diebstahl, und was für einen Diebstahl! Achtzehnhundert Rubel auf einen Schlag!

Eines Tages kommt zu uns in die Stadt ein Fremder, irgendein Bauunternehmer aus Litauen. Er kommt gerade am Vorabend vom Jom Kippur um die Stunde des Nachmittagsgebets. Er steigt natürlich im Gasthaus ab, läßt dort sein Gepäck zurück und begibt sich direkt ins alte Lehrhaus. Wie er zum Nachmittagsgebet dort ankommt, sitzen die Vorsteher vor der Geldschüssel. ›Friede sei mit Euch!‹ – ›Auch mit Euch sei Friede!‹ – ›Woher kommt Ihr?‹ – ›Aus Litauen.‹ – ›Wie heißt Ihr?‹ – ›Was geht's Euch an?‹ – ›Ihr wollt doch in die Synagoge?‹ – ›Wohin soll ich sonst wollen?‹ – ›Ihr wollt wohl bei uns beten?‹ – ›Bleibt mir denn was anderes übrig?‹ – ›Dann müßt Ihr auch etwas in die Schüssel geben.‹ – ›Was denn sonst? Werde ich bei Euch umsonst beten?‹

Kurz und gut, der Fremde zieht drei silberne Rubel aus der Tasche und legt sie in die große Schüssel. Außerdem einen Rubel in den Teller des Vorstehers, einen Rubel für die Gemeindeschule, einen Rubel für den Rabbiner, einen halben Rubel für die Armen, und unter den Bettlern vor der Tür verteilt er Kleingeld. Wir haben nämlich, unberufen, so viel Bettler, daß man das Vermögen eines Rothschild brauchte, um sich mit ihnen ordentlich abzugeben.

Als man sah, daß man es mit so einem Menschen zu tun hatte, trat man ihm einen Platz an der Ostwand ab. Werdet ihr fragen, wo man den Platz hergenommen hat, da doch alle Plätze in festen Händen sind? Das ist gar keine Frage. Genau dasselbe passiert doch bei einer Hochzeit oder bei einer Beschneidung: Es ist gesteckt voll, doch plötzlich kommt alles in Bewegung. Was ist los? Ein reicher Mann ist gekommen! Da drückt man sich so zusammen, daß es einen Platz für den Reichen gibt! Das Drücken ist nämlich eine jüdische Sache: Wenn sie niemand anderer drückt, so drücken sie sich selbst.«

Der Mann mit den runden Augen macht eine Pause, läßt den Blick über die Zuhörer schweifen, um festzustellen, welchen Eindruck der Witz auf sie machte, und fährt fort.

»Kurz und gut, unser Fremder bekam einen Ehrenplatz und ließ sich vom Synagogendiener ein Betpult geben. Zu Kol Nidre zog er sich Tallis und Kittel an und stellte sich zum Beten hin. Und er betete und betete und setzte sich für keinen Augenblick; vom Hinlegen rede ich schon gar nicht! Für keinen Augenblick ging der Litwak von seinem Betpult weg, außer wenn man die Schmoine-Eßre betete oder niederknien mußte. Vierundzwanzig Stunden fasten und sich für keinen Augenblick hinsetzen – das kann eben nur ein Litwak!

Doch nach dem abschließenden Schofarblasen, wie man mit dem werktäglichen Abendgebet beginnt, und Chajim-Chone, der Lehrer (Chajim-Chone hat seit undenklicher Zeit das Vorrecht, am Ausgang des Jom Kippur das Abendgebet vorzubeten), mit seiner Ziegenstimme ›Der du die Abende dämmern läßt‹ anstimmt, hört man ein entsetzliches Geschrei: ›Gewalt! Gewalt!‹ Man schaut hin – der Litwak liegt ohnmächtig da. Man begießt ihn mit Wasser – es nützt nichts! Was ist das für eine Geschichte? Eine schöne Geschichte. Er hatte bei sich, der Litwak meine ich, achtzehnhundert Rubel gehabt. Er hatte Angst, sagt er, sie im Gasthaus zurückzulassen – es ist doch wirklich kein Spaß – achtzehnhundert Rubel! Wem kann man eine solche Riesensumme in einer wildfremden Stadt anvertrauen? Das Geld am Jom Kippur in der Tasche zu haben schickt sich nicht. Also kam er auf den Einfall, sagt er, das Geld unbemerkt in das Betpult hineinzulegen – worauf ein

Litwak nicht alles kommt! Jetzt versteht ihr schon, warum er für keinen Augenblick vom Betpult wegging? Aber bei der Schmoine-Eßre oder beim Niederknien hat wohl jemand das Geld herausgenommen.

Kurz und gut, er schreit und jammert und ist ganz außer sich. Was soll er jetzt anfangen? Es ist, sagt er, fremdes Geld, es ist nicht sein Geld, er ist nur Bevollmächtigter von einem Kontor, er selbst ist ein Bettler, sagt er, mit Kindern gesegnet! Es bleibt ihm, sagt er, nichts anderes übrig, als ins Wasser zu gehen oder sich aufzuhängen, sagt er, und zwar hier gleich in der Synagoge, vor aller Augen!!

Als die Leute diese Worte hörten, erstarrten sie zu Stein. Man vergaß sogar, daß man den ganzen Tag gefastet hatte und nach Hause eilen mußte, um sich zu stärken. Wir schämten uns vor dem Fremden und vor uns selbst. So ein Diebstahl – ganze achtzehnhundert Rubel! Und wo? Im Lehrhaus, im alten Kasrilewkaer Lehrhaus! Und wann? Am Jom Kippur! So etwas hat man noch nicht gehört, seit die Welt besteht!

›Diener, schließ die Tür!‹ ertönt plötzlich die Stimme unseres Rabbiners. Unser Rabbiner, er heißt Reb Josefl, ist ein ordentlicher, frommer Mann, eine reine Seele; vielleicht nicht übermäßig klug, aber ein guter Charakter, ein Mensch ohne Galle. Manchmal hat er Einfälle, auf die sonst kein Mensch kommt, und wenn er auch achtzehn Köpfe hätte! Sobald man die Tür des Lehrhauses geschlossen hat, wendet sich Reb Josefl zur ganzen Gemeinde. Er ist blaß wie die Wand, und die Hände zittern ihm, und die Augen brennen:

›Meine Herren, hört mich an. Das ist eine häßliche Geschichte. So was hat man noch nicht gehört, seit die Welt besteht. Daß bei uns in Kasrilewka sich ein Sünder befinden soll, ein Verbrecher in Israel, der einem wildfremden Menschen, einem Familienvater, so eine Summe stiehlt! Und wann? An einem so heiligen Tage wie Jom Kippur, vielleicht sogar während des Ne'ilo. So was hat man noch nicht gehört, seit die Welt besteht! Ich kann es nicht glauben, die Sache ist einfach unmöglich! Wenn sich vielleicht doch jemand gefunden hat, den es nach Geld gelüstete, nach einer solchen Summe wie achtzehnhundert Rubel – der böse Trieb ist ja, Gott sei es geklagt, mächtig genug –, wenn jemand von uns gestrauchelt ist, wenn jemandem das Unglück widerfuhr, an einem solchen Tage so eine Sünde zu begehen, so müssen wir uns bemühen, die Sache zu untersuchen und aufzuklären. Himmel und Erde haben geschworen, daß die Wahrheit wie Baumöl auf dem Wasser an die Oberfläche kommen muß. Darum‹, sagt er, ›müssen wir einander durchsu-

chen, betasten, unsere Taschen umstülpen, alle, vom reichsten Bürger‹, sagt er, ›bis zum Synagogendiener, ohne jemanden auszunehmen. Kommt, Juden, durchsucht mich!‹

So sprach unser Rabbiner, Reb Josefl, und mit diesen Worten löste er seinen Gürtel und wendete alle Taschen um. Seinem Beispiel folgend, nahmen sich alle Bürger die Gürtel ab, knöpften sich die Kaftane auf und stülpten die Taschen heraus. Und man durchsuchte, betastete und durchschüttelte einander, bis die Reihe an Leiser-Jossel kam. Und als die Reihe an Leiser-Jossel kam, fing er an, Geschichten zu machen und behauptete, daß der Fremde ein Schwindler sei: ›Der Litwak hat die Geschichte glatt erfunden, niemand hat bei ihm das Geld gesehen, alles ist Lug und Trug! Seht ihr denn nicht selbst, daß es ein Schwindel ist?‹

Da machten die Leute großen Lärm: ›Was soll das heißen? Die vornehmsten Bürger ließen sich durchsuchen, warum soll man plötzlich bei Leiser-Jossel eine Ausnahme machen? Hier gibt es keine Aristokraten! Durchsuchen! Durchsuchen!‹

Wie Leiser-Jossel merkt, daß die Sache schlimm für ihn steht, beginnt er mit Tränen in den Augen zu flehen, daß man ihn doch nicht durchsuchen möge. Er beteuert mit allen Eiden, daß er ebenso rein von allem Übel sein möchte, wie er rein von dieser Sünde sei. Er schämt sich aber, sagt er, sich durchsuchen zu lassen. Man möge Erbarmen mit seinen jungen Jahren haben und ihm diese Schande nicht antun. ›Tut mit mir‹, sagt er, ›was ihr wollt, durchsucht mich aber nicht.‹ Wie gefällt euch so ein Kerl? Glaubt ihr vielleicht, daß man auf ihn gehört hat? Daß man ihm diese Ehre erwies?

Aber halt! Ich vergaß euch zu sagen, wer Leiser-Jossel ist. Dieser Leiser-Jossel ist eigentlich kein Kasrilewkaer, der Teufel weiß, wo er zu Hause ist, aber er hatte nach Kasrilewka geheiratet. Unser Reicher hatte diesen Edelstein irgendwo für seine Tochter aufgegabelt, nach Kasrilewka gebracht und mit ihm geprahlt, er kann tausend Blatt Talmud auswendig, kennt sich gut in der ganzen Schrift aus, kann gut Hebräisch, Rechnen und Algebra und ist ein großer Schreibkünstler – kurz ein Edelstein mit allen siebzehn Vorzügen! Als er diese Kostbarkeit nach Kasrilewka gebracht hatte, kamen die Leute herbei, das Wunder anzustaunen. Wenn man ihn bloß von außen anschaut, kann man nichts sagen, ein ganz gewöhnlicher junger Mann, nicht häßlich, wenn auch die Nase etwas zu lang ist. Die Augen leuchten wie zwei brennende Kohlen, und das Mundwerk – Pech und Schwefel! Man fühlte ihm auf den Zahn, ließ sich von ihm ein Blatt Talmud, ein Stück aus der Schrift, eine Stelle aus dem Maimonides erklären – flammendes Feuer! Der Mensch kennt sich in allen Dingen so gut aus wie der Christ in den Psalmen. Wo man ihn nur antippt – überall ist er zu Hause! Reb Josefl selbst sagte von ihm, daß er in jeder beliebigen jüdischen Gemeinde Rabbiner sein könnte. Und von den modernen Wissenschaften rede ich schon gar nicht. Wir haben im Städtchen einen Philosophen, einen ganz verdrehten Kerl, Seidel, Reb Schajes Sohn heißt er, und dieser ist ein Hund gegen Leiser-Jossel! Und wie er Schach spielen kann – so einen Schachspieler gibt es nicht noch einmal auf der ganzen Welt. Was soll ich euch viel erzählen – ich sage euch ja, ein gut geratener junger Mann!

Natürlich beneiden alle Leute unsern Reichen um so einen Schatz, obwohl man munkelt, daß der Schatz doch nicht so ganz echt ist. Es gefällt nämlich den Leuten nicht, daß er zu klug ist (alles, was ›zu‹ ist, ist von Übel) und zu wenig Stolz hat. Er redet mit jedem wie mit seinesgleichen. Selbst mit dem Geringsten, mit jedem Burschen, auch mit einem Mädchen und sogar mit einer verheirateten Frau. Dann gefallen seine Manieren nicht. Immer ist er zerstreut, kommt in die Synagoge später als alle, wirft sich den Tallis um, nimmt irgendein Buch vor und studiert und denkt gar nicht ans Beten! Man kann nicht sagen, daß man an ihm etwas Schlechtes gesehen hätte, aber man munkelt, daß er nicht übermäßig gottesfürchtig ist. Es gibt eben keinen Menschen, der alle Vorzüge und gar keine Fehler hätte!

Und als dieser Leiser-Jossel sich weigerte, sich durchsuchen zu lassen, war es ja allen klar, daß er das Geld hat. Sagt er, man soll ihn foltern, man soll ihn schneiden, stechen, braten, brennen, nur nicht durchsuchen. Da geriet sogar unser Reb Josefl, obwohl er ein Mensch ohne Galle ist, außer sich und fing zu schreien an:

›Du so einer und so einer! Du verdienst, daß man dich, ich weiß nicht was! Unerhört! Du siehst, wie man den Juden das Blut abzapft, wie alle sich aus der Schande nichts machen und sich durchsuchen lassen, und du willst dich von der Gemeinschaft ausschließen? So oder so: entweder gestehst du und gibst das Geld heraus, oder du zeigst deine Taschen her! Du willst einer ganzen Gemeinde, unberufen, trotzen? Man wird dich doch gleich, ich weiß nicht was!‹

Kurz und gut, die Leute fielen über ihn her, legten ihn gewaltsam hin und begannen ihn zu durchsuchen, zu betasten und zu schütteln, und man fand in seinen Taschen ... Nun, ratet einmal, was man gefunden hat? Abgenagte Knochen von einem Viertelhuhn und ein Dutzend ganz frische Kerne von eben erst gegessenen Pflaumen! Ihr versteht doch, wie schön es sich machte, als man bei unserm Edelstein diese Dinge fand? Ihr versteht, wie er dastand und was für Gesichter sein Schwiegervater und der Rabbiner machten? Unser Rabbiner Reb Josefl wandte sich verschämt weg und konnte niemandem in die Augen schauen. Und als die Leute später aus dem Lehrhaus nach Hause gingen, um sich zu stärken, hörten sie gar nicht auf, über den Schatz zu sprechen, den man in seinen Taschen gefunden hatte. Und alle schüttelten sich vor Lachen! Reb Josefl ging ganz allein, den Kopf auf die Brust gesenkt, seufzte und ächzte und schämte sich, als ob man alle diese Sachen in seinen Taschen gefunden hätte.«

Der Mann war mit seiner Geschichte anscheinend fertig, denn er fing wieder zu rauchen an.

»Nun, und das Geld?« fragten ihn alle wie aus einem Munde.

»Was für Geld?« Er stellte sich einfältig und blies den Rauch vor sich hin.

»Was heißt, was für Geld? Die achtzehnhundert Rubel ...«

»Ach so«, sagte er gedehnt, »die achtzehnhundert Rubel?«

»Hat man die gefunden?«

»Die waren weg.«

JIZCHOK LEIB PEREZ
Der Traum eines litauischen Melameds

1. Der Litwak fährt

Ein reicher Pächter auf dem Lande hatte sich einen Melamed genommen. Zwei Söhne hat der Pächter, sollen sie wenigstens Hebräisch lesen lernen.

Er hatte absichtlich einen aus Litauen genommen: Die Litwaks sind ungemein tüchtig, wenn es gilt, einem Hebräisch beizubringen.

Viel genützt hat es bisher nicht, die Söhne sind wilde Bengel, von den Bauernburschen nicht zu unterscheiden. Man kann sie von den Pferden, vom Fluß und von den Sauermilchtöpfen kaum losreißen.

Nun steht Pessach vor der Tür, und der Melamed muß heimfahren.

Den Pächter freut das nicht, er wird ins nächste Städtchen fahren und von dort einen Gast zu Pessach holen müssen. Denn den Seder richtig zu begehen, ist für ihn ebenso schwer, wie das Schilfmeer zu spalten. Der Gast wird den Seder machen müssen. Es muß sein. Pessach ist das Fest unserer Befreiung. Der Melamed hat sicher Weib und Kinder daheim und muß zu ihnen fahren.

Der Melamed spricht aber noch gar nicht von seiner Abreise. Zerstreut ist der Melamed! Vielleicht schämt er sich auch nur. Also muß man für ihn denken und ihm eine Überraschung machen.

Man stopft recht viel Stroh in den Wagen, und die Pächterin packt alle möglichen guten Sachen hinein, Pessachgeschenke für die Frau des Melameds: ein Fäßchen Kwaß, ein paar Töpfe Schmalz und einen lebenden Truthahn.

»Janek,« sagt sie zum Kutscher, der den Wagen anspannt, »du wirst heute deine Beine hinaushängen müssen!«

»Gut!« antwortet Janek, der Pächterin widerspricht man nicht. Ein Teufel von einem Weibsbild! Von ihrem Blick wird der betrunkene Bauer nüchtern, und wem sie eine Ohrfeige gibt, der geht eine ganze Woche mit verbundenem Kopfe herum.

»Spanne ein und fahre vor!«

Janek tut, was ihm geheißen. Die Pächterin steht in der Türe, bereit, dem Melamed nachzurufen: »Fahrt gesund und kommt glücklich heim!« Sie mag ihn eigentlich nicht, den Litwak, den ausgetrockneten Gelehrten mit den tiefhängenden Brauen und dem zerzausten Bart und den Peies, der es für Sünde hält, mit einem Weibe auch nur ein Wort zu sprechen. Aber sie hat Ehrfurcht vor der Tora. Und er ist schließlich ein Gelehrter, jeder Litwak ist ein Gelehrter.

Der Pächter geht zum Melamed, um ihm mitzuteilen, daß alles fertig sei.

Der Melamed ist allein im Zimmer und sitzt über der Gemara. Die Söhne sind wieder irgendwo im Dorf, oder beim Fluß, oder im Keller.

Der Pächter bleibt in der Türe stehen und sagt:

»Herr Lehrer, es ist angespannt.«

Antwortet er gar nicht, der Litwak.

Erklärt ihm der Pächter:

»Für Euch. Der Wagen für Euch, damit Ihr zu den Feiertagen nach Hause fahren könnt.«

»Ich fahre nicht!« antwortet jener, und blickt von seiner Gemara gar nicht auf.

»Was sagt Ihr?«

Der Pächter ist außer sich vor Erstaunen: »Was heißt, Ihr fahrt nicht?«

Wird der Litwak jähzornig, weil er ein Gelehrter ist, und schreit den Pächter an:

»Unwissender, störe mich nicht beim Studium!«

Läuft der Pächter hinaus und erzählt das der Pächterin.

»Einem Litwak ist doch eine Seite Gemara mehr wert als ich weiß nicht was!

Vielleicht ist es besser so; beim Seder ist er gut zu brauchen!«

Die Pächterin läßt ausspannen und alles wieder auspacken. Sie hat ja Respekt vor dem Gelehrten. Sie ist aber doch ein Frauenzimmer und hat Mitleid mit der Frau des Litwaks, die nun bei einem fremden Seder den Kiddusch hören muß. Und erst die armen Kinderchen!

Ist nichts zu machen! sagt sie sich. Aber einmal wird er schon fahren, wenn nicht zum Wochenfest, dann eben zum Laubhüttenfest. Sie wird ihn schon mit einem Schürhaken aus dem Hause jagen!

Und so war es auch.

Vor dem Laubhüttenfest wird wieder der Wagen vollgepackt. Janek spannt ein und fährt vor. Diesmal geht aber die Pächterin zum Melamed, um es ihm zu sagen.

Ihr widerspricht man nicht.

Er sitzt wieder über der Gemara. Sie bleibt in der Türe stehen und sagt:

»Herr Lehrer, Ihr fahrt heim.«

Er erzittert, reißt sich aber von der Gemara nicht los.

Macht sie einen Schritt in die Stube und fragt:

»Fahrt Ihr oder nicht?«

Steht er auf, klappt die Gemara zu und geht.

Geht sie aus dem Weg und sagt, als er bei der Türe ist, schon etwas weicher:

»Nehmt doch die Gemara mit. Es ist warm draußen, der polnische Herbst ist schön. Ihr könnt im offenen Wagen sitzen und lernen.«

Kommt er zurück, nimmt die Gemara und geht hinaus, und der Pächter hilft ihm in den Wagen steigen.

Janek knallt mit der Peitsche, die Pferde laufen, der Pächter und die Pächterin rufen ihm nach: »Fahrt gesund und kommt glücklich heim!«

Der Litwak antwortet nicht. Er lernt schon.

Und der Wagen verschwindet im Walde.

2. *Im Walde. Der Litwak und die Schankwirtin*

Lernen ist zwar der beste Nutz und der beste Schutz, wie es im Sprichwort heißt. Aber den allgemeinen Brauch zu brechen, zu Pessach nicht zu Weib und Kindern zu fahren und ihnen so den Festtag zu verderben, ist auch keine Kleinigkeit.

Fährt er also durch den Wald. Es ist ein alter Wald. Die Bäume sind wie Riesen, die auf dem Kopfe stehen und die Beine in die Höhe recken. Der Wagen rüttelt über die nackten Wurzeln. Der Westhimmel ist flammendrot. Die Baumstämme unter dem grünen Blätterdach leuchten wie Gold. Über den Boden huschen zitternde Lichtflecke wie silberne Münzen. Irgendwo zwitschert ein Vogel, ihm antwortet ein zweiter. Janek pfeift ein Liedchen. Der Litwak hört nichts; er ist in sein Buch vertieft. Der Wagen fährt über eine Wurzel und schüttelt mächtig, da hopst der Litwak etwas in die Höhe und erblickt den Wald. Er sieht einen Baum, einen alten, goldenen Baum, vergißt die Gemara, die ihm vom Schoß gleitet, und ruft aus:

»Wie schön ist dieser Baum!« /10/

Und es fällt ihm ein, was die Pächterin gesagt hat: »Polnischer Herbst!«

»Ja«, sagt er mit zitternden Lippen, »es ist der polnische Herbst. Ein wahrer Zauber! Ein Zauber!«

Und plötzlich hört er:

»Halt!«

Janek hält die Pferde an.

Zwischen den Bäumen kommt ein Weib hervor. Wie Feuer! Rot ist der Rock, rot das Gesicht, rote Bänder flattern um den Kopf.

Er kann von der Flamme keinen Blick wenden. Janek scheint sie zu kennen.

»Warum geht die Schankwirtin zu Fuß?« fragt Janek.

Da passiert eine wunderliche Sache: Solange der Melamed im Dorfe wohnte, konnte er kein Wort Polnisch, und jetzt versteht er alles. Janek hat plötzlich eine andere Stimme. Sie antwortet ihm, und der Litwak versteht alles! In der Stadt ist sie gewesen, sagt sie, hat Einkäufe gemacht. Ein Rad ist gebrochen. Sie hat den Wagen mit dem Kutscher bei der Schmiede zurückgelassen.

»Steigt zu mir in den Wagen!«

Sie will zu Janek auf den Kutschersitz, doch er läßt sie nicht.

»Nein, nein, hier ist kein Platz, unten stehen lauter Sauermilchtöpfe.« Er müsse ja selber die Beine hinaushängen ... Zum Lehrer solle sie sich setzen. Er sei zwar nur ein Melamed, wisse aber auch, was gut sei.

Er lacht. Sie läßt sich das nicht zweimal sagen und springt geschickt wie eine Katze zum Lehrer auf das Sitzbrett. Janek pfeift, die Pferde laufen. Sie umfaßt den Litwak mit der Hand, schiebt ihn etwas zur Seite und macht sich Platz. Ihm wird es heiß und kalt dabei. Der Wagen hüpft von Wurzel zu Wurzel, und sie fragt:

»Was zitterst du?«

Wie der Wagen sich einmal auf die Seite neigt, zittert auch sie und ergreift seine Hand.

Er reißt seine Hand los, und sie lacht:

»Ach, du Dummkopf!«

Der Wagen rüttelt. Knie klopft an Knie. Er rückt von ihr ab so weit es geht. Lacht sie noch lauter:

»Dummer Lehrer. Wer sieht dich hier? Wer erfährt etwas? Ist dein Weib zu

Hause schöner als ich? Wie heißt sie? Sprinze? Ist wohl dürr wie ein Stecken. Ein Unglücksmensch ist wohl diese Sprinze. Läßt alles fallen. Und wie sie fluchen kann!«

Woher weiß sie das? Woher weiß sie das?, keucht es in ihm.

»Du aber bist«, sagt sie, »ein ganzer Kerl, ein hübscher Mann. Wenn du dich nur gerade halten wolltest.«

Sie umfaßt ihn mit den Armen, biegt ihm den Rücken gerade und hebt seinen Kopf.

»So bist du wie eine Tanne! Aber der Bart und die Peies –.«

Sie stellt sich ihm gegenüber, streicht ihm die Peies hinter die Ohren und kämmt ihm den Bart mit den Fingern.

»Willst du einen Kuß?«

Zum Glück fahren sie in diesem Augenblick aus dem Walde heraus, und es zeigt sich die Schenke.

»Halt!«

Der Wagen hält, sie springt heraus und scheint den Litwak ganz vergessen zu haben.

»Komm, Janek, bekommst was zu trinken!«

Janek spannt aber die Pferde aus, denn er muß zuerst zum Schmied. Zwei Hufeisen hat er im Walde verloren.

Die Schankwirtin verschwindet, und Janek reitet fort. Der Litwak kommt zu sich, hebt die Gemara auf, küßt sie und schlägt sie auf.

»Gepriesen sei Er! Gepriesen sei Er!« stammelt er.

Die Versuchung ist aber noch immer nicht zu Ende.

Die Sonne ist schon untergegangen. Die Fenster in der Schenke leuchten rot. Aus der Wirtsstube dringt Gesang, Bauern zechen dort.

Dieser Versuchung kann er leicht widerstehen. Er vertieft sich in seinen Abschnitt.

Fängt es aber vom Himmel zu tropfen an. Es ist ein warmer Sommerregen. Da erscheint in der Tür die Frau, die Hände in die Hüften gestemmt, und sagt:

»Herr Lehrer, es regnet, dein heiliges Buch wird dir naß!«

Er fängt zu zittern an. Sie merkt es und sagt: »Nein, nicht in die Schenke. Über der Schenke habe ich ein Extrazimmer.«

Und es regnet immer stärker.

»In der Stube über der Schenke ist es schön ruhig, sie ist für Kaufleute und

Gutsbesitzer da. Vielleicht ist der Schmied gar nicht zu Hause. Und selbst wenn er zu Hause ist, kann er mit der Arbeit erst spät in der Nacht fertig werden. Sei kein Narr, Lehrer!«

Das Ärgste, was einem Litwak passieren kann, ist aber, als Narr dazustehen. Der Regen gießt in Strömen, und die Gemara ist patschnaß. Steigt er vom Wagen, und sie zeigt ihm die Treppe, die hinaufführt. Er kommt in die Stube und sieht sich um: ein Tisch, ein Stuhl, ein Bett. Auch eine Kerze steht da.

Ach, wenn er solch ein Stübchen zum Lernen haben könnte!

Da hat er aber schon das Gebot »Du sollst nicht Gelüste tragen« übertreten.

Er hat furchtbare Lust zu lernen. Er zündet die Kerze an, setzt sich hin und nimmt die Gemara vor. Und er lernt eine Stunde, zwei Stunden und noch länger, bis die Kerze ausgeht. Und er legt sich zu Bett und schläft ein. Es ist sogar möglich, daß er vor Müdigkeit vergessen hat, das Nachtgebet zu sprechen.

Am nächsten Morgen schüttelt ihn die Schankwirtin aus dem Schlafe.

»Janek habe ich mit dem Wagen heimgeschickt«, sagt sie.

»Was? Was?« stammelt er erschrocken.

»Du wirst hier sitzen«, sagt sie, »und lernen. Niemand wird dich in dieser Stube stören. Du wirst es gut haben, wirst sehen!«

Seine Angst wächst.

Lacht sie: »Wovor hast du Angst? Ich werde dir keine Gewalt antun, bewahre! Und wenn du doch einmal sündigst, so hast du ja deine frommen Verdienste um die heilige Tora, sie wird dein Vergehen sühnen.«

Und sie lächelt und streichelt ihm das Gesicht.

»Du sollst koscheres Essen haben, Milchspeisen. Brot werde ich dir aus der Stadt holen. Sitz nur da und lerne. Niemand kommt herauf, niemand erfährt etwas davon. Bleib ganz allein mit deiner Tora.«

Die Begierde des Lehrers wächst.

»Aber das Laubhüttenfest«, stammelt er.

Merkwürdig, sie versteht plötzlich Jiddisch und antwortet ihm: »Wirst dir eine Laubhütte bauen, eine vorschriftsmäßige Hütte. Ich werde dir die Bretter dazu geben und Tannenzweige aus dem Walde bringen.«

Und er blieb.

3. *In den Teufelskrallen*

Die Schankwirtin hielt Wort und gab ihm nur Milchspeisen und Brot. Jüdisches Brot aus der Stadt.

Um die Sünde, daß er bei einer Christin wohnt, zu sühnen, leistete er das Gelübde, jede Nacht eine Stunde weniger zu schlafen und eine Stunde länger zu lernen. Er wird Wort halten!

Er ist ins Lernen vertieft und hätte vielleicht ganz vergessen, daß das Laubhüttenfest vor der Türe steht. Sie erinnert ihn aber daran.

Sie kommt zu ihm herauf, stellt sich vor ihn hin, legt den bloßen Arm auf den Tisch, so daß die Finger beinahe die Gemara berühren, und lächelt: »Geht's dir gut, Lehrer?«

»Gut, gut«, stammelt er.

»So gut, daß du vergessen hast, was heute ist?«

»Was ist heute?«

»Der Vorabend des Laubhüttenfestes. Ich habe es aber nicht vergessen. Auf dem Hofe liegen schon die Bretter, ich habe eigens dazu den kleinen Stall abgebrochen.«

Sie hat auch schon jemand in den Wald geschickt, Tannenzweige zu holen.

Das ist wirklich wunderbar, denkt er sich: eine Christin, die Jiddisch versteht und Jiddisch spricht und weiß, was eine Laubhütte ist.

Er hat aber keine Lust hinunterzugehen. Er kann sich von seiner Gemara gar nicht losreißen.

Gut, soll er nur lernen. Sie weiß, wie man eine Laubhütte baut und wie man sie mit Tannenzweigen deckt. Abends wird sie ihn zum Kiddusch rufen.

Sie weiß also auch, was Kiddusch ist.

Für den Kiddusch ließ sie aus der Stadt Rosinenwein holen. Sie weiß, daß er keinen Wein trinken wird, den ein Nichtjude berührt hat. Und wenn er will, kann er auch über Challes Kiddusch machen. Auch das weiß sie. Challes hat sie auch schon aus der Stadt holen lassen, Challes, so weiß wie Schnee! Seine Sprinze versteht sicher nicht, solche Challes zu backen.

Alles wird er haben, nur kein Fleisch. Auf Fleisch muß er schon verzichten.

Sie weiß sogar, daß man auch koscheres Fleisch nicht genießen darf, wenn es eine Weile nicht unter jüdischer Aufsicht war.

Dafür wird sie den Tisch decken. Sie hat ein weißes Tischtuch und große, koschere Kerzen besorgt.

Sie geht um den Tisch herum und legt ihm ihren weichen Arm auf die Schulter: »Du wirst in der Laubhütte sitzen, essen und trinken. Und auch schlafen wirst du dort.«

Man wird ihm ein Bett in die Hütte stellen mit schneeweißer Bettwäsche.

Er zittert am ganzen Leibe.

»Aber du, Martha (er weiß auch schon, daß sie Martha heißt), du sollst nicht zu mir in die Hütte kommen. Das darf nicht sein.«

»Ich weiß, ich weiß«, lächelt sie, »zum Essen komme ich nicht und zum Gebet auch nicht. Solange die Lichter brennen, komme ich nicht.«

Und sie verschwindet.

Er bleibt erschrocken und verwirrt allein. Hat die Gemara vergessen und sitzt in sich versunken da. So sitzt er eine Stunde oder zwei Stunden. Er hört draußen auf dem Hofe eine Axt klopfen, die Laubhütte wird für ihn gezimmert.

»Eine Leiter her!« ruft Martha draußen. Sie will wohl die Tannenzweige hinauflegen. Ein Mann aus der Schenke, wohl auch ein Christ, hilft ihr dabei. Was für eine Hütte, was für ein Dach das wohl werden wird? Und was für Gäste/11/ wird er dort begrüßen?

So grübelt er, bis die Sonne untergeht und Martha zu ihm hinaufruft: »Lieber Herr Lehrer, verrichte dein Gebet, die Sonne geht unter. Bald werden sich am Himmel die Sterne zeigen. Eine schöne Nacht wird das, eine stille Nacht.«

Wie fromm ist doch diese Christin, denkt er sich. War wohl einmal in der Stadt bei einem Juden in Stellung. Sie kennt alle Bräuche und Vorschriften, selbst wie man das Laubhüttenfest begeht. Und sie weiß wohl auch, was es heißt, ein jüdischer Lehrer zu sein. Wie gut sie ihn behandelt. – Vielleicht wird sie ihm zuliebe zum Judentum übertreten.

Und er beginnt mit dem Abendgebet.

4. Die Nacht von Hauschano rabbo

Er erfüllte die Vorschriften für das Laubhüttenfest bis ins kleinste. Er aß, betete und lernte in der Hütte. Er schlief auch dort.

Es ist die Nacht von Hauschano rabbo. Er hat zu Abend gegessen, sitzt und lernt. Sein Kopf geht wie ein Pendel hin und her. Plötzlich merkt er, daß sein Kopf auf dem beleuchteten Tisch keinen Schatten mehr wirft.

Er erschrickt, steht auf und geht in der Hütte auf und ab, hin und her. Sein ganzer Körper wirft keinen Schatten. Da packt es ihn wie mit einer Zange am Herzen, in seinen Schläfen hämmert es. Er läuft auf den Hof hinaus – eine sternenklare Nacht ist draußen. Die Schenke wirft ihren Schatten auf den Hof.

An das Dach gelehnt steht eine Leiter. Auch die Leiter hat ihren Schatten. Auf dem Dache steht eine Katze, auch sie hat ihren Schatten. Sie schaut auf ihn mit roten Augen herab und miaut. Sie lacht ihn aus: »Ich bin eine Katze und habe meinen Schatten, und du bist ein Litwak und ein Gelehrter und hast keinen.«

Schnell wendet er sich von ihr ab, er kann den Blick ihrer roten Augen nicht ertragen. Aus der Hundehütte kommt der Hofhund heraus. Er kommt, so nahe es ihm seine Kette erlaubt, und bellt.

Bellt er die Katze an? Nein, ihn:

»Ich bin ein Hund und habe meinen Schatten. Auch meine Kette hat ihren Schatten. Und wedele ich mit dem Schwanz, so wedelt auch der Schatten. Wo aber hast du deinen Schatten, Litwak? Du bist dem Tode verfallen, wirst dieses Jahr nicht überleben!«

»Nein!« Er muß sein Leben retten! Er muß aus der Schenke fliehen. Zum Pächter oder heim. Er muß sich von der Christin zu seiner Sprinze retten, zu seiner wackeren, frommen Frau, zu der Mutter seiner Kinder.

Wie soll er aber von hier loskommen?

Das Ganze ist ja ein Teufelswerk! Diese Martha muß er umbringen. Solange sie lebt, solange ihre Augen offen sind und ihn anschauen, kann er sich von den unsauberen Mächten nicht befreien. Er muß sie umbringen!

In seinem wild pochenden Herzen schreit es: »Töten! Töten!«

Später will er Buße tun. So Gott will, wird er zu einem Zaddik fahren (bisher hat er über die Zaddikim nur gespottet) und sich von ihm eine Buße vorschreiben lassen. Er wird fasten, wird sich nackt im Schnee wälzen, auf alle möglichen Arten wird er sich kasteien.

Vielleicht muß er kein Blut vergießen, beim ersten Schlag wird der Zauber weichen und wie Rauch zerrinnen. So oder so, er muß es tun!

Da fällt ihm ein, daß in der Hütte noch die Axt liegt, mit der man sie zusammengezimmert hat.

Und er läuft, die Axt zu holen.

5. Der Litwak fährt heim und tut ein Gelübde

Das Licht in der Laubhütte ist schon aus. Er findet im Finstern die Axt, nimmt sie in die Hand und stellt sich an der Türe auf die Lauer.

Sie wird doch kommen. Sobald sie nur den Kopf hereinsteckt, wird er ihr den Schädel einschlagen.

Er wartet eine Stunde und zwei Stunden – Martha kommt nicht. Es ist still, nichts ist zu hören.

Die Hexe ahnt schon was. Vielleicht hat sie aus dem Fenster ihrer Stube gesehen, wie er über den Hof lief, und erraten, was er vorhat.

Also muß er mit der Axt zu ihr gehen.

Er tritt vor das Haus, in allen Fenstern ist es dunkel, alle Laden sind geschlossen, die Türe verriegelt. Rufen kann er nicht, seine Kehle ist wie zusammengeschnürt. Klopft er zuerst mit der Hand, dann mit der Axt. Niemand antwortet. Er hebt den Kopf und sieht im Fenster von Marthas großer Stube Licht; hell erleuchtet ist das Fenster. Die Scheiben stehen in Flammen. Ein Fest wird wohl gefeiert, er hört auch fröhliche Stimmen, eine Ziehharmonika und eine Flöte.

»Stoßt an!« ruft jemand auf polnisch: »Dem litauischen Melamed zum Verderben!«

»Er ist verloren!« rufen andere Stimmen: »Er hat keinen Schatten mehr!«

Auch ihre Stimme hört er darunter. Nun weiß er, wem er in die Hände gefallen ist. Ein anderer an seiner Stelle wäre wie aus einer Feuersbrunst entlaufen. Er aber ist jähzornig wie jeder Litwak, und die Mordlust brennt in ihm. Er muß zu ihr hinauf. Er muß Rache nehmen, er muß sie umbringen.

Da fällt ihm ein, daß auf der anderen Seite des Hauses eine Leiter steht. Er läuft hin, schleppt die Leiter herbei, lehnt sie an das Fenster und klettert mit der Axt in der Hand hinauf.

Plötzlich kracht es!

Eine Sprosse bricht unter ihm, und er stürzt hinab. Er stürzt wie in einen Abgrund, wie in die Hölle. Und er schlägt mit dem Kopfe hart auf und erwacht.

Er liegt mitten im Walde. Er war also nur eingeschlafen und ist nun vom Wagen gefallen.

»Janek! Janek!« schreit er dem Wagen nach.

Janek hält an, dreht sich um und sieht, wer ihn ruft.

Der Litwak kann ohne Hilfe gar nicht aufstehen. Er hat sich den Kopf an einer Wurzel aufgeschlagen. Er blutet.

Es ist nicht gefährlich. Janek reißt einen Leinwandlappen von einem Sauermilchtopf herunter und verbindet ihm den Kopf. Und er hebt ihn auf und hilft ihm in den Wagen.

Sie fahren weiter, und im Fahren tut der litauische Melamed ein Gelübde: »Nie wieder werde ich den Brauch brechen! Wo ich auch immer unterrichte, zu Pessach fahre ich, so Gott will, heim. Zum Weib und zu den Kinderchen.«

Er wird schon Wort halten, der Litwak!

Mendele Moicher Sforim

Die Entdeckung Wolhyniens

Ein Jahr nach dem bekannten Brande brach in Litauen, wie die alten Chroniken berichten, die große Hungersnot aus.

Noch bis heute liegt jene schwere, bittere Zeit jüdischen Kindern in den Gliedern. Und den alten Leuten stellen sich, sooft sie von jener großen Not sprechen, die damals die Menschen betroffen hatte, noch heut die Haare zu Berge. Hungernde, armselige Menschen, dürr und ausgetrocknet, nur Haut und Knochen, die Lippen schorfig, die Wangen eingefallen und die Augen gläsern glotzend, sind wie vergiftete Mäuse überall umhergewankt, sich kaum noch auf den Füßen haltend, und haben alle Winkel nach etwas Eßbarem durchstöbert. Damals stand sogar das Gras hoch im Wert. Selbst vor all den Resten, die faulend im Mist lagen, haben sich die Ärmsten nicht mehr geekelt. Ach ja! Hunger ist wohl die schlimmste Pein – ein Schmerz, als brennte man langsam und ohne Ende auf einem stillen Feuer.

Man kann sich kaum die ganze Größe des Elends vorstellen, das damals in dem litauischen Städtchen Dalfaunifke (Armenstadt) herrschte. Eng wohnten die Juden dort, und meistens, wie es so die Regel ist, waren es lauter arme Leute.

Selbst in den besten Jahren konnten sich die Dalfaunifker Juden niemals recht satt essen. Ein Hering und dazu ein bißchen Lake, um darin ein Stückchen Brot einzutunken, das hat ihnen in der Regel als Mittagsmahl gelten müssen. Ein Krupnik – so eine Art Graupensuppe mit Wasser gekocht, die zum Scheine mit einem Löffel Milch weiß gemacht wurde – oder ein paar gekochte Kartoffeln schienen ihnen schon der Inbegriff aller irdischen Genüsse, ein Mahl, wie es selbst König Salomo zu seiner Zeit wohl nicht besser gehabt hatte!

Ist es da schwer, sich vorzustellen, wie es während der Hungersnot um das Essen bestellt war, wenn man schon in den guten Jahren so erbärmlich lebte?

Wahrlich! Ein echter Dalfaunifker Armer wurde aufgedunsen vor Hunger, aufgedunsen, wie man sich's nicht schlimmer denken kann.

Wie es da möglich war zu leben? Bei Juden ist alles möglich. Auch solch ein Leben. Sie haben dafür eben ihren Gott!

Zum Hunger kam noch eine fieberhafte Krankheit. – War's der Typhus? Wie die Fliegen fielen die Menschen um. Und die kleinen Kinder starben dahin an Scharlach. (Mögen wir doch davor verschont bleiben!) Durch die ganze Gemeinde hallte nur ein Schrei: Das ist die Strafe für unsere Sünden!

Die Leute konnten sich nicht anders erklären, warum eine so schwere Krankheit plötzlich die ganze Gemeinde Israels befiel. Krankheiten kommen ja vor, und sie können diesen oder jenen treffen, aber fast alle? Wie ist das möglich? Einfach zu sagen, das kommt, weil in der Stadt kein einziger Arzt ist, wäre sicher sinnlos gewesen. Denn warum ist die Krankheit gerade damals ausgebrochen, zur Zeit des Hungers und nicht früher? Da gibt es eben nur eine Deutung: Das ist die Strafe für unsere Sünden!

Zusätzliche Fasttage wurden angesagt für klein und groß. Selbst schwangere Frauen mußten fasten. Und Psalmen beten. Man sagte Psalmen von früh bis in die Nacht.

Die Gemeinde kommt zusammen. Man wählt eine Kommission, die irgend etwas gegen die Sünden unternehmen soll. Und wegen ihrer Ausgaben erhöht man den Preis für ein Pfund Fleisch um eine Kopeke. Die Kommission geht von Haus zu Haus, untersucht die Mesuses an den Türpfosten, und findet sie eine nicht ganz in Ordnung, so wird sie für unbrauchbar erklärt. Und sie untersuchen, wie die Betten stehen bei den Eheleuten und wie bei den Nachbarn, die im selben Zimmer wohnen. Vielleicht steht eines dem andern zu nahe. – Um Gottes willen!

Überhaupt, die Kommission ist nicht faul. Man guckt, man rückt die Betten hierhin und dorthin. Aber alle Mühe ist vergebens – das Sterben will nicht enden.

Also sinnt man auf neue Mittel. Die Frauen messen mit baumwollenen Fäden den Friedhof aus und nehmen diese Fäden als Docht für die Lichter, die sie der Synagoge schenken. Und die Frauen laufen auf den Friedhof und jammern und schreien, als wollten sie die Gräber aufreißen, damit die Toten ihnen doch helfen mögen. Und sie stürzen sich mit wildem Geschrei in die Betstuben und umklammern weinend die heilige Lade. Die Prediger halten Strafreden vor dem Volke: »Juden, geht in euch! Bekennet eure Sünden! Tut Buße, jüdische Kinder!«

Doch alles will nicht helfen – das Sterben will nicht enden.

Ist es so, dann muß man alle Kraft sammeln und prüfen, so sorgfältig man kann. Wieder wird der Preis um eine Kopeke fürs Pfund Fleisch erhöht. Und man holt den berühmten Chandrikewer Rabbiner als obersten Gerichtsherrn ins Städtchen. Ihm zur Seite setzt man den Dalfaunifker Rabbiner und als Beisitzer noch ein paar wahrhaft fromme Juden. Und sie erlassen den Bannfluch wie einst Josua ben Nun/12/ und verkünden ihn im ganzen Städtchen: »Jeder, der von irgendeiner Sünde etwas weiß, ganz gleich, wer sie begangen – muß dem frommen Gerichtshof Anzeige machen!«

Der Gerichtshof aber sitzt alle die Tage zur Entgegennahme der Sündenanzeigen und Bekenntnisse in der Gemeindestube. Er läßt die Badewärterin holen, die im Quellbad den Frauen mit frommen Ratschlägen zur Seite steht und sie in die geweihte Flut untertaucht. Und der Gerichtshof fragt sie prüfend nach all den Satzungen für die Frauen, und man preßt die alten, gut unterrichteten Frauen aus, ob sie nicht irgend etwas wissen von dieser oder jener.

Die ganze Stadt ist in Aufregung. Wie in einem brodelnden Kessel summt und wallt es durcheinander.

Ein Geflüster, ein Tuscheln überall. Man raunt sich etwas zu von irgendeinem Witwer und von einer verheirateten Frau, von einer – Person. Das Gerücht dringt zu der Kommission, diesen großen und werten Männern. Sie lassen den Witwer rufen und fahren ihn mit herbem Wort an: »Bekenne!« Und sie warnen ihn: »Man wird dir, Abtrünniger, das Schlimmste antun!« Aber mit ihrer Strenge erreichen sie nichts. So versuchen sie es mit Güte. Man bittet ihn inständigst: »Erbarme dich doch der Gemeinde Israels, unserer jüdischen Gemeinde! Erbarme dich! Was haben dir die kleinen, unschuldigen Kinder getan?«

Allein: als ob man in die Wand hineinredet, der Abtrünnige bekennt sich nicht schuldig!

Man holt die Person: »Du Scheusal, bekenne!« Das Weib weint und fällt in Ohnmacht. Sie versteht überhaupt nicht, was man von ihr will. Jedes Wort ist vergebens. Dieses Satansweib will auch nichts bekennen.

Und es wird immer schlimmer, das Sterben will nicht enden.

Die Wut hatte sich bis zum Wahnsinn gesteigert, selbst einer der Gelehrten im Lehrhaus wurde schwach, brach zusammen und starb, ein Greis, ein frommer Mann, der nur dem Ewigen gedient und ihm seine ganze Gesundheit durch regelmäßige Fasttage geopfert hatte.

»O weh! o weh!« jammerte die Gemeinde. »Wenn solch ein Mann schon stirbt, dann geht's zu Ende mit der ganzen Welt, und keiner ist seines Lebens mehr sicher.«

»Wenn schon der Leviathan mit dem Angelhaken aus dem Wasser geholt wird, was sollen die Fischlein eines modrigen Teiches dann tun?«/13/ so klagte auf dem Synagogenhof der Stadt-Prediger in seiner Trauerrede vor dem Leichnam. Und die Gemeinde löste sich schier in Tränen auf.

Dann legte man dem Leichnam einen Zettel in seinen Kittel, ein Gesuch an Gott, trefflich auf Beschluß der Gemeinde und im Namen des ganzen Städtchens verfaßt vom Leiter des Lehrhauses und der Kommission des hohen Gerichtshofes. »Geh!« sprach man zum Toten, »und übergib unser Schreiben unserem Vater im Himmel, und bemühe dich um uns vor dem Throne des Höchsten. Sei ein guter Fürsprecher, damit er sich unser erbarme und uns nicht mehr so schwer zürne, und bitte ihn, daß er dem Todesengel gebiete: ›Laß genug sein. Leg dein Schwert in die Scheide zurück!‹ Und flehe ihn an, er möge den Satan verwarnen und all die Ankläger, damit sie endlich einhalten mit ihrer gefährlichen Rede gegen uns.«

Von diesem Zettel soll hier nichts weiter gesagt werden. Und ich meine, er sagt genug aus über solche Juden, die alles aufs Wort glauben und sich um des Himmels willen nicht selber überzeugen, was an einer Sache wahr ist und was nicht.

Jenen aber, die nun einmal die Natur haben, überhaupt niemandem zu glauben, selbst dem klügsten Juden nicht, wenn sie es nicht mit eigenen Augen schwarz auf weiß gesehen haben, denen gebe ich diese Antwort: »Geht nur, meine Lieben, und studiert höchst allein das Dalfaunifker Archiv, in dem sich die ganze Geschichte befindet, geschrieben und besiegelt mit unantastbaren Zeugnissen adliger Menschen, ehrbarer Leute. Es ist auch in der Chronik zu finden, ganz ausführlich nachgeschrieben von dem dortigen Schreiber, der also schließt: ›Jetzt frage ich Euch, Verehrte, was unterscheidet schließlich die Deputation eines Wirklich-Toten zum Schöpfer der Welt von einer Deputation lebendiger Leichname zu irgendeinem großen Herrn?! Die Sache liegt eben so, jene Deputation zu Gott hat geholfen. Kurze Zeit darauf hat das Sterben aufgehört, und die Juden im Städtchen waren voller Freude und Lust.«

In der Tat haben im selbigen Jahre die Juden – wie die alten Leute erzählen – gar feine Laubhütten zum Laubhüttenfest gebaut, selbst in Paris kann

man keine schöneren finden. An Material hatte es seit dem Brande nicht gefehlt, und man brauchte nicht wie sonst Nudelbretter und ähnliches zu verwenden. An Platz für die Laubhütten fehlte es auch nicht. Man hatte es nicht nötig, sie wie in früheren Jahren in irgendeine Ecke zu stellen, neben den Stall oder gar neben einen unreinen Ort. Man konnte mit Vergnügen in der Laubhütte sitzen und schlafen wie in einer schönen Stube, ganz in der rechten Weise und nicht nur, weil man muß. Und in Fröhlichkeit konnten die Juden die Festtage verleben, haben Gott gelobt und auf seinen lieben Namen mit Vertrauen gehofft.

Und Gott – gelobt sei er – hat seine Dalfaunifker Getreuen nicht verlassen. Alles Unglück wandte sich zum Segen. Und die schweren und bitteren Nöte öffneten schließlich einen Weg in ein neues Land – nach Wolhynien, einem reichen Lande, voll Schönheit und Glück, und den Juden damals noch ganz unbekannt.

Wolhynien entdeckt zu haben, dürfen sich die Abgesandten rühmen, welche Dalfaunifke nach dem Brande hinausgeschickt hat, um Geld zu sammeln. Um jedem Irrtum vorzubeugen, sage ich, man hat sie nicht etwa mit Gewalt fortgeschickt. Die Gemeinde hat sie vielmehr einstimmig gebeten: Tut uns den Gefallen und geht hinaus und sammelt Geld. Schrecklich, daß so etwas armen Juden passieren kann. Aber was hilft's?

Kurz, drei brave Leute, natürlich arme, Menschlein mit Weib und Kindern behaftet, leider aber ohne irgendeinen Verdienst, wie es eben so ist, nahmen die Ehrenpflicht und die Mühe gutwillig auf sich, Abgesandte zu sein zum Nutzen ihrer jüdischen Brüder im Städtchen, und zogen also in die Welt hinaus. Sie wurden mit Schriftstücken versehen, die von allen frommen Würdenträgern der Gemeinde (den vornehmsten Leuten) unterschrieben waren. Und in diesen Schriftstücken war, mit vielen biblischen Zitaten gespickt, das Geschick geschildert, das die Stadt getroffen.

Mit innigem Flehen wurden die Stammesbrüder gebeten, sich der armen Abgebrannten anzunehmen und den Abgesandten Gaben zu reichen, jeder nach seinem Vermögen.

Natürlich mußte man den Abgesandten vor ihrer Abreise außer den Briefen auch Geld geben für die nötigsten Ausgaben für sich und für ihre Frauen und Kinder. Im Grunde war's ja nicht viel – man mußte eben den Preis für das Pfund Fleisch um eine Kopeke erhöhen.

Lange Zeit hörte man von den Abgesandten nicht das geringste. Es war, als hätte die Erde sie verschlungen. So mancher wunderte sich im Städtchen, aber man blieb nur so lange verwundert, bis man endlich aufgehört hatte, sich zu verwundern. Man hätte wahrscheinlich die Abgesandten ganz und gar vergessen, wenn nicht ihre Weiber vom Städtchen den Unterhalt verlangt und gezetert hätten: »Warum müssen gerade wir verlassen bleiben für die Leiden anderer und unsere jungen Jahre verwüsten?«

Was sollte man machen?! Das Städtchen mußte wohl oder übel die Waisen ernähren – da hat man eben wieder den Preis für das Pfund Fleisch um eine Kopeke erhöht.

Doch plötzlich ganz unvermutet erhält der Rabbiner einen Brief von den Abgesandten mit vielen Entschuldigungen. Sie erklären ihr langes Schweigen und jammern über das böse Verhängnis. Schließlich sei das Sammeln für Abgebrannte nicht gerade ein so gutes Geschäft, wie man etwa meinen könnte. Genug Abgebrannte aller Arten schleppen sich in der Welt umher. Ja, es ist fast ein Gesetz, daß – sobald der Sommer kommt – auch die jüdischen Städtchen zu brennen beginnen. Und dann reisen so viele unterschiedliche Abgesandte im Lande umher: Abgesandte von Talmudhochschulen, Abgesandte, die für die Unterhaltung der ewigen Lampe des wundertätigen Rabbi Meir sammelten, Abgesandte für Palästina, für Jerusalem, für Witwen, für Enkel. Juden mit Schriftstücken aller Arten, was immer man will. Kurz, es ist traurig. Und das bißchen Geld, das sie dennoch zusammenbrachten, haben die Ausgaben verschlungen. Eigentlich müßten sie noch etwas von der Gemeinde bekommen, aber sie wollen darauf verzichten. Soll Gott sie für ihre Mühe bezahlen!

Auch für die Frauen kamen Briefe an – und etwas Geld lag darinnen. Die Männer baten ihre Weiber innigst um Verzeihung, daß sie so lange geschwiegen hätten. Es habe so sein müssen.

Jetzt seien sie in Wolhynien, einem recht fetten Winkel, und hier gedenken sie für immer zu bleiben und mit Gottes Hilfe allmählich Beschäftigung zu finden.

Noch sind sie Lehrer für kleine Kinder, weil es sich für sie aus vielen Gründen empfiehlt. Und bald, »in allerkürzester Zeit«, so schreiben sie, »werden wir Euch alle zu uns holen. Doch bis dahin betrachtet die Sache als Geheimnis. Sagt um Gottes willen niemandem, wo wir sind. Das wäre aus vielen Gründen falsch.«

Aber Frauen sollen ein Geheimnis bewahren! Und noch dazu drei Frauen! So etwas ist noch nicht dagewesen, solange die Welt besteht.

Und jedermann begreift wohl, daß bald neun Maß Reden aus ihrem Munde herausfielen, wie aus einem durchlöcherten Sack. Jedem haben sie von ihrem großen Glück erzählt und, mit ständig wachsender Phantasie, Wolhynien in den Himmel hineingelobt. Es fließt dort Honigmilch, Gold liegt auf der Straße, und Lehrer werden dort mit Gold aufgewogen.

Juden, die so etwas hörten, machten kurzen Prozeß. Sie nahmen die Füße in die Hand und machten sich auf den Weg nach Wolhynien. Auch die anderen litauischen Städtchen folgten bald dem Beispiel von Dalfaunifke und wanderten aus. Dabei muß man wissen, daß unter Wolhynien nicht nur das Gouvernement Wolhynien verstanden wurde, sondern auch Podolien und Bessarabien – die ganze südliche Gegend. Ebenso wie zum Beispiel bei den Warschauer Juden alle nichtpolnischen Juden, ob sie Litauer oder wolhynische Juden waren, einfach Litauische heißen. Was in unseren Tagen Amerika für die Juden ist, war ihnen in jener Zeit Wolhynien. Der Unterschied ist nur, nach Amerika fuhr man über das Wasser ein paar gute Wochen, und nach Wolhynien schleppten sie sich auf dem Trocknen zu Fuß ein paar gute Wochen. Manchmal noch mehr, wenn man unterwegs haltmachte und in die Städtchen ging zu Juden, die doch Barmherzige und Kinder von Barmherzigen sind.

In Amerika werden die Juden gewöhnlich Händler, die mit Waren herumgehen, oder Hausierer mit alten Sachen oder Schneider oder Fabrikarbeiter.

Und in Wolhynien waren die ersten, die sich dorthin gewandt hatten, Lehrer. Der Verfasser der Chronik schließt seinen Bericht mit den Worten: »Die jüdische Geschichte, in der sich Gottes Schutz und Schirm für sein liebes, auserwähltes Volk so deutlich jedem offenbart, der nur Augen hat zum Sehen und Verstand, es zu begreifen – die jüdische Geschichte ist die Kunde von ewiger Wanderung, ewigem Umherziehen seit Abraham, unserem Stammvater, bis heute. Es ruht nicht und rastet nicht das Volk Israel.«

Ja! Diese Geschichte pflegte uns Kindern mein Großvater – er ruhe in Frieden! – oft zu erzählen. Ein Dalfaunifker armseliger Jude war mein Ahne. Not und Hunger haben ihn nach Wolhynien getrieben. In Kischinew ließ er sich nieder, der Hauptstadt von Bessarabien – ein Land, wo Milch und Honig floß. Er und viele seinesgleichen aus Dalfaunifke waren Lehrer für die

AK 78

Kleinen und haben gute Tage gesehen und ohne Not gelebt und ruhig, wie Gott es geboten. Er ebenso wie alle andern Juden, und sie wußten von nichts Bösem.

Wer hätte damals ahnen sollen, daß es uns, seinen Enkeln, nach einigen Jahren beschieden sein mußte, auf die alte Zeit zurückzublicken, und daß derselbe Ort, der früher floß von Milch und Honig, heute fließt von ... du großer Gott! ...

Doch ich, Mendele, bin zu schwach, zu alt. Das bißchen Kraft, das ich noch habe, reicht, ach, nur noch aus, still für mich zu weinen und die Tränen herunterzuschlucken und hineinzuschreiben in die Chroniken zu den alten jüdischen Leiden auch das heutige neue Leid.

Scholem Alechem

Die Fahne

Kinder, ich will euch eine Geschichte erzählen. Die Geschichte von meiner Fahne: mit welcher Mühe ich sie mir zu Simchas Tauro besorgt hatte und wie schnell ich sie wieder verlor. Danach wurde ich – Gott hat es gewollt – schwer krank.

Als ich ein kleiner Knabe war, wurde ich »Toppel Titeriti« genannt, obgleich das »Koppel Kikeriki« heißen sollte; erstens weil ich eine dünne, kreischende Stimme hatte wie ein junger Hahn, der eben erst zu krähen anfängt, und zweitens, weil ich weder »k« noch »g« aussprechen konnte. Wie zum Trotz hieß mein Vater Kalmann, meine Mutter Gitel Kalmann, ich hieß – Koppel Gitel Kalmann und mein Lehrer – Gerschen Gorgel aus Galaganowka.

»Junge, wie heißt du?«

»Ich? Toppel Ditel Talmann.«

»Etwas lauter!«

»Toppel Ditel Talmann.«

»Noch lauter!«

Ich schrie mit voller Stimme: »Toppel Ditel Talmann!«

»Bei wem lernst du?«

»Ich lerne bei dem Lehrer Derschen Dordel aus Daladanowta.«

Gelächter. Alle lachten, nur ich weinte.

Ich weinte nicht nur, weil ich ausgelacht wurde. Jeglicher, der nur an Gott glaubte, schlug mich: der Vater, die Mutter, die Schwestern, der Lehrer, die Schulkameraden. Sie wollten mir alle beibringen, »menschlich zu sprechen«. Reb Zeime, der Tischler, der mit dem Lehrer unter einem Dach wohnte, mischte sich in die Sache.

»Warum quälen Sie ihn? Geben Sie ihn mir für eine Minute her, Sie werden sehen, er wird menschlich sprechen.«

Reb Zeime rief mich, faßte mich beim Kinn und sagte:

»Sieh mich an, Junge, und sage: ›Kopf an Kopf.‹«

Ich sah ihn an und sagte:

»Topf an Topf.«

»Nicht so«, sagte Reb Zeime: »Sieh mir auf den Mund und sprich mir nach: ›Eine gut gebratene Gans.‹«

Ich sah ihm auf den Mund und wiederholte:

»Eine dut debratene Dans ...«

»Nein, mein Dummchen, du sollst nicht sagen: dut debraten, sag vielmehr ›gut gebraten, gut gebraten, gut gebraten‹.«

»Dut debraten ...«

Reb Zeime machte schließlich eine abwehrende Bewegung mit der Hand und erklärte:

»Wissen Sie, da ist alle Mühe vergeblich. Kein Teufel kann ihm helfen. Ein Krüppel für alle Zeiten!«

Zu Simchas Tauro ein Fähnchen zu haben, ein echtes Fähnchen mit einem Stock, auf dem Stock einen Apfel, auf dem Apfel eine Kerze – schien mir ein solch gipfelsteiles Glück, daß ich nicht einmal davon zu träumen wagte. Gibt es denn nicht genug schöne Dinge in der weiten Welt? Es gibt zum Beispiel in der Schule Knaben, die eigene Taschenmesser, Geldbeutel, Lineale haben; es gibt Knaben, die jeden Tag Konfekt essen, Nüsse knacken, von Brezeln und Fladen erst gar nicht zu reden; es gibt sogar auch solche, die am Wochentag Weißbrot essen. – Manche Menschen haben Glück! Ich habe niemals Weißbrot am Wochentag gegessen. Ich war glücklich, wenn ich mich an Schwarzbrot satt essen konnte. Wir waren – nichts wissen soll man davon – furchtbar arme Leute, obgleich wir alle arbeiteten: Der verstorbene Vater war in der Unterabteilung des Fleischer-Bethauses als Bethausdiener angestellt, die verstorbene Mutter war eine Meisterin im Backen von Roggenbrezeln und Pfefferkuchen, die Schwestern strickten Strümpfe. Glaubt mir, auf Ehre, ich wußte nicht, was es heißt, sich satt zu essen, das heißt, so viel zu essen, daß man keine Lust mehr hätte, sofort weiter zu essen.

Bares Geld in der Tasche zu haben, eine eigene Kopeke zu besitzen – daran dachte ich nicht einmal im Traum.

Nun stellt euch vor, daß ich, Koppel Kikeriki, plötzlich reich werde, zweiundzwanzig Kopeken bekomme, die mir ganz allein gehören.

Ihr denkt: vielleicht hat jemand Geld verloren und ich habe es gefunden, oder gar ich habe es irgendwo genommen, etwa aus der Wohltätigkeitsbüchse herausgefischt? Gott schütze vor solchen Gedanken. Ich kann beschwören, daß es mühsam erworbenes Geld war, das ich mit meinen eigenen Füßen verdient habe.

Es war zu Purim. Der Vater schickte mich zu den Besuchern der Unterabteilung des Fleischer-Bethauses Schlachmones austragen. Früher besorgte das meine Schwester, aber als ich herangewachsen war, entschied der Vater, daß auch ich mitarbeiten könne. Ich nahm ein Tablett mit einigen Pfefferkuchen und süßen Striezeln und trug es in die Häuser der Bethausbesucher, zerstampfte mit meinen bloßen Füßen den kalten, glitschigen Schmutz, und aus den Kupfermünzen, die ich geschenkt bekam, entstand ein Zwanzigkopekenstück und zwei Kopeken.

Als ich im Besitz dieses Kapitals war, ging ich umher und überlegte, was ich wohl mit solcher Menge Geld anfangen könnte.

Es begann in mir ein Kampf des guten Genius mit dem bösen. Der böse Genius sagte:

»Warum willst du das Geld aufheben? Kauf dir etwas! Kauf dir Mohnstangen; bei der Pironditschka, der Verkäuferin, liegen sie auf dem Tisch, schöne, süße, dicke Stangen; oder kauf dir Pfefferkuchen mit Honig; oder einen gefrorenen Apfel – da kannst du wenigstens einmal nach Herzenslust naschen!«

»Wenn ich auf dich höre«, sagte ich, »dann rinnt mir das ganze Geld durch die Finger, noch ehe ich es bemerkt habe.«

»Das ist wahr«, sagte der gute Genius, »gib das viele Geld lieber der Mutter, die kann es gebrauchen.«

»Sehr schlau«, entgegnete ich, »damit das Geld für immer dahin ist? Woher soll sie es nehmen, um es mir zurückzugeben?«

»Sie quält sich, die Arme, und zahlt für dich das Schulgeld.«

»Was hat das mit dem Schulgeld zu tun?« greinte der böse Genius, »kauf dir lieber eine Pfeife aus weißem Ton mit roten Punkten, oder ein Taschenmesser mit zwei Klingen und Kupferhülle, oder ein Portemonnaie mit einem festen Schloß.«

»Was wirst du ins Portemonnaie hineinlegen?« fragte der gute Genius, »dein Pech?«

»Knöpfe!« sagte der böse Genius, »du wirst das Portemonnaie mit Knöpfen vollstopfen, die Leute werden glauben, es sei voll Geld, und sie werden dich beneiden.«

»Was hast du für einen Nutzen davon?« sagte der gute Genius, »hör lieber auf mich, verteile das Geld unter die Armen, du tust ein gutes Werk. Die Armen sterben vor Hunger.«

»Die Armen«, widersprach der böse Genius, »bist du vielleicht keiner? Du hast ja selber immer Hunger. Ein Wohltäter – ausgerechnet! Warum hat dir kein Mensch etwas gegeben, als *du* bedürftig warst?«

Eines Tages hatte der böse Genius fast gesiegt.

Ich hatte in der Schule einen Kameraden, Eilik, den Sohn eines reichen Mannes. Seine Taschen waren stets mit Süßigkeiten vollgestopft, aber er bot nicht gern anderen etwas davon an. Ob man ihn bat oder nicht, es kam nichts dabei heraus. Plötzlich begann Eilik mich zu umschmeicheln, er schloß mit mir Freundschaft, wir waren bald ein Herz und eine Seele. »Weißt du?« sagte Eilik zu mir, »du bist ein netter Junge. Ich habe dich gern, weil du dich nicht randrängelst wie die anderen mit ihrem ewigen ›Gib mir ein Stückchen! Gib mir ein Krümchen!‹ Ich kann die Bettelhänse nicht ausstehen! Willst du ein Bonbon?«

»Ein Bonbon?« fragte ich. »Gerne.«

»Nun, und möchtest du Nüsse knacken?«

»Wenn ich Nüsse hätte, würde ich sie knacken.«

Eilik ließ die Hand in seiner Tasche verschwinden, ich wartete darauf, daß er mir etwas anbiete.

»Ich gebe dir ein Stück Kandiertes und drei Nüsse, wenn du mit mir tauschst. Willst du tauschen?«

»Tauschen?« fragte ich, »was denn tauschen?«

»Ich gebe dir mein Taschenmesser, du weißt doch, mein weißes Messerchen.«

Ob ich Eiliks Messer kenne? Wer kennt es nicht? Wie oft hat es meinen Neid erweckt! Wie oft habe ich es im Traum gesehen!

»Nun, und ich?« fragte ich, »was soll ich dir dafür geben?«

»Und du«, sagte er, »gibst mir dein silbernes Zwanzigkopekenstück.«

»Nimm«, flüsterte mir der böse Genius zu, »nimm! Ein ausgezeichnetes Messer, alle Jungen werden dich darum beneiden.«

Ich war schon bereit, nach dem Geld in die Tasche zu langen, aber ich besann mich noch einmal.

»Sieh mal an, wie schlau du bist! Für zwanzig Kopeken kann ich mir ein neues Messer kaufen!«

»Solches Taschenmesser? Nie! Aber wenn du willst, lege ich dir ein halbes Dutzend Knochenknöpfe zu.«

»Für das Geld«, erwiderte ich, »kann man zehn Dutzend Knöpfe kaufen.«

»Und Bonbons und Nüsse, ist das denn gar nichts? Ich verspreche dir, jedesmal, wenn du mich darum bittest, etwas zu geben, ich schwöre es dir! Hier habe ich einen eisernen Nagel, siehst du? Ich schenke dir diesen Nagel, ich gebe ihn dir umsonst, guck mal, was für ein feiner Nagel!«

»Was soll ich mit dem Nagel anfangen!« sagte ich.

»Wie kann man so reden! Alles mögliche! Du kannst ihn einschlagen, wo du willst; du kannst damit auch in der Erde buddeln.«

»Warum soll ich in der Erde buddeln?« fragte ich.

»Nun, ich erlaube dir auch, in meinem kleinen Gebetbuch zu lesen.«

»Wozu brauche ich fremde Gebetbücher?« sagte ich.

»Ich lasse dich meine Sabbatmütze aufprobieren!«

»Warum soll ich eine fremde Mütze aufprobieren?«

»Du willst also gar nichts haben! Dann nimm das!« Eilik versetzte mir einen Stoß in die Seite. »Wie gefällt euch dieser Bettelhans? Ich biete ihm die schönsten Sachen: ein Messer, Knöpfe, Konfekt, Nüsse, einen Nagel, ein Gebetbuch und die Mütze zum Aufprobieren, und er will immer noch nicht! Das ist ja der reine Wolfsdarm, den man nicht satt bekommen kann. Er glaubt, weil er zwanzig Kopeken hat, ist er jemand. Warte nur, Toppel Titeriti, du wirst mich noch anbetteln. Nechem, da, nimm du den Nagel!«

Eilik gab den Nagel Nechem mit den krummen Beinen und kündigte mir die Freundschaft.

Ihr fragt, was ich mit meinem Geld angefangen habe? Ein Teil ist zum Festmahl am Lag bo-Aumer draufgegangen. Jeder Junge pflegte dazu etwas in den Cheder mitzubringen, entweder Geld oder etwas zum Essen oder Süßigkeiten. Ich war der einzige, der an diesem Tage gewöhnlich nichts weiter als das übliche Frühstück mitbrachte, ein Stück Brot mit Knoblauch. Ich wurde immer rot vor Scham. Man ließ mich zwar aus Mitleid an dem Festmahl teilnehmen, aber die ganze Freude war mir dennoch verdorben. Jetzt war ich ein vermögender Mann! Wenn der reiche Eilik vier Kopeken spendierte, brauchte ich mich nicht zu schämen, eine Kopeke zu geben, ich war doch im Vergleich zu ihm rein gar nichts. Und wenn ich fünf Kopeken gab, so war das schon mehr als genug. Ich aber gab zehn Kopeken, sie sollten den Koppel Kikeriki kennenlernen, oh! Das übrige Geld legte ich beiseite.

Es wurde Spätsommer. Die Verkäuferin Pironditschka hatte herrliche Beeren auf ihrem Tisch. Der böse Genius erwachte wieder in mir.

»Sieh mal!« sagte er, »Stachelbeeren! Schau mal, die roten Johannisbeeren!«

»Der Sommer ist noch lang, ich werde noch genug kaufen können. Es kommen noch Kirschen und Pflaumen, Äpfel und Birnen, Kürbisse und Wassermelonen. Ich spare mir das Geld lieber für die Herbstfeiertage auf und kaufe mir dann eine Fahne.«

Die Feiertage kamen! Ich kaufte mir eine Fahne, eine große, gelbe, zweiseitige Fahne. Die eine Seite zeigte zwei Tiere, die wie Katzen aussahen, aber es waren in Wirklichkeit Löwen – mit offenen Rachen und langen, ausgestreckten Zungen. Auf den Zungen lagen Rollen mit den hebräischen Worten »Mit Posaunen und Hornklängen« /14/. Unter dem einen Löwen auf der rechten Seite stand geschrieben: »Das Banner des Lagers Judas«, unter dem andern – links: »Das Banner des Lagers Ephraims«. Auf der anderen Seite der Fahne waren Moses und Aron zu sehen, Moses mit riesigen Hörnern auf dem Kopf und Aron mit einem goldenen Reif auf den roten Locken. Zwischen Aron und Moses sah man eine Menge kleiner Juden, dichtgedrängt, mit Torarollen in den Händen, alle mit demselben Gesicht, alle in langen einförmigen Kaftanen, alle in weißen Strümpfen, alle mit lang herabhängenden Gürteln. Die Juden tanzten und sangen: »Freut euch und frohlockt am Torafest!« /15/

Nachdem ich mir das Banner verschafft hatte, ging ich auf die Suche nach einem Stock. Ich mußte mich an den Tischler Zeime wenden, der mir früher einmal beibringen wollte, menschlich zu sprechen.

»Was willst du, Toppel Titeriti?«

»Einen Stott für das Banner!«

»Was für einen Stott?«

»Einen Stott«, sagte ich, »ein Stütt Holz, damit ich die Fahne traden tann.«

Reb Zeime neckte mich, ich fing an zu weinen. Da wurde Reb Zeime weich, legte seine Arbeit nieder, nahm ein Stück Holz, fuhr mit dem Messer hin und her – fertig!

Jetzt fehlte noch der Apfel und die Kerze. Es mußte ein Wachslicht sein, kein Talglicht; wenn Talg auf den Apfel tropft, ist der Apfel verdorben, nicht mehr zu essen, treife, während Wachs nichts schadete. Ich hatte mehr Wachs als irgendein anderer Knabe. Wenn ein Junge ein Stück Wachs brauchte, wandte er sich an mich. Dafür war doch mein Vater zweiter Bethausdiener in der Unterabteilung des Fleischer-Bethauses. Das Wachs, das am Versöhnungstag von den Kerzen übrigblieb, gehörte ihm. Aus diesem Wachs bereitete er Lichter für Chanukka und Hawdole. Die Stümpfe dieser Kerzen gehörten mir.

So hatte ich also alles, was ich brauchte.

Ich befestigte die Fahne am Stock, setzte auf den Stock einen roten Apfel, zündete das Licht an und ging froh und glücklich wie nie in die Synagoge. Ich stellte mir vor, wie ich in der Synagoge auf der Bank an der Ostseite neben allen herrschaftlichen Kindern stehen würde. Die Lichter brennen, meine Fahne ist die schönste, mein Apfel der roteste, meine Kerze die größte. In der Synagoge herrscht eine furchtbare Enge und Hitze. Die Frauen kommen, die Torarollen zu küssen. Nun beginnt der Gang mit den Rollen. An der Spitze erscheint der Kantor Reb Meilech mit wallendem Gebetmantel, ein echter Generalfeldmarschall, hinter ihm die Andächtigen. Reb Meilech beginnt mit rührseliger, blecherner Stimme: »O Beistand der Armen, hilf doch!« /16/, die Frauen und Mädchen kriechen ihm direkt vors Gesicht, küssen die Torarollen und schreien mit kreischender Stimme: »Ihr sollt erleben das nächste Jahr! Erleben sollt ihr das nächste Jahr!« – »Ihr ebenfalls! Ihr ebenfalls!« antworten die Männer.

Auf meinem Wege mußte ich an mehreren Synagogen und Bethäusern vorüber: an der kalten Synagoge, der Betstätte der Schneider, der ersten Betstätte, der chassidischen Betstätte, der Betstätte der Misnagdim, der neuen Betstätte, der gelben Betstätte, dann endlich an dem Bethaus der Schlächter. Nun mußte ich mich in die untere Abteilung begeben. Bei uns in Masepowka war das so, sämtliche Synagogen befanden sich in einer Straße, an einer Stelle, fast auf einem Hof, der daher der Synagogenhof genannt wurde.

Unser Synagogenhof war wie eine einzige große, durcheinandergeratene Synagoge. Wenn im Sommer während der Andacht alle Fenster offenstanden, wußte man nicht, was man machen sollte: aufstehen, leise auf den Zehen hin und her gehen und Gebete vor sich hinmurmeln, oder sich verneigend den Segen empfangen, oder als Antwort auf ein irgendwo ertönendes Gebet »Amen« sagen. An einer Stelle sangen sie »Damals sang Mose«, an einer anderen »Einzig!«, dort ertönte der Talmudsingsang, unterbrochen von einem Kaddisch-Gebet; irgendwo erklang ein »Halleluja«.

Unser Synagogenhof sah an Wochentagen ganz anders aus als an Feiertagen. Am Wochentag gab es hier einen Markt, auf dem Bücher, Gebetmäntel und anderer Kultbedarf, faule Äpfel, Birnen, Sonnenblumen und Bohnen, Mohnstangen, Brezeln und Pfefferkuchen verkauft wurden; Ziegen und Ziegenböcke lagen reihenweise und kauten ihr Frühstück und schüttelten ihre Bärte. Wenn es aber Sabbat oder Feiertag wurde, gab es hier keine Verkaufsstelle, keinen Handel, keine Ziegen, statt dessen standen Juden in Gruppen lachend und schwatzend und erzählten einander Neuigkeiten von der ganzen Woche, vom ganzen Jahr, von allen Weltereignissen. Hier versammelten sich auch die Schuljungen aus sämtlichen Chedern, sie rannten, sprangen, tollten herum; hier durften sie Unsinn treiben, sich frei fühlen wie die Fische im Wasser, wie die Vögel in der Luft. Der Sabbat war ein Geschenk Gottes an die Schüler. Sie beguckten einander, wessen Rock länger, probierten mit den Feiertagsmützen, wessen Kopf größer, und maßen mit den Fingern, wessen Schläfenlocken kürzer waren. Man kreischte, wurde gekniffen, gestoßen, es gab Katzenköpfe, Faustschläge, Fußstöße – eine lustige Welt!

Am Laubhüttenfest ging es noch lustiger zu als sonst. Am Tag vor Simchas Tauro versammelten sich hier die Jungen aus allen Schulen und marschierten in Reihen auf und ab. Die größeren Jungen und die kleineren voneinander getrennt. Sie besahen gegenseitig ihre Fahnen und stellten fest, wessen Stock länger, wessen Apfel röter, wessen Kerze größer war, wer eine Wachskerze und wer eine Talgkerze hatte. Worte fielen, Scherze, spöttische Bemerkungen, man neckte sich, löschte dem andern das Licht aus, biß ihm heimlich ein Stück Apfel ab, bekam dafür eine Ohrfeige – bis man sich in die verschiedenen Synagogen verteilte.

»Ich gratuliere! Frohen Feiertag! Toppel Titeretiti hat eine Fahne! Zeig mal, mein Lieber, aber putz dir vorher die Nase!« so begrüßten mich die Jungen auf dem Synagogenhof.

Ich besah mir die fremden Fahnen, verglich sie mit meiner. Ach! Keine hielt dem Vergleich stand!

Niemand hatte die Fahne so kerzengerade angemacht wie ich. Niemand hatte einen so geraden, runden, gehobelten Stock! Keiner hatte einen so großen, roten Apfel und ein so gut geratenes Licht! Wo sollten sie auch soviel Wachs hernehmen? Wer hatte auch so viele Knüffe und Ohrfeigen bekommen wie ich von meinem Vater, als er bemerkte, daß ich am Versöhnungstag das Wachs von allen Kerzenstümpfen nahm? Ich verglich meine Fahne mit den andern, und mein Herz war voll Freude. Es schien mir, als würde ich in die Breite und in die Höhe wachsen, meine Füße gingen von selbst, ich wollte lachen, schreien, pfeifen, tanzen.

»Zeig mal!« drehte sich Eilik, der Sohn des Millionärs, zu mir um und erstarrte im gleichen Augenblick. Ich beguckte seine Fahne, er meine. »Auch 'ne Fahne«, dachte ich, »nennt sich Fahne! Der Stock! Ein krummer Feuerhaken!« Ich sah, wie er vor Ärger wütend war, aber ich tat, als ob ich nichts bemerkte, und wandte mich ab.

»Koppel!« sagte er zu mir, »wo hast du solchen Stock hergenommen?«

»Wie bitte?« fragte ich, indem ich mich zu ihm umwandte.

»Wo hast du diesen hübschen, reizenden Stock hergenommen?«

»Möchtest du ihn vielleicht gegen deinen Nagel eintauschen?«

Eilik hatte verstanden, wohin ich die Unterhaltung lenkte: er ließ seine Blicke umherschweifen, fuhr sich mit der Hand über die Nase, steckte sie dann in die Tasche und ging davon. Ich freute mich, verfolgte ihn mit den Blicken und sah, wie er Nechem mit den krummen Beinen beiseite nahm, mit ihm tuschelte und mit den Augen auf mich zeigte. Ich sah das alles, aber ich tat, als ob ich nichts bemerkt hätte. Nach einer Weile trat Nechem zu mir heran, Eiliks Fahne, die ich an dem krummen Stock erkannte, in den Händen, und sagte:

»Laß mich das Licht anzünden. Meins ist ausgegangen.«

»Ist das denn deine Fahne?« fragte ich und neigte mein Licht zu ihm.

»Ich weiß nicht, wessen Fahne das ist.«

Bevor ich mich versah, hielt Nechem sein brennendes Licht an meine Fahne, und ... meine Fahne brannte lichterloh. Die Flamme loderte auf, verlöschte ... die Fahne gab es nicht mehr.

Wäre mir ein Stein vom Himmel auf den Kopf gefallen, hätte sich ein wildes Tier auf mich gestürzt und mich zerrissen, wäre ich um Mitternacht einem Toten im weißen Totenkittel begegnet, mein Schreck wäre nicht so groß gewesen wie der beim Anblick meiner abbrennenden Fahne. Meiner Brust entrang sich ein Stöhnen:

»Oh! Meine Fahne! Meine Fahne! Meine Fahne!«

Tränen stürzten aus meinen Augen. Die ganze Welt verdüsterte sich in einem Augenblick. Der Stock mit dem Apfel und der Kerze entfiel meinen Händen. Ich rannte davon, ich wußte selbst nicht, wohin, und irrte umher, vergoß heiße Tränen, rang die Hände und beweinte meine Fahne, wie man

AK
78

einen Toten beweint, verkroch mich in einen Winkel, saß dort im Finstern, den Kopf zwischen den Knien, und weinte leise, damit es niemand höre und niemand sehe. Ich fragte Gott den Herrn:

»Gott, mein Herr! Wofür wurde ich so bestraft? Wofür? Wofür? ...«

Wißt ihr, Kinder, jede Erzählung hat ein Ende, ein gutes oder ein schlechtes. Die jüdischen Erzählungen haben gewöhnlich ein trauriges Ende. Ein Sprichwort sagt: Ein Jude, besonders ein armer Jude, ist nicht geschaffen, um Freude zu erleben. Was gibt es darüber noch viel zu reden? – Wenn ihr größer seid, werdet ihr es selber erfahren.

Die Geschichte mit der Fahne ist nicht ohne Folgen geblieben. Ich war danach lange und schwer krank, ich lag mit hohem Fieber, ich sah schaurige Dinge, Schlangen und Skorpione mit flammenden Zungen, wilde Tiere in Gestalt von Menschen. In meinen Ohren tönte das Geschrei von Katzen und fremdartigen Vögeln. Ich warf mich herum, phantasierte wild und war dem Tode nahe. Man zählte mich schon zu den Sterbenden. In der Unterabteilung des Fleischer-Bethauses wurde für mich sogar ein Psalm gelesen.

Aber ich möchte die Erzählung doch zuversichtlich ausklingen lassen. Ihr sollt also wissen, daß ich mit Gottes Hilfe am Leben geblieben bin. Außerdem will ich euch sagen, daß ich im nächsten Jahr eine neue Fahne hatte, schöner als die erste, und daß ich meinen Platz neben den herrschaftlichen Kindern hatte. Die Kerzen brannten. Meine Fahne fiel allgemein auf. Die Juden gingen mit den Torarollen um den Altar herum. Der Kantor Reb Meilech ging voran, mit wallendem Betmantel – ein echter Generalfeldmarschall – und sang mit seiner blechernen Stimme: »Beistand der Armen, hilf doch!«

Die Frauen und Mädchen küßten ohne Ende die Torarollen, drängten sich ihm vors Gesicht und kreischten und schrien: »Erleben sollt ihr das nächste Jahr! Erleben sollt ihr das nächste Jahr!«

»Ihr ebenfalls! Ihr ebenfalls!« antwortete man ihnen.

Und ihr auch, liebe Kinder!

Jizchok Leib Perez

Die Wunder von Chanukka

I

Ich hielt schon meinen Mantel in der Hand und blieb plötzlich unentschlossen stehen:

»Soll ich heute zum Unterricht gehen oder nicht?«

Das Wetter ist unangenehm, feucht und kalt. Die Leute wohnen weit, beinahe eine halbe Meile Wegs. Und wozu die Umstände? Um einem Jungen hebräische Zeitwörter einzupauken, um wieder einmal seinen Großvater sagen zu hören, er sei mit seinen mehr als sechzig Jahren stets ohne Grammatik ausgekommen und dennoch zehnmal in Leipzig und ein paarmal in Danzig gewesen und einmal beinahe bis nach Konstantinopel gekommen? Der noch immer nicht begreifen kann, warum man mich bezahlt. Eine wichtige Sache ist diese Grammatikstunde!

Und der Vater meines Schülers würde viel lieber mit Peies, einem Streimel und einem Kaftan mit Schnüren umherlaufen und hin und wieder zu einem Zaddik fahren, von der Grammatik will der auch nichts wissen. Er hält sich für ein unschuldiges Opfer. Als Kaufmann, der unter Menschen kommt, muß er einen Hut und ein gebügeltes Hemd tragen, dulden, daß seine Frau das Theater besucht und daß seine Tochter Romane liest, und seinem Jungen muß er gar einen Lehrer halten, der ihn in der Grammatik unterrichtet.

»Hat denn der Vater nicht recht?« pflegt er zu sagen. »Aber die Welt will es so!«

Der Welt kann er eben nichts abschlagen!

»Tut mir den einzigen Gefallen«, bittet er mich, »und verderbt mir meinen Jungen nicht! Ich zahle Euch«, sagt er, »soviel Geld für das bißchen Grammatik, nicht aber, um ihm zu sagen, daß die Erde sich um die Sonne dreht!«

Und ich versprach ihm, daß der Junge nichts davon erfahren sollte. Ich hatte ja nur diesen einen Schüler, und meine Mutter war krank!

»Soll ich gehen oder nicht gehen?«

Die ganze Stunde über gibt die Familie auf mich acht.

Ob auch *sie* mich beachtet?

Sie sitzt immer abseits, in ihr Buch vertieft. Ab und zu hebt sie ihre langen seidenen Wimpern, und dann wird es plötzlich ganz hell in der Stube. – Das geschieht aber selten, so selten.

»Was werde ich davon haben? Nichts als Ärger!«

»Hörst du?« höre ich plötzlich die schwache Stimme meiner Mutter, die im Bette liegt. »Der Feldscher sagt, daß ich aufstehen könnte, wenn ich ein Paar warme wollene Strümpfe hätte.«

Also muß ich doch gehen!

2

Mit Ausnahme der Hausfrau, die wie gewöhnlich ohne Wissen des Schwiegervaters ins Theater gegangen ist, treffe ich die ganze Familie am Teetisch.

Mein »Guten Abend!« wird vom Vater mit einem schwachen »Gutes Jahr!« beantwortet. Er hält ein Spiel Karten in der Hand und wartet offenbar auf Gäste.

Der Großvater mit dem spitzen Käppchen und dem weiten türkischen Schlafrock hält es nicht für nötig, die Bernsteinpfeife aus dem Munde zu nehmen und vom alten Gebetbuch aufzublicken. Er nickt mir ganz schwach mit dem Kopfe zu und vertieft sich wieder in die Erklärungen zum Chanukkatext.

Auch sie ist in ein Buch vertieft, in einen Roman.

Mein Erscheinen erfreut meinen Schüler nicht gerade.

»Was?« schreit er, von seinem Platze aufspringend und den Kopf mit den schwarzen Locken emporwerfend: »Was, habe ich denn auch heute Unterricht?«

»Warum denn nicht?« lächelt der Vater.

»Es ist doch Chanukka!« sagt der Kleine, stampft mit dem Fuße auf und zeigt auf das erste brennende Lichtchen und den Diener, die, an ein Brettchen geklebt, auf der Fensterbank stehen.

»Hast recht!« brummt der Großvater.

»Also gut!« sagt gleichgültig der Vater.

Sie aber wird etwas bleicher und senkt den Kopf noch tiefer.

Ich sage: »Gute Nacht!« und will gehen, aber der Vater hält mich zurück: »Ihr müßt mit uns Tee trinken!«

»Und Mohnkuchen essen!« ruft freudig mein Schüler. Er würde sich mit mir recht gut vertragen, wenn es nicht die hebräischen Zeitwörter gäbe.

Ich will danken und gehen, der Schlingel packt mich aber bei der Hand und schleppt mich mit einem schelmischen Lächeln zum Stuhl, der seiner Schwester gegenüber steht.

Hat er schon etwas gemerkt?

Natürlich hat er nur mir etwas anmerken können. Denn sie ist immer in ihr Buch vertieft. Sie hält mich wahrscheinlich für einen Menschen ohne höhere Interessen. Vielleicht gar für etwas Ärgeres. Sie weiß ja nicht, daß ich eine kranke Mutter zu Hause habe!

»Der Tee ist doch hoffentlich fertig!« ruft ungeduldig der Vater.

3

»Sofort, sofort, Vater!« antwortet sie hastig, und ihr blasses Gesicht rötet sich.

Der Vater wird wieder nachdenklich. Mein Schüler läßt den Trendel auf dem Tisch kreiseln, der Alte legt das Gebetbuch weg und bereitet sich auf das Teetrinken vor.

Unwillkürlich hefte ich meinen Blick auf die beiden Lichter, die mir gegenüber auf der Fernsterbank brennen. Sie leuchten so traurig und scheinen sich vor der blitzenden Nickellampe zu schämen, die über dem Eßtisch hängt und alles mit ihrem Lichte übergießt. Es wird mir noch trauriger zumute, und ich merke gar nicht, wie sie mir ein Glas Tee reicht.

»Mit Zitrone?« weckt mich ihre traurige Stimme.

»Oder mit Milch?« fragt der Vater.

»Nein, lieber keine Milch, die ist heute angebrannt!« warnt mich mein Schüler.

»Fürchterlich!« kommt es von ihren Lippen.

4

Und wieder ist es still. Man hört nur das Schlürfen, das Klirren der Löffel und das Ticken der Wanduhr.

Plötzlich fragt mich mein Schüler: »Herr Lehrer, was ist Chanukka?«

»Du kannst morgen deinen Rebben im Cheder fragen!« sagt etwas unwirsch der Alte.

»Ach!« sagt mein Schüler trotzig: »Der Herr Lehrer weiß es sicher besser als der Rebbe!«

Der Alte wirft seinem Sohn einen bösen Blick zu, der zu sagen scheint: »Hast du das gehört?!«

»Auch ich will wissen, was Chanukka ist!« sagt sie leise.

»Gut«, sagt der Vater, »wollen wir hören, was Ihr über Chanukka zu sagen habt!«

5

»Es war in der Zeit«, fing ich an, »als die Griechen das Land Israels unterdrückten.«

»Die Griechen ...« Hier unterbricht mich schon der Alte mit saurer Miene: »In der Schmoine-Eßre ist vom Reiche Jowon die Rede, von der frevelhaften Herrschaft Jowons!«

»Das ist ja dasselbe«, bemerkte der Vater: »Was wir Jowon nennen, nennen sie Griechenland!«

»Die Griechen«, fing ich von neuem an, »haben uns furchtbar unterdrückt! Das war eine sehr schlimme Zeit für uns Juden. Es sah so aus, als ob das ganze Volk für immer untergehen würde.

In einigen unglücklichen Aufständen verloren wir unsere letzte Kraft. Der letzte Funke der Hoffnung war erloschen. Man trat uns in unserem eigenen Lande wie Würmer mit Füßen.«

Der Vater hörte längst nicht mehr zu. Er blickte gespannt auf die Türe und erwartete seine Gäste. Aber der Alte wandte von mir keinen Blick. Und als ich wieder einmal das Wort »Unterdrückung« gebrauchte, konnte er sich nicht länger beherrschen und sagte:

»Der Mensch redet so ins Blaue hinein. Was redet er von Unterdrückung? Die Sache war ja ganz einfach: Sie ließen uns keinen Sabbat und keine Feste feiern, wir durften weder die Tora lernen noch unsere Söhne beschneiden!«

»Wollt Ihr nicht eine Partie Preference spielen?« fragte mich plötzlich der Vater. »Oder vielleicht gar Oko?«

6

Doch es wurde wieder still, und ich erzählte weiter: »Die Lage wurde noch unerträglicher, als unser Adel und unsere Reichen sich ihrer jüdischen Abstammung zu schämen begannen und griechische Sitten annahmen. Sie schickten ihre Kinder in die Gymnasien.«

Sie und der Großvater sahen mich erstaunt an.

»An diesen Gymnasien«, fuhr ich fort, »lernte man nicht wie heute. Man trieb dort Gymnastik, man turnte nackt, und zwar Männer und Weiber zusammen.«

Beide Augenpaare senkten sich wieder. Dafür fingen aber die Augen des Vaters plötzlich zu leuchten an: »Ist das wahr?«

Ich antwortete ihm nicht und erzählte weiter von den zirzensischen Spielen, bei denen Menschen mit wilden Tieren kämpfen mußten, und von anderen griechischen Gebräuchen, die den Juden sehr zuwider waren.

»Das genügte aber den Griechen noch nicht. Sie wollten alles Jüdische einfach ausrotten. Darum stellten sie in den Städten Altäre und Götzenbilder auf und verlangten, daß die Juden ihnen Opfer darbringen.«

»Was heißt das?« fragte sie auf Polnisch: sie hatte den letzten jiddischen Satz nicht verstanden.

Ich erklärte es ihr, und der Alte fügte erregt hinzu:

»Ein Schwein! Sie verlangten, daß man ein Schwein opfere!«

»Und es fand sich auch wirklich ein Jude«, fuhr ich fort, »der vor den Altar trat und ein Opfer darbringen wollte. Gerade rechtzeitig kam aber vom Berge der alte Makkabäer mit seinen fünf Söhnen herab. Ehe noch die griechischen Söldlinge herbeigeeilt waren, schwamm der Frevler in seinem Blute, und der Altar war umgestoßen. Im gleichen Augenblick brach auch der Aufstand los. Und die Makkabäer besiegten mit ihrem Häuflein Helden die hundertmal stärkeren Griechen. Sie vertrieben die Griechen aus dem Lande und befreiten das Volk.«

7

»Zum Andenken an diesen Sieg«, schloß ich meine Erzählung, »entzünden wir alljährlich an diesem Tage unsere bescheidenen Chanukkalichtchen.«

»Was?« rief da der Alte und sprang zornig von seinem Platze auf: »Ist das das Wunder? Höre, Schmerke!« schrie er seinen Enkel an, der erschrocken von ihm abrückte, und der Alte klopfte dabei so heftig auf den Tisch, daß die Gläser klirrten.

»Das war das Wunder von Chanukka: Als man die unreinen Griechen vertrieben hatte, war nur ein einziger Krug reines Öl für die Tempellampen übriggeblieben und –«

Hier bekam er einen Hustenanfall und begann um Atem zu ringen. Der Sohn lief zu ihm und führte ihn ins andere Zimmer.

8

Ich will gehen, sie hält mich aber auf.

»Was halten Sie von der Assimilation?« fragt sie mich.

»Assimilieren«, antworte ich ihr, »heißt verzehren und verdauen. Wir assimilieren Rindfleisch und Brot, und die anderen wollen uns assimilieren. – Uns aufessen wie Rindfleisch und Brot.«

Sie schweigt eine Weile und fragt dann erschrocken:

»Werden sich denn die Völker immer und ewig bekriegen?«

»O nein!« antworte ich. »Einer Sache wegen werden sich alle Völker begegnen und vereinigen!«

»Und was ist das für eine Sache?«

»Menschlichkeit! – Wenn jeder bei sich zu Hause das Nötige tut, werden sich früher oder später alle einig sein!«

Sie wird nachdenklich. Ich will noch etwas hinzufügen, da geht aber die Klingel an der Tür.

»Es ist die Mutter!« sagt sie leise und läuft davon. Vorher reicht sie mir zum erstenmal, seit wir uns kennen, die Hand.

9

Am nächsten Morgen, als ich noch im Bette lag, brachte mir ein Dienstmann einen Brief.

Auf dem Umschlag stand die Firma ihres Vaters: »Jacob Berenholz«. Mein Herz klopfte entsetzlich. Im Umschlage lag nichts als ein Zehnrubelschein, mein Gehalt für den letzten Monat, der noch gar nicht abgelaufen war.

Ich war entlassen.

Scholem Alechem

Chanukkageld

Chanukka ist das schönste Fest. Man bedenke nur: acht Tage hintereinander nicht in die Schule gehen müssen, in Schmalz gebackene Pfannkuchen essen, den Trendel drehen dürfen und von allen Leuten Chanukkageld bekommen. Kann es ein schöneres Fest geben?

Es ist Winter. Draußen herrscht Kälte. Schneidender Frost. Die Scheiben sind zugefroren, mit den schönsten Eisblumen verziert, – im Hause ist es angenehm warm. Der silberne Chanukkaleuchter steht schon seit Mittag auf dem Tisch. Der Vater geht, die Hände auf dem Rücken, im Zimmer umher und spricht das Abendgebet. Nachdem er die Schmoine-Eßre gesagt hat, nimmt er die dickste Wachskerze, den Diener, aus der Schublade und wendet sich, ohne sein Gebet zu unterbrechen, an meinen jüngeren Bruder und mich. Es soll wohl hebräisch sein, denn jiddisch zu sprechen ist während des Betens verboten!

»Ih! Oh! Nu! Na!«

Wir verstehen nicht, was er will, und fragen ihn:

»Was, ein Zündholz?«

Der Vater zeigt mit der Hand auf die Küchentür:

»Ih! Oh! Oh! Nu!«

»Was? Das Küchenmesser? Die Schere? Die Fußbank?«

»Ach, oh ... nu ...! Pfui!«

Er stößt noch einige ähnliche unartikulierte Laute aus, dann sagt er nunmehr deutlich, denn sein Gebet ist inzwischen zu Ende:

»Die Mutter, die Mutter sollt ihr rufen!«

Ich und mein Bruder Mottl rennen um die Wette zur Mutter:

»Mama! Rasch! Die Chanukkalichter!«

»O weh mir, die Chanukkalichter!« ruft die Mutter, läßt ihre ganze Küchenarbeit liegen – die geschlachteten Gänse, aus denen das Fett ausgelassen und für den Pfannkuchenteig verwendet wurde – und rennt in die Stube. Hinter ihr her die Köchin Breine, eine schwarzhaarige Jüdin mit Schnurrbart, rundem Gesicht und ewig schmuddligen Händen. Die Mutter tritt zur Seite und macht eine fromme Miene. Breine bleibt an der Tür stehen, wischt sich die

Hände an der schmutzigen Schürze ab und fährt sich über die Nase. Auf der bleibt eine schwarze Spur zurück. Mottl und ich geben uns die größte Mühe, das Lachen zu unterdrücken.

Der Vater nähert sich mit dem angezündeten Diener dem Chanukkaleuchter und spricht das Gebet in dem üblichen Sington: »Gesegnet seist du«, und schließt mit den Worten: »die Chanukkalichter anzuzünden!« Die Mutter sagt andächtig und fromm: »Amen«, Breine nickt demutsvoll mit dem Kopf, wobei ihre Wangen sich so aufblähen, daß ich und Mottl fürchten, einander anzuschauen.

»Die Lichter, die wir anzünden ...«, singt der Vater für sich, indem er im Zimmer umhergeht und von Zeit zu Zeit einen Blick auf den Leuchter wirft. Das Lied zieht sich endlos hin. Wir können es kaum erwarten, daß er es zu Ende bringt und endlich das Geldkörbchen herausnimmt. Wir winken und blinzeln einander zu.

»Mottl, geh, bitte den Vater um Chanukkageld.«

»Warum soll ich darum bitten?«

»Weil du der Jüngere bist, du hast also Chanukkageld zu beanspruchen.«

»Nein! Du bist der Ältere, also bitte du!«

Der Vater weiß genau, worüber wir sprechen, aber er tut, als höre er nichts. Gemächlich, ohne die geringste Eile, geht er an die Tischschublade und zählt das Geld. Ein Kälteschauer durchrieselt uns, die Herzen klopfen. Wir blicken zur Decke und kraulen uns die Schläfenlocken, als ginge uns das alles nichts an.

Der Vater räuspert sich.

»Hm, Kinder, kommt einmal her!«

»Ach! Was ist denn?«

»Hier habt ihr Chanukkageld!«

Er gibt mir einen Rubelschein und meinem Bruder einen halben Rubel.

Nachdem wir das Geld in Empfang genommen haben, entfernen wir uns. Zuerst gehen wir langsam, wie es sich für anständige Knaben ziemt. Allmählich aber immer schneller, tänzelnd und hüpfend.

In unserem Zimmer angelangt, fangen wir an, Purzelbäume zu schießen, auf einem Fuß herumzuspringen, zu singen und vor lauter Freude und Begeisterung einander zu puffen.

Die Tür öffnet sich und Onkel Benja tritt ein.

»Nun, Kinder, ihr Schlingel, wollt ihr Chanukkageld bekommen?«

Onkel Benja nimmt zwei Fünfzigkopekenstücke aus der Westentasche und gibt sie uns.

Niemand würde glauben, daß unser Vater und Onkel Benja Brüder sind. Der Vater ist groß und mager, Onkel Benja ist klein und dick, der Vater ist schwarz, Onkel Benja rot, der Vater ist ein schwermütiger, schweigsamer Mann, Onkel Benja – ein Spaßmacher und eine Plaudertasche: Tag und Nacht, Winter und Sommer redet er unaufhörlich. Dennoch sind beide leibliche Brüder!

Der Vater nimmt einen großen Bogen Papier, zieht Karos in schwarz und weiß und läßt sich aus der Küche weiße und schwarze Bohnen bringen. Die Mutter läßt in der Küche Schmalz aus und backt Pfannkuchen. Ich und mein Bruder Mottl drehen den Trendel. Der Vater und Onkel Benja setzen sich zum Schachspiel.

»Ich bitte dich aber, Benja, ohne Zugrücknahme und ohne Mogelei. Ist der Zug einmal gemacht – dann ist er gemacht!« sagt der Vater.

»Ein Zug ist ein Zug«, sagt Onkel Benja und macht einen Zug.

»Ein Zug ist ein Zug«, sagt der Vater und schlägt einen Bauern.

»Ein Zug ist ein Zug«, sagt Onkel Benja und schlägt zwei Bauern.

Sie vertiefen sich immer eifriger ins Spiel, kauen an ihren Bärten, zittern unter dem Tisch mit den Füßen und brummen dieselbe Melodie.

»Ei, was tun, was tun, was tun?« singt der Vater mit talmudischem Singsang und an seinen Bartenden kauend, »gehe ich hierhin, geht er dorthin. Gehe ich dorthin, geht er hierhin, ich mache also diesen Zug.«

»Diesen Zug! Diesen Zug!« erwidert Onkel Benja singend.

»Was habe ich zu befürchten?« singt der Vater wieder, »schlägt er diesen Bauern, so schlage ich zwei. Wenn er aber drei Bauern schlägt?«

»Drei Bauern, drei Bauern, drei Bauern?« stimmt Onkel Benja in seinen Gesang ein.

»Ach, du bist ein Dummkopf, Benja!« singt der Vater und macht einen Zug.

»Bist selber ein Dummkopf, lieber Bruder, ein noch größerer Dummkopf!« singt Onkel Benja, macht einen Zug und will ihn sofort wieder zurückziehen.

»Pfui, Benja! Wir haben doch verabredet, daß ein Zug, der einmal gemacht ist, stehenbleibt!« sagt der Vater, nicht mehr singend, und faßt den Onkel beim Ärmel.

»Schönes Geschäft!« sagt Onkel Benja, »solange ich den Bauern in der Hand halte, kann ich gehen, wohin ich will.«

»Nein«, sagt der Vater, »du darfst nur einmal ziehen. Wir hatten das verabredet, Benja, ohne Rückzüge und ohne Betrug!«

»Rückzug?« sagt Onkel Benja, »wie oft kommt es vor, daß du zurückziehst?«

»Ich?« sagt der Vater, »siehst du, Benja, deshalb spiele ich mit dir nicht gerne Schach!«

»Wer zwingt dich denn?«

»Nun, zankt ihr euch schon wieder um die Bohnen?« sagt die Mutter, die aus der Küche ins Zimmer tritt. Ihr Gesicht brennt. Hinter ihr folgt Breine mit einer großen Platte heißer Pfannkuchen. Sie dampfen noch. Alle stürzen zum Tisch. Ich und mein Bruder Mottl waren zwar auch gerade beim Zanken, aber nun versöhnen wir uns sofort wieder und machen uns mit großem Eifer über die Pfannkuchen her.

Am Abend liege ich im Bett und denke, wieviel Chanukkageld werde ich wohl ungefähr noch sammeln, wenn alle Onkel, Tanten und Verwandten etwas geben? Schenken werden sie uns alle etwas: Onkel Moische-Aron, der Bruder meiner Mutter, ein sehr geiziger, aber reicher Mann; Onkel Itzig und Tante Dwoire, mit denen meine Eltern seit vielen Jahren böse sind; Onkel Beinus und Tante Jente; meine Schwester Eidel und ihr Mann Scholem Seidel und alle übrigen Verwandten.

»Mottl, schläfst du schon?«

»Ja, warum?«

»Wieviel, glaubst du, wird Onkel Moische-Aron uns geben?«

»Woher soll ich das wissen? Bin ich ein Prophet?«

Eine Minute später:

»Mottl, schläfst du schon?«

»Ja, warum?«

»Hat außer uns noch jemand so viele Onkel und Tanten wie wir?«

»Vielleicht ja, vielleicht auch nicht!«

Nach zwei Minuten:

»Mottl, schläfst du?«

»Ja, warum?«

»Wenn du schläfst, wie kannst du dann mit mir sprechen?«

»Wenn du fragst, muß ich doch antworten.«

Nach drei Minuten:

»Mottl, schläfst du?«

»Tsss ... trrr ... chil chil chul ... tsss ...«

Mottl schnarcht, pfeift mit der Nase, ich aber setze mich im Bett auf, ziehe meinen Rubel heraus, rolle ihn glatt und betrachte ihn.

Solch ein Zettel sieht aus, denke ich, wie Papier, wie ganz gewöhnliches Papier, aber was kann man sich nicht alles dafür kaufen: Spielsachen, Taschenmesser, Lineale, Nüsse, Konfekt, Rosinen, Datteln und alles mögliche!

Ich verstecke den Rubel unter dem Kissen und sage das Abendgebet. Plötzlich tritt Breine mit einer Platte voll mit Rubeln ein. Breine geht nicht, sie schwebt in der Luft und singt: »Und die Lichter, die wir anzünden ...«, während Mottl die Rubel verschlingt, als wären es Klößchen. »Mottl!«, schreie ich aus ganzer Kehle, »was tust du, um Gottes willen! Mottl! Das sind doch Rubel!« ...

Ich erwache: Pfui, pfui, pfui, was für ein Traum!

Und ich schlafe wieder ein.

Am nächsten Morgen standen wir früh auf. Wir beteten und frühstückten in Eile. Man zog uns unsere mit Katzenfell gefütterten Wintermäntel an und band uns große, warme Tücher über die Mützen um den Kopf. Wir machten uns auf den Weg, um Chanukkageld einzusammeln. Der erste Besuch galt dem Onkel Moische-Aron.

Onkel Moische-Aron ist leidend, er hat unausgesetzt mit dem Magen zu tun. Wann auch immer man zu ihm kommt, man trifft ihn am Waschbecken. Er wäscht die Hände und brummt das Gebet, das man nach gewissen Verrichtungen zu sagen pflegt.

»Guten Morgen, Onkel!« rufen wir. Tante Pessel kommt uns entgegen, eine kleine Frau mit einer schwarzen und einer weißen Augenbraue. Tante Pessel nimmt uns die Mäntel und die Tücher ab und wischt uns mit ihrer Schürze die Nasen.

»Schneuzt euch!« sagt Tante Pessel, »tüchtig, ordentlich! Gebt alles her! Noch! Noch! So ist's gut!«

Onkel Moische-Aron steht am Waschbecken, angetan mit einem alten katzenfellgefütterten Kaftan, auf dem Kopf ein wattiertes Käppchen, in den

Ohren Watte. Er wäscht die Hände, runzelt das Gesicht, blinzelt mit den Augen und verrichtet fromm sein Gebet.

Ich und Mottl sitzen, als hätten wir den Mund voll Wasser. Wir zittern immer vor Angst und Kälte, wenn wir hierherkommen. Tante Pessel setzt sich neben uns, faltet die Hände auf der Brust und beginnt, uns auszufragen:

»Wie geht es dem Vater?«

»Ganz gut.«

»Wie geht es der Mutter?«

»Ganz gut.«

»Habt ihr Gänse geschlachtet?«

»Ja.«

»Und Schmalz ausgelassen?«

»Ja.«

»Pfannkuchen gebacken?«

»Ja.«

»War Onkel Benja bei euch?«

»Ja.«

»Haben sie Schach gespielt?«

»Ja.«

Und so weiter.

Tante Pessel wischt uns noch einmal die Nasen und wendet sich an den Onkel:

»Moische-Aron! Man muß ihnen Chanukkageld geben.«

Der Onkel hört nicht. Er reibt sich die Hände und spricht sein Gebet zu Ende.

Tante Pessel versucht, ihn noch einmal zu mahnen.

»Moische-Aron! Chanukkageld für die Kinder!«

»Wie? Was?« fragt der Onkel, indem er die Watte von einem Ohr ins andere stopft.

»Chanukkageld für die Kinder!« schreit ihm Tante Pessel ins Ohr.

»Ei, mein Bauch, mein Bauch!« sagt Onkel Moische-Aron und faßt sich mit beiden Händen an den Bauch. »Chanukkageld wollt ihr? Wozu brauchen Kinder Geld? Was wollt ihr mit dem Geld anfangen? Ihr werdet's vergeuden! Wie? Wieviel Chanukkageld habt ihr vom Vater bekommen?«

»Ich einen Rubel«, sage ich, »er einen halben.«

»Einen Rubel?!! Hm. Die Leute verwöhnen die Kinder, sie verderben ihre

Kinder selber! Was machst du mit dem Rubel? Was? Du wechselst ihn? Paß auf, daß du ihn nicht wechselst! Hörst du, was ich dir sage? Willst du ihn wechseln?«

»Ob er ihn wechselt oder nicht, was geht es dich an?« sagt Tante Pessel. »Gib ihnen, was ihnen zukommt, und mögen sie gesund weitergehen.«

Onkel Moische-Aron begibt sich in sein Zimmer, schlurrt mit seinen Pantoffeln, sucht in allen Schubladen und Kästen, kratzt endlich ein paar Münzen heraus und murmelt vor sich hin:

»Hm! Man verwöhnt die Kinder, man verdirbt sie ganz und gar!« Bei diesen Worten steckt er uns ein paar Kupfermünzen in die Hand.

Tante Pessel wischt uns wieder, nun zum letztenmal, die Nasen, zieht uns die Mäntel an, bindet uns die großen, warmen Tücher um, und wir gehen fort.

Wir rennen über den weißen, gefrorenen, knarrenden Schnee, besehen uns die Kupfermünzen des Onkels Moische-Aron und können sie nicht zählen. Unsere Hände sind ganz steif, rot und dick geworden. Lauter große, schwere Kupfermünzen, vorsintflutliche Zehnkopekenstücke, glatte Sechser, außer Kurs geratene, grün patinierte Groschen. Es ist uns unmöglich zusammenzurechnen, wieviel Geld Onkel Moische-Aron uns gegeben hat.

Das zweite Mal machen wir bei Onkel Itzig und Tante Dwoire halt. Unsere Eltern sind mit ihnen seit vielen Jahren böse. Warum sie böse sind, das wissen wir Kinder nicht. Wir wissen nur, daß unser Vater und Onkel Itzig – leibliche Brüder – nicht miteinander sprechen, obgleich sie in derselben Synagoge beten und ihre Plätze nebeneinander haben. Wenn an Feiertagen das Vorlesen der einzelnen Toraabschnitte meistbietend versteigert wird, wetteifern die beiden Brüder und treiben den Preis unglaublich in die Höhe. Dann geht's in der Synagoge gerade so zu wie auf dem Jahrmarkt. Man unterhält sich, rennt von einem Platz zum andern, flüstert, drängt sich, lacht und unterstützt das eine oder das andere Angebot. Jeder möchte wissen, wer den sechsten Abschnitt und wer den Schlußabschnitt erhält. Alle wünschen, daß der Handel sich so lange wie möglich hinzieht. Der Synagogendiener, der rothaarige Mechzi, steht am Lesepult, den Körper vornübergeneigt. Der Gebetmantel ist ihm von den Schultern geglitten, das Käppchen sitzt ein wenig schief auf dem Kopf. Mechzi blickt nach Osten, wo der Vater und Onkel Itzig sitzen, und ruft durch die Nase: »Achtzehn Gulden für den sechsten Abschnitt, zwanzig Gulden, zweiundzwanzig Gulden!« Der Vater und Onkel

Itzig drehen einander den Rücken zu; beide tun, als wären sie in die Bibel vertieft. Aber sobald der eine einen Preis macht, bietet der andere sofort etwas mehr. Die Menge freut sich, sie bietet mit: Dreißig! Fünfunddreißig! Siebenunddreißig. Vierzig!

Der Synagogendiener Mechzi, der durch die Nase spricht, blickt bald den einen, bald den anderen an.

»Vierzig Gulden für den sechsten! Zweiundvierzig Gulden! Fünfundvierzig Gulden für den sechsten.«

Der Vater und der Onkel bieten immer mehr. Sie haben den Preis bis zu fünfzig Gulden getrieben. Mechzi, der durch die Nase spricht, erhebt die Hand und will abklopfen.

»Fünfzig Gulden!«

Da hebt Onkel Itzig einen Finger in die Höhe. Die Menge ruft: »Einundfünfzig! Einundfünfzig!« Der Handel geht weiter. Der Preis ist auf über sechzig gestiegen – ein bisher unerhörter Preis! – Der sechste Toraabschnitt fällt Onkel Itzig zu.

Dann wird der Schlußabschnitt verkauft. Der Vater blickt den Synagogendiener an und macht eine Handbewegung, die besagen soll: Der Schlußabschnitt ist mein. Mechzi hat nichts dagegen, aber die Menge ist nicht einverstanden.

»Wie? Ohne zu handeln? Es gibt kein Monopol für den Schlußabschnitt.«

»Zehn Gulden für den Schluß! Fünfzehn Gulden! Zwanzig Gulden! Fünfzig Gulden!«

Ein gewagter Sprung! Der Vater sieht sich um, wer den Schlußabschnitt an sich reißen will. Onkel Itzig?! Der Onkel, er will ihn für seinen jüngeren Schwiegersohn kaufen.

Zwei Abschnitte! Der ist ja unersättlich! Von einem Bären kann man nicht zwei Felle abziehen!

Der Vater erhebt sich und winkt dem Synagogendiener zu: »Hundert!«

Das Wort »hundert« ertönt wie Donnerschlag in der Synagoge. Alle sind wie betäubt. Einen solchen Preis für den Schlußabschnitt hat es noch nie gegeben, solange die Synagoge steht.

Nur Mechzi bleibt scheinbar gleichgültig. Unerschütterlich ruft er in gewohnter Weise durch die Nase: »Hundert Gulden für den Schlußabschnitt! Hundert Gulden …« Er will abklopfen.

Da erhebt sich Onkel Itzig von seinem Platz. Der Vater sieht ihn an, als wollte er sagen: »Hat er den Verstand verloren? Soll er mehr bieten, wenn er will!« Doch Onkel Itzig setzt sich, und der Schlußabschnitt bleibt für uns.

Gibt es aber eine Familienfeier, sei es bei uns oder beim Onkel – zum Beispiel bei der Geburt eines Mädchens, bei der Beschneidung eines Sohnes, bei einer Barmizwe, einer Verlobung oder einer Hochzeit –, versöhnen sich die Feinde vorübergehend, besuchen einander, kommen zum Fest und sind vergnügt und froh wie alle anderen.

»Guten Morgen, Onkel Itzig! Guten Morgen, Tante Dwoire!« rufen Mottl und ich gleichzeitig.

Wir werden wie angenehme Gäste empfangen.

»Ihr interessiert euch doch sicher mehr für das Geld als für die Gebete«, sagt Onkel Itzig, nimmt sein Portemonnaie heraus und gibt uns Chanukkageld, mir ein neues silbernes Zehnkopekenstück und meinem Bruder Mottl ein neues silbernes Zehnkopekenstück.

Nun kommt Onkel Beinus an die Reihe. Wir machen kehrt und begeben uns zu ihm.

Wollt ihr wissen, wie es in der Hölle ist? Dann geht mit uns. Zu welcher Zeit ihr auch kommen mögt, immer herrscht im Haus des Onkels Beinus Lärm und Geschrei, und Stuben und Stiegen sind voll von halbnackten, ungewaschenen, ungekämmten Kindern. Der eine hat den Rock des Vaters angezogen und reitet auf dem Besen, ein anderer trinkt Milch aus der Kanne, ein dritter behütet mit seinen Händen eifersüchtig einen Heringskopf, ein vierter lutscht an einem Bonbon, während zwei Lichtchen aus der Nase in den Mund fließen. Wie kann die Tante nur in dieser Hölle leben? Sie schimpft die Kinder aus, knufft sie, Ohrfeigen sind dort an der Tagesordnung.

»Ersticken sollst du! Verkommen sollst du! Der Teufel soll dich holen!« Das wird dort so leicht dahingesagt wie anderswo: »Froher Sabbat!« Erst wenn Onkel Beinus nach Hause kommt, wird es still. Aber der Onkel ist ein beschäftigter Mann, er sitzt meist im Laden und ist nur selten zu Hause.

Als wir ankamen, ritt Asrilik, der mittlere, auf Mendel, dem älteren, während Fzoike und Awrohom, die beiden jüngeren, Mendel antrieben, der eine mit dem Ärmel einer wattierten Jacke, der andere mit dem Einband eines Gebetbuchs. Schloime, dessen Alter ich nicht abschätzen kann, musizierte auf einem Kamm, und Dowid, ein Vierjähriger, hatte sich die Schuhe auf die Hände gezogen und schlug den Takt dazu. Sender schleppte eine Katze am

Nackenfell. Das Tierchen streckte die Zunge heraus, schloß die Augen und reckte die Füßchen, als ob es klagen wollte: »So wird man hier behandelt! Oh, welche Qualen!« Ester, das ältere Mädchen, war dabei, Haßke, die jüngere Schwester, zu kämmen und ihr einen Zopf zu flechten. Aber Haßke, deren krauses Haar schon lange nicht mehr gekämmt worden war, wehrte sich aus aller Kraft und brüllte mit heiserer Stimme.

Dies alles stört aber Tante Jente nicht. Ruhig sitzt sie am Tisch, ein Kind an der Brust, das andere auf dem Schoß, trinkt Zichorienkaffee und versucht Ordnung zu machen. »Ester, Riwkele, Haßke, wo treibt ihr euch denn rum? Habt ihr euch zum Teufel geschert?! Wisch ihm die Nase, Haßke, mach schon! Und wasch mir eine Untertasse ab, ich muß ohne Untertasse trinken! Wisch ihm eine aus! Tüchtig! Mein Herzchen, mein Liebling, meine Freude!«

Seit dem frühen Morgen wird in diesem Hause unaufhörlich gegessen, die Münder schließen sich überhaupt nicht.

Tante Jente schreit, die Kinder schreien, alle schreien. Plötzlich erscheint Onkel Beinus, der aus der Synagoge kommt, da wird es still. »Guten Morgen, Onkel Beinus!« brüllen wir, ich und mein Bruder Mottl.

»Was wollt ihr hier, Bengels? Wahrscheinlich kommt ihr nach Chanukkageld?« sagt Onkel Beinus und gibt jedem von uns ein silbernes Zehnkopekenstück.

Die Kinder gucken uns aus allen Winkeln an, wie herumkrabbelnde Käfer; sie blinzeln uns zu und schneiden Grimassen. Sie wollen uns zum Lachen bringen. Wir machen, daß wir wieder fortkommen, so schnell wir können.

Von hier aus gehen wir zu unserer Schwester Eidel. Eidel hat von Kindheit an die Gewohnheit, zu weinen und zu klagen. Sie weint über ihr eigenes und über fremdes Unglück. Als sie die Braut des Scholem Seidel wurde, klagte sie noch mehr. Nicht etwa, weil der Bräutigam ihr nicht gefiel. Sie kannte ihn kaum. Aber eine Braut muß traurig sein. Die Aussteuer wird genäht – Eidel weint. Die Aussteuer wird abgeliefert – Eidel weint. Hochzeitsvorbereitungen werden getroffen – Eidel weint. Am Polterabend wird getanzt, Lieder werden gesungen, sie aber schließt sich in ihr Zimmer ein und vergießt Tränen.

Ich erinnere mich an ihre Hochzeit: Der Musikant Schaika spielte auf der Geige, und der Spaßmacher Boruch stieg auf den Tisch, legte die Hände auf den Bauch, senkte den Kopf und sang nach einer schönen, schwermütigen Melodie:

Bräutchen, meines, deine Tränen
Lasse fließen,
Bitt're Zähren sollst, mein Herzchen,
Du vergießen!
Daß stets Gott, der Allerbarmer,
Deiner denke!
Friede, Liebe, Glück und Eintracht
Er euch schenke!
Nicht von Eisen sind wir Menschen,
Staub sind alle,
Und das Leben, ach, ist bitter
Wie die Galle!
Gott kann Paradies und Hölle
Euch bereiten;
Wähle, du mein Herzensbräutchen,
Drum beizeiten:
usw. usw.

Die Frauen, verwandte und fremde, flochten der Braut unterdessen das Haar zu langen Zöpfen und weinten dabei.

Eidel selbst fiel dreimal in Ohnmacht.

Dieses weinerliche Wesen behielt sie auch nach der Hochzeit.

Ihr Mann, Scholem Seidel, ist dagegen ein lustiger Mensch, der gern scherzt und spielt und uns mit besonderer Vorliebe Nasenstüber versetzt. Aus letzterem Grund können wir ihn nicht gut leiden und besuchen ihn selten. Aber man vergißt alles, auch Nasenstüber, wenn es um Chanukkageld geht, noch dazu vom eigenen Schwager! »Das ist schlau von euch, daß ihr gekommen seid! Ich habe das Chanukkageschenk für euch schon vorbereitet!« So begrüßt uns Scholem Seidel. Er nimmt seinen Geldbeutel aus der Tasche und zählt jedem von uns ein paar neue, glänzende silberne Münzen vor. Wir nehmen sie und bekommen Nasenstüber. Ich zuerst einen aufs Ohr, und mein Bruder auf die Nase, dann ich auf die Nase und mein Bruder aufs Ohr. »Hör doch auf, die Kinder zu quälen!« sagt Eidel mit Tränen in den Augen. Sie ruft uns zur Seite und gibt uns Süßigkeiten und noch einmal Chanukkageld.

»Komm, Mottl, jetzt wollen wir zählen, wieviel Geld wir haben! Zuerst zähle ich meins, dann zählst du deins.«

Ich zähle also: »Ein Rubel, drei Zwanzigkopekenstücke, vier Fünfkopekenstücke und fünf Kupfermünzen – wieviel macht das zusammen? Nun, einen Rubel, drei Zwanzigkopekenstücke, vier Fünfer und fünf Kupfermünzen.«

Mein Bruder Mottl kann nicht warten, bis ich fertig bin, und nimmt seine Kapitalien vor. Er zählt die Münzen aus einer Hand in die andere:

»Ein halber Rubel und ein Zwanziger und noch ein Zwanziger sind zwei Zwanziger und noch ein Zwanziger sind drei Zwanziger und zwei Sechser macht drei Zwanziger und drei Fünfer, und ein Zehner und noch ein Zehner, das macht zwei Zwanziger und drei Sechser, das heißt, drei Sechser und zwei Zehner. Was sagte ich? Ich muß noch einmal von vorn anfangen.«

Wir zählen und zählen und kommen zu keinem Ergebnis. Besondere Schwierigkeiten machen die Kupfermünzen des Onkel Moische-Aron. Wir versuchen, dieses Geld bei der Mutter einzutauschen, dann beim Vater, bei unserer Köchin Breine – keiner will es nehmen.

»Was sind das für Münzen? Wer hat euch dieses Geld gegeben?«

Wir schämen uns, es zu sagen und schweigen.

»Weißt du«, sagt mein Bruder Mottl zu mir, »laß uns die Münzen in den Ofen werfen oder im Schnee vergraben!«

»Wie schlau du bist!« erwidere ich, »wir wollen sie lieber den Armen geben!«

Aber wie zum Trotz sind gerade jetzt keine Bettler zu sehen!

DOWID PINSKI

Bergab

Früher hatte Schimen keine rote Nase gehabt. Auch seine Augen waren noch nicht von roten Lidern umsäumt, und sie tränten auch nicht immerfort. Im Gegenteil. Einst leuchtete sein Auge rein und klar, als täte der blaue Himmel sich darin spiegeln. Und seine feingeformte Nase war zart, wie das ganze Gesicht des lieblich brünetten Mannes. Deswegen hatte ihn auch die schöne Gitel so liebgewonnen und ihm Herz und Hand geschenkt – und hundertfünfzig Rubel Mitgift.

Nicht allein seiner Schönheit wegen, Schimen war überhaupt ein prächtiger Mensch. Er war ein tüchtiger Schneider, um den die Leute sich rissen und dem sie die höchsten Löhne zahlten. Doch weil er ein zu guter Mensch war, hatte er es nie zu Geld gebracht. Für sich hatte er nie etwas ausgegeben. Er war überhaupt kein gewöhnlicher Mensch. In seinen Mußestunden las er gern in weisen Büchern und lauschte den Worten gelehrter Männer. Unter den Arbeitern war er fast ein Aristokrat.

Seine Mutter – stolz auf ihren Familienadel – hatte einst geweint, als ihr Liebling Handwerker werden mußte. Aber etwas mußte er doch schließlich werden. Schimen freilich hatte sich aus diesem Familienstolz nichts gemacht. Er wurde ein schlichter und fleißiger Arbeiter.

Darum liebte ihn die schöne Gitel. Darum sagten die Leute, als Gitel und Schimen heirateten, ein so prächtiges Paar habe Gott noch nie zusammengeführt. Denn Gitel war nicht nur schön, sie hatte auch einen einträglichen Beruf. Sie war Perückenmacherin. Und was sie sonst noch alles verstand: nähen, stricken, waschen, kochen, backen. Und da sie sogar lesen und schreiben konnte, galt sie als außergewöhnlich klug. Vor allem aber war sie ein liebes und stilles Geschöpf. Es gab eine lustige Hochzeit bei Schimen und Gitel, und beide waren dessen sicher, daß ein glückliches und freudenreiches Leben ihrer harre. »Wird das ein Leben werden!« hatte Schimen jubelnd ausgerufen, als sie am ersten Morgen nach der Brautnacht die Augen öffneten und die Sonne ihnen so golden entgegenschien. »Mein Lieb!« hatte sie ihm geantwortet und ihn glückselig geküßt und umschlungen. »Wir werden glücklich sein!« – »Schimen!« – »Wir werden schon weiterkommen!« – »Geb's Gott,

mein Liebes!« Und sie preßte ihn stürmisch an sich. »Ob wir nun weiterkommen oder nicht, wenn wir nur haben, was wir brauchen, und wenn wir nur in Liebe beieinander bleiben.«

Sie hatten sich eine kleine Wohnung genommen, zwei Stuben und eine Küche zum Hof. In einem abgelegenen Hause. Dann kauften sie sich schlichte Möbel und eine Nähmaschine, und Schimen arbeitete nun für sich. Gitel gab ihre Arbeit auf und waltete nun als tüchtige Hausfrau, daß es eine Pracht war. Ihr Heim war wie ein Schmuckkästchen. Alles blinkte und blitzte. Und Friede, Freude und Glück weilten bei ihnen.

»Wir wachsen«, pflegte Schimen ihr lächelnd ins Ohr zu flüstern. Das hatte ein doppelte Bedeutung. Erstens konnte er jede Woche zur Mitgift noch ein paar Kopeken dazulegen von seinem Arbeitserlös und zweitens ... Gitel war guter Hoffnung.

»Unsere Kinder sollen keine Schneider werden«, pflegte er zu sagen und blickte sein Weib liebevoll an.

»Ach, was sie werden, das ist gleich; wenn sie nur etwas Tüchtiges werden!« erwiderte sie, und ihre Augen leuchteten voll Hoffnung.

»Alle werden sie studieren, sie müssen alle auf die hohe Schule gehen«, sagte er, und voll Glück und Freude pochten ihre Herzen.

Eines Tages kam nun in unser Städtchen ein Schneider, der bisher in Warschau gearbeitet hatte. Und kaum war ein Monat vergangen, da lief alles im Städtchen zu ihm, und die übrigen Schneider blieben fast ganz ohne Arbeit. Auch Schimen. Bald mußte er nun auch seine kleinen Ersparnisse angreifen, die mehr und mehr zusammenschmolzen, bis nichts mehr übrigblieb. Und seine Familie wurde größer. Nach dem Erstgeborenen kam eine Zweitgeborene und dann ein Drittgeborener, dann ein Viertgeborener und so weiter – die alte Geschichte.

Und Schimen bekam eine rote Nase und triefende Augen, Gitel wurde alt und welk – auch eine alte Geschichte.

Die Sache kam so. Schimen hatte einen schweren Winter. Er, Gitel und die Kinder waren leidend und kränklich. Und die Zeiten wurden so schlecht, daß selbst der Warschauer Schneider zu fluchen begann. Moskauer Kaufleute waren in die Stadt gekommen und verkauften in einem großen Laden fertige Kleider. Auch auf Abzahlung. Und das lockte die Leute gar sehr in den schlechten Zeiten. Es gab immer weniger Arbeit, bis schließlich selbst die besten Handwerker zu Arbeitern der Moskauer Firma wurden. Schimen hatte schon seine Maschine verkauft und arbeitete nun auch in ihrer Werkstatt. Der Verdienst war klein, die Bedürfnisse der Familie wurden größer und dringlicher, so daß er immer mehr und mehr in Schulden geriet. Der Fleischer, die Krämerin, der Bäcker, alle drängten ihn unaufhörlich. Was sollte er tun? Fast sein ganzes Hab und Gut war schon ins Leihhaus gewandert, und nun stand das Pessachfest vor der Tür. Er ging mit schweren Sinnen und Sorgen umher. Was sollte werden? Da flog ihm ein Gedanke durchs Hirn. Zuvor kommt Purim! – Man konnte als Purimspieler …

Seine Kollegen hatten ihn auf den Gedanken gebracht. In der Werkstatt wurde viel über die schwere Zeit gesprochen und geklagt. Bei so kleinem Verdienst, sagten sie, weiß man nicht, womit man die Feiertage bestreiten soll. »Vielleicht wird Purim uns etwas bringen«, rief Jechiel der Lange, »vor Jahren blieb mir ein Fünfrubelstück dabei übrig.«

»Na, na!« brummte Schimen, ohne von der Arbeit aufzublicken.

»Wirklich«, rief Jechiel, »einen Fünfer hab ich eingenommen, als Leiser, Jankele und ich als Purimspieler gingen. Das glaubt Ihr nicht? Bei Awrohom Boruch Kaplan haben wir allein drei Rubel bekommen. Warum sollte ich die Unwahrheit sagen?« Jechiel konnte sich gar nicht beruhigen, er redete in einem fort, denn er glaubte zu sehen, daß Schimen ungläubig mit der Achsel zuckte.

Aber Schimen war nicht ungläubig, er hörte überhaupt nicht zu. Seine Gedanken waren woanders. Er sann und grübelte, wie er den Fleischer, den Bäcker, die Krämerin bezahlen könnte, und dann, er konnte nicht mit dem Ärmel fertig werden, an dem er jetzt arbeitete. Ihm war es schwer ums Herz.

»Hoffentlich wird dieses Purimfest nicht schlechter werden als das im Vorjahre«, fuhr Jechiel fort, »man muß nur tüchtige Mitspieler haben. Mit Jankele und Leiser ist nichts anzufangen. Leiser als Mordechai war zum Davonlaufen, und Jankele war so betrunken, daß man ihn tatsächlich forttragen mußte. Nur gut, daß er den Ahasveros spielte, Ahasveros darf ja betrunken sein. Alles rief: ›Jankele spielt seine Rolle ausgezeichnet.‹ Es war zum Lachen.«

»Und Kaplan gab dir einen Dreirubelschein?« fragte Schimen uninteressiert. »Ich wünschte«, erwiderte Jechiel, »es würde mir in allem so gut gehen, wie ich einen Dreier bekommen habe.« Und als er in Schimens Gesicht noch etwas wie Ungläubigkeit merkte, fügte er hitzig hinzu: »Natürlich hat er mir nicht allein das Geld gegeben, es waren sehr viele Gäste bei ihm. Natürlich

werden zu Purim bei ihm viele Gäste sein! Wir waren bis tief in die Nacht hinein bei ihm. Was hat er mit uns alles angestellt!«

Jechiel redete immer lebhafter auf Schimen ein, der gar nicht mehr wußte, was er gefragt hatte, so sehr war er mit sich selbst beschäftigt und mit dem elend verschnittenen Ärmel.

Als er auf seinem Heimweg am späten Abend beim Bäcker, beim Fleischer und bei der Krämerin vorbeiging, dachte er: »Wie gut täte mir doch so ein Fünfrubelschein!« Da fiel ihm Jechiels Rede wieder ein.

»Ich werde am Ende auch noch ein Purimspieler«, flüsterte er mit verzagtem Lächeln. Aber schon packte ihn der Ekel. Eiskalt lief es ihm den Rücken hinunter, und sein Schädel brannte wie Feuer. Der Gedanke erschreckte ihn. Jechiel – ein Purimspieler. Und Schimen – auch?

Jechiel war sein Lebtag Arbeiter. Ein roher, ungebildeter Kerl. Seine Mutter war eine Dienstmagd. Sein Weib eine Dienstmagd. Sein Vater ein Fuhrmann. Jechiel ein Säufer. Eine Knechtseele ohne Stolz, ohne höheren Drang. Er war der geborene Purimspieler! Aber …! Schimen lief mit hastigen Schritten vorwärts, als wollte er dem tosenden Sturme seiner eigenen Gedanken entfliehen. Und als er daheim war, sang er lustig und tanzte und sprang wie lange nicht mehr. Aber die Gedanken ließen ihn nicht los. Sie rumorten in seinem Schädel. Er schmiedete tausend Pläne, seine Not zu besiegen. Aber alle erwiesen sich als unbrauchbar! Nur einer …! Er hopste wie ein Wilder mit seinen Kindern durchs Zimmer, daß Gitel ihn verwundert anschaute. Ach Gott, dachte er, wer wird dich schon erkennen im Purim-Mummenschanz? Und du kannst ja mit deinen Kindern gehn. Das erfährt dann keiner! Kinder? Er blieb wie erstarrt stehen. Das Herz krampfte sich ihm zusammen. Auch die Kinder, meine Kinder … sollen Purimspieler werden? Ein Schluchzen preßte ihm die Seele ab. Er zog Herschele an sich, drückte ihn an seine Brust und streichelte ihm mit eisiger Hand das Haar. Und wie sein vertränter Blick auf Leibke, seinen Erstgeborenen, fiel, da packte Schimen der wuchtige Schmerz der vergangenen Träume. Es ist doch alles verloren, alles. So wie so! Aus ihnen wird nichts werden! Nichts Höheres. Und verlegen schaute er sich um, ob Gitel ihm nicht gar die schwarzen Gedanken von der Stirn abläse … Und wenn?! Sein Entschluß stand fest, er mußte als Purimspieler zu den reichen Leuten gehen.

Gitel saß in sich gekehrt und besserte altes Linnen aus. Schimen setzte sich zu ihr und streichelte ihr Wange und Haar. »Was sollen wir anfangen? Die

Krämerin drängt. Und Bäcker und Fleischer lassen einen nicht mehr leben.« Und mit gekünsteltem Lachen fügte er hinzu: »Man muß eben als Purimspieler gehen!« – Er guckte sie scharf von der Seite an, wie sein Vorschlag wirke.

Sie seufzte und tat, als ob sie ihn nicht verstanden hätte. »Nicht wahr? Ein feiner Plan!« lachte er und wünschte, sie möchte ihn verstehen, und fürchtete es gleichzeitig.

»Was meinst du?« murmelte sie. Ernster, aber doch noch lächelnd sagte Schimen: »Es ist der einzige Weg.«

Jetzt blickte sie auf, sah ihn mit fragenden Augen an und sagte dann: »Ach, laß das!« – »Was soll ich denn anderes tun?« fragte er, immer noch lächelnd. Denn er fürchtete sich, im Ernste davon zu sprechen.

»Du meinst es ernst?!« preßte sie hervor, und das Herz pochte ihr, als wollte es den Busen sprengen. – »Ganz ernst. Es gibt eben keinen anderen Ausweg!« antwortete er und versuchte das Lächeln aus seiner Miene zu wischen.

Da sprang Gitel entsetzt auf: »Bist du toll?« schrie sie, und dunkle Röte ergoß sich über ihr Gesicht.

Er zuckte mit den Achseln. Die Stirn krampfte sich in tausend Falten und Fältchen: »Mach einen besseren Vorschlag! Es gibt keinen anderen Ausweg mehr.« Doch als sie ihn voller Verzweiflung, bleich und das Auge umflort von Tränen, anstarrte und ihn bat: »Hör doch auf damit«, da sagte er liebkosend: »Ich hab das alles nur ... scherzhaft gemeint.«

Doch sie fühlte, er hatte nicht gescherzt.

»Du Närrin«, sagte er weich, »was weinst du, wozu die Aufregung, selbst wenn ich als Purimspieler gegangen wäre, wer hätte das erfahren? Ich rede ja nur so. Denk mal, ich könnte Herschele und Leibke die Rollen des Haman und Mordechai beibringen (er hatte das Gefühl, als stieße ihm jemand einen Dolch in die Brust). Ich würde mit ihnen zu den Reichen gehen. Wer würde uns erkennen?«

»Oh, laß das, bitte!« flehte sie ihn an.

Er wurde still. An diesem Abend wollte er davon nicht mehr reden. Er wußte, was sie antworten würde. Er wußte, daß die Tränen sie ersticken würden, wenn er ernsthaft von den Kindern spräche. Er wußte das alles und schwieg darum. Aber einen andern Ausweg kannte er auch nicht! ...

Und so ging es alle Tage. Die Krämerin drängte. Der Bäcker wurde ungeduldiger. Der Fleischer fluchte. Da hämmerte es in Gitels Kopf: Wenn sie nun wirklich als Purimspieler gingen?! Sie könnte sie doch so verkleiden, daß niemand sie erkennt. – Mein Gott, man muß sich vor sich selber schämen! – Ach, es ist ja alles aus! Bitter so und bitter so! Die Maschine war verkauft. Die Betten hatte der Trödler. Die Wände standen kahl und leer. Der Vorschuß war auch schon verbraucht! Und die Krämerin ... Sie klagte ihm die Not. Es war zum Davonlaufen! – Schimen nutzte die Stunde: Er rief seine Jungen Herschele und Leibke herbei mit fröhlichem Lachen auf den Lippen und mit Wehmut im Herzen.

»Kommt her! Ich will euch etwas beibringen. Ihr sollt Schauspieler werden. Du, Leibke, wirst Haman sein und Herschele der brave Jude Mordechai.«

Gitel sah das Spiel mit an. Ihr Kopf war auf die Brust gesunken, und brennende Tränen rollten ihr die Wangen hinab. Aber Schimen wurde immer krampfhafter lustig und witzelte und scherzte. Und er tröstete sich mit dem Gedanken, daß man auch als Purimspieler besser sein kann als andere. Ein bitterer Trost. Leibke lernte seine Rolle unter Zwang. Er wußte, warum er sie lernte. Herschele dagegen war voller Lust bei der Sache. Das ganze Fasten Ester schrie und sang und hüpfte er seine Rolle. Und Gitel drehte weinend und jammernd drei schnurrige Bärte zusammen.

Hat je ein Weib so viel geweint wie Gitel damals, in der Nacht zu Purim? Schimen, der mit Witzeln sich seine Ruhe vortäuschte, fiel aus der Rolle. Tränen standen ihm in den Augen. Er erschrak und wischte sie hastig weg und witzelte weiter. Leibke saß in der Ofenecke und schluchzte in sich hinein. Herschele verstand nichts von alledem. Er spielte mit dem Barte und lachte. Er übte seine Mordechai-Reden. Aber da sein Blick all die traurigen Mienen sah, setzte er sich still zu Leibke und fing auch an zu weinen. Er wußte nicht warum. Er fühlte aber, daß etwas Böses vorging. Selbst die kleinen Mädchen, die sich an den lustigen Bärten freuten und in die Händchen patschten, wurden plötzlich verlegen und stumm, als sie die Mutter weinen sahen. Nun weinten sie auch.

Die Bärte! Gitel wollte sie zerfetzen. Allein Schimen ließ es nicht zu. Tat er recht? Warum sollte sie die Bärte nicht zerreißen! Er selbst hätte es nicht mehr gekonnt. Er hatte kein Herz mehr dazu. Zu nichts. Auch nicht zum Reden. Da sah er die Schnapsflasche, die er zu Purim gekauft hatte. »Wir wollen mal kosten.« Und er stürzte ein volles Glas hinunter. »Willst du auch was haben?« fragte er und stellte ihr das Glas hin. Sie wehrte ab: »Es ist so schon

AK 78

bitter genug ...« Schimen aber rief: »Haman und Mordechai! Seid lustig; kommt her und trinkt! Hört doch endlich auf zu weinen.« Aber die Kinder rührten sich nicht vom Fleck. »Trinkt ihr nicht, dann trinke ich«, er war zufrieden, daß er einen Grund hatte, noch ein Gläschen zu nehmen. »Ahasveros darf betrunken sein«, sagte er lächelnd. Er hätte so gern noch mehr getrunken. Doch Gitel nahm ihm die Flasche fort und sagte verzweifelt: »Du bist wirklich schon ein richtiger Purimspieler!« Schimen suchte sie zu beruhigen. Er legte seinen Arm um sie und sagte lachend: »Verstehst du denn nicht? Ahasveros muß doch betrunken sein. – Awrohom Boruch Kaplan wird uns drei Rubel schenken.« Und nun sprang er mit lautem Juhu in die Höhe, ausgelassen und trotzig. Sie hätte ihm am liebsten den falschen Bart herunterreißen mögen, da sie ihn so tanzen sah. Er aber stieß sie zurück. »Ich, Ahasveros, König von Haudu bis Kusch«, sang er in der üblichen Melodie. »Nun vorwärts, kleine Bande!« Er nahm seinen Rock, und fort ging's mit den Kindern.

Eine wilde Verzweiflung warf Gitel aufs Bett. Sie raufte sich das Haar wie eine Rasende und schrie. Schimen hörte das laute Klagen noch. Sein Herz drohte ihm zu zerspringen. Schon wollte er umkehren. Aber er ging weiter. Die Kinder hinterdrein. Leibke seufzte. Herschele guckte ihn scheu von der Seite an.

Es war eine kalte Märznacht. Tausend glitzernde Sterne funkelten in die Gäßchen hinab. Aus den Häusern klangen laute, fröhliche Gesänge – die rechte Purimfreude. Auf der Straße waren nur wenige Menschen zu sehen, ein paar verkleidete Purimspieler, ein paar geschäftige Almosenschinder.

Der eisige Wind, der Schimen um den glühenden Schädel blies, brachte ihn zur Besinnung. Er wurde wieder traurig. Ein dumpfer Schmerz bohrte sich in ihn hinein, und Tränen quollen ihm aus den Augen. Sollte er umkehren? Er stürmte vorwärts. Nur recht schnell aus dem Gäßchen heraus! Daß man ihn nicht erkenne – trotz seines falschen Bartes. Als er den Synagogendiener sah, erstarrte er vor Schreck. Doch der Diener ging vorüber, sah ihn an, aber erkannte ihn nicht. Das machte Schimen sicherer. Aber er beschloß dennoch, nur in fremde Häuser zu gehen, wo man ihn nicht kannte.

Wie er die erste Tür öffnete, pochte ihm das Herz wie einem Diebe. Er zwang sich hinein! Leibke-Haman fing gleich an, seine Rolle herzusagen. Man ließ ihn nicht zu Ende reden. Schimen bekam 15 Kopeken – aber er sollte gehen. Wie ihm das erste Bettelgeld in der Hand brannte! 15 Kopeken!

Schon weniger ... Die Krämerin bekommt also nur noch drei Rubel und 65 Kopeken. Was wird mit dem Bäcker und dem Fleischer und dem herannahenden Pessachfest ... und mit den versetzten Sachen?

Im zweiten Haus war es wieder so. Hier bekam er 25 Kopeken und Herschele noch ein Stück Torte. (Leibke wollte nichts annehmen.) Schimen dachte: Noch weniger! Die Krämerin bekommt nur noch ..., da fiel sein Blick auf die Torte in Herscheles Hand. Er riß sie ihm fort und warf sie auf die Erde. Kuchen brauchte er nicht. Und Leibke gab seinem Bruder einen Puff: »Du sollst nichts nehmen, wenn man dir was schenkt.« Schimen hörte diese leisen Worte. Er freute sich des Kindes. Es war doch sein Blut. Ihm wurde so warm ums Herz, daß er ihn hätte an sich ziehen und küssen mögen. Aber er stürmte vorwärts und fragte sich quälend: Er ... durfte er denn nehmen, wenn man ihm was schenkte?

Schande, Verzweiflung und Furcht drohten seine Brust zu zersprengen, doch er raste weiter. Er wollte über etwas nachdenken, aber er hatte schon vergessen, worüber. Seine ganze Rechnerei, wie er das erbettelte Geld verwenden würde, hatte er vergessen. Eine innere Gewalt hetzte ihn von Stube zu Stube, von Haus zu Haus. Nur wenn er aus den Höfen trat, fühlte er dunkel: Wieder weniger! Aber er wußte nicht mehr, was denn weniger wurde.

In einigen Häusern mußte er vorspielen, singen, tanzen, die Glieder verrenken. Mit eiserner Kraft mußte er sich zwingen, bei der Sache zu bleiben. Er mußte doch Mordechai und Haman antworten. Aber er wurde immer zerstreuter und redete alles durcheinander.

»Ich kann nicht mehr laufen«, weinte Herschele und hielt den Vater am Rockzipfel. Schimen blieb stehen und blickte mit wirren, müden Augen sein Kind an. Da kam er zu sich. Er spürte, wie zerschlagen er war. Wenn sie jetzt doch schlafen gehen könnten! Er zog den Hut vom Kopf. Der Schweiß rann ihm in dicken Tropfen über das Gesicht. Sollte er heimgehen? Da griff er in seine Tasche, um seine Beute zu zählen. Doch er schämte sich vor den Kindern. »Nach Hause gehen?« Er dachte nach: Ich wollte doch noch irgendwo hingehen. Ach ja! Awrohom Boruch Kaplan. Der Dreirubelschein ruft und lockt. Nochmals singen, nochmals tanzen und springen und die Glieder verrenken – und ich kann mich kaum noch auf den Beinen halten. Aber die drei Rubel! – »Kommt, Kinder, wir müssen noch in ein Haus. Dann aber gehen wir wirklich nach Haus!« Und sie gingen zu Awrohom Boruch Kaplan.

Bei Kaplans ging es lustig her. Die ganze Straße hallte wider von Schreien und Singen und Springen. Es waren sehr viele Gäste da; und Purimspieler kamen und gingen. In der Mitte des Zimmers johlte und hopste eine tolle Schar um einen Spieler herum, der die wildesten Kunststücke unter trunkenem Singsang aufführte.

Kaplan, ein wohlgenährter Herr, saß oben an einer reichbesetzten Tafel und rief in die Gesellschaft: »Fröhlich und lustig, liebe Leute! Noch toller muß es zugehen. Hoppa, hu, hoppa! Sehr gut, bravo!« Und als der Clown mit seinen Verrenkungen aufhörte, rief ihn Kaplan zu sich heran. »Nimm einen Schluck Branntwein!« Schimen, der eben ins Zimmer trat, erkannte den Tänzer sofort, es war Jechiel der Lange. Am liebsten wäre er entflohen. Aber schon hatte ihn Kaplan bemerkt und rief ihm zu: »Was stehst du denn da an der Tür? Komm nur herein!« Nun wünschten ihm alle im Saale »Gut Purim« und stupsten ihn bis an den Tisch heran. Jechiel schrie: »Du, Ahasveros, du König, du Narr!« Aber Schimen erkannte er nicht, dazu war Jechiel schon zu voll. »Sei still«, schrie ihn Kaplan an, »erst muß er doch was trinken und dann ... nun gießt ihm schon ein!« Jechiel goß ihm ein großes Glas voll. Was sollte Schimen da tun? Ablehnen, weil er nicht trinke? Ein Purimspieler, der nicht trinkt! Und dann, Jechiel könnte ihn an der Stimme erkennen. So sagte er tonlos: »Aufs Wohlsein!« und nippte ein wenig am Glase. »Was ist das?« fragte Kaplan entrüstet, »bei mir wird nicht genippt. Bei mir wird alles ausgetrunken. Alles. Sonst wird's mit Gewalt in Hals und Nacken gegossen.« Schimen lächelte bloß. Ihm war schlimm zumut. Der Hals brannte ihm, und die Augen taten ihm weh. Er wollte so gerne witzeln und sagen:

Heut ist Purim. Morgen ist's aus.
Gebt mir ein' Dreier und werft mich hinaus.

Aber er bekam keinen Ton über die Lippen. Verlegen langte er nach dem Glase, leerte es mit einem Zuge und fing erbärmlich zu weinen an.

So weint allein das Unglück.

Alle erschraken im Zimmer. Und da nun auch die Kinder zu jammern begannen, sprang Awrohom Boruch Kaplan zornig auf: »Nette Purimspieler. Was soll das heißen? Bei mir weinen? Werft sie hinaus!« Und einer von den Gästen gab Schimen einen Fußtritt. Ein anderer puffte ihm in die Seiten. Aber Jechiel packte ihn am falschen Barte. Er blieb in seiner Hand.

»Schimen, Schimen«, schrien jetzt die, die ihn gestoßen hatten, und schreckten erstaunt zurück. Ihm war, als ob ihm spitze Nadeln ins Ohr sausten, wie er seinen Namen hörte. Die Knie bebten. Aber er raffte sich mit letzter Kraft auf und lief hinaus. Der ihm am nächsten stand, bekam von ihm noch einen Stoß. Und die Kinder liefen hinter ihm drein.

Schimen stürmte nach Haus. Wenn es nur noch recht weit wäre. Es schwirrte ihm der Schädel.

Bergab! ... Morgen schon werden ihm die Kinder auf der Gasse nachrufen: »Seht da den Purimspieler!« Er glaubte, schon jetzt verhöhnt zu werden. Vor Scham wagte er es nicht, die Augen zu öffnen. Und Gitel?! – Sie durfte nichts erfahren. Wenigstens heute nicht. »Kinder! daß ihr mir daheim nichts erzählt! Hört ihr, was ich euch sage? Hört auf zu weinen!« Dann wischte er ihnen mit seinem Taschentuch die verträнten Gesichtchen ab. Aber die Kinder schluchzten weiter. Wütend schrie er sie an. Da hielten sie krampfhaft den Atem an. Doch bald zwang es sie, wieder zu schluchzen, zu weinen. Schimen sah, daß er im bösen nichts würde ausrichten können. So fing er denn zu witzeln an: »Ei, der hat einen guten Stoß bekommen. Der sucht jetzt gewiß seine Knochen zusammen. Nun, Haman, was weinst du? Übers Jahr werden wir's besser machen.« Übers Jahr? – Ein Schauder kroch ihm durch alle Glieder. Übers Jahr wieder Purimspieler? Leibke sagte trocken: »Ich werde nicht mehr mitgehen.« Das machte Schimen wieder fröhlicher, Kinder sind ja Propheten. »Übers Jahr werden wir glückliche Menschen sein«, und freudig faßte er die beiden an und schlitterte mit ihnen über die glatte Gasse, damit sie frohgemut und munter würden. »Übers Jahr, da sitzen wir ruhig und lustig um den eigenen Tisch herum«, meinte Leibke sicher. »Und süße Speisen werden wir haben, und alles Gute in Fülle«, unterbrach ihn Schimen, angesteckt von Leibkes Zukunftshoffnung. »Aber jetzt seid gut. Weint nicht und klagt nicht! Und erzählt nichts der Mutter.« Er riß ihnen die falschen Bärte ab, zerfetzte sie; und nun traten sie in ihr Stübchen ein.

Daheim im Stübchen war es licht und hell. Eine feierliche Stimmung ruhte über dem stillen Heim. Gitel und das älteste Mädchen hatten ihre Sabbatkleider angezogen und warteten auf Schimen.

Als der Vater vorhin fortgegangen war, da hatte Gitel sich verzweifelt aufs Bett geworfen, geschrien und sich das Haar gerauft. Allmählich war sie ruhiger geworden. Sie überlegte, was wohl wäre, wenn jetzt jemand käme und allerlei verwunderte Fragen an sie stellte. Wäre es nicht besser, wenn sie Licht im Zimmer machte, sich festlich schmückte und sich eine passende Antwort zurechtlegte? Gleichzeitig aber drängte es sie, die Stube finster zu lassen und zu verschließen. Sie stützte ihren Kopf auf die Hände, und finstere Gedanken gingen ihr durch den Sinn. So saß sie eine Zeitlang in sich versunken. Plötzlich aber erhob sie sich und richtete alles festlich her. Aus ihren schönen Augen leuchtete ein seltener Glanz. Sie arbeitete mit Lust. Der Gedanke spornte sie, Schimen nach den schweren Stunden ein liebliches Heim zu schaffen, das ihn trösten und erheben könnte.

»Gut Jontew«, rief sie ihm zu, als er ins Zimmer trat; ihre Stimme zitterte, aber sie bezwang sich und sah ihn nun lauschend an.

Schimen traute seinen Augen nicht. Er hatte geglaubt, daß ihn Finsternis und Trübsal erwarten würden, ein richtiger Tischebow. Und doch bedrückte ihn diese freundliche Helle, denn er ahnte, was in Gitel vorgegangen sein mußte. Sein Ohr fing ihre zitternde Stimme auf. Hätte sie geweint, ihm wäre wohler gewesen. Dann hätte ja auch er sein Herz erleichtern können. Durch Tränen. »Du mein süßes Weib«, sagte er zu ihr mit Liebe. »Was ist denn?« lächelte sie. Aber viel zu reden wagten sie nicht. Sie brachte den Tee und schenkte ein. »Wollen wir trinken, bei uns soll auch Purim sein!« sagte sie fröhlich.

Herschele und das Mädchen ließen ihre Köpfchen auf ihre Arme sinken und schliefen ein. Leibke allein blieb still sitzen und blickte betrübt auf die Eltern.

»Dwosche will mir wieder Arbeit nach Haus geben, ich soll Perücken machen«, sagte Gitel. »Wann war sie denn da?« fragte er ungläubig. »Frumme war hier. Sie sagte, jetzt sei viel zu tun. Siehst du, man braucht sich nicht zu sorgen, nicht zu grämen. Ach, hätte ich das nur früher gewußt, dann brauchtest du heute nicht als Purimspieler zu gehen.« »Ich verstehe dich nicht«, sagte Schimen, »ist denn Purimspielen keine Arbeit? Sieh doch, was ich verdient habe!« Dabei nahm er die Geldstücke aus der Tasche und freute sich, daß sie endlich das Gespräch darauf gebracht hatte. Sie wurde bleich, da sie das Geld sah. Doch sie bezwang sich, damit er ihren Schreck nicht bemerkte. »So viel!« lachte sie, und sie tat so, als ob es ihr nicht die Seele zerrisse, daß er Geschenke annehmen mußte. »Wollen wir doch mal zählen!« Und gezwungen lustig fügte sie hinzu: »Vier Rubel und dreißig Kopeken – eine Schuld weniger!« »Vier Rubel und dreißig Kopeken …« Sie wollte wieder lächeln, aber gewaltsam brach der ganze Schmerz ihrer Seele durch, als sie das Schmachgeld erblickte. Sie begann haltlos zu weinen. Da erzählte er ihr doch noch, um auch sein Herz zu erleichtern, was ihm für ein schlimmes Mißgeschick widerfahren ist.

»Bei Kaplan erkannt, Jechiel war da, Moische Bär, den Bart haben sie mir abgerissen«, stammelte er. Sie weinte so herzzerreißend, daß er am liebsten das Schmachgeld hinausgeworfen hätte.

Am nächsten Tag fürchtete er sich fast, in die Werkstatt zu gehen. Wo sollte er den Mut hernehmen, ein Wort zu reden oder auch nur die Augen aufzuschlagen? Aber schließlich, mehr als lachen konnten sie nicht. Und doch wünschte er, daß die Stunden bis zum Arbeitsbeginn langsamer vergingen. Er stöberte herum, machte sich zu schaffen und ging im Zimmer umher. Gitel fühlte schmerzlich, warum er zögerte. Die Arbeitszeit hatte längst begonnen. Endlich zwang er sich fort. Aber je näher er der Werkstatt kam, desto matter fühlte er sich. Das erste »Guten Morgen« fürchtete er. Er fürchtete Jechiels Reden und den Spott seiner Kollegen. Da fiel ihm ein, wie mutig und stark doch so ein Gläschen Schnaps macht; er hatte es ja ausprobiert. Sollte er sich nicht lieber wieder Mut antrinken? Er erschrak bei diesem Gedanken und ging hastiger zur Werkstatt.

»Guten Morgen, Ahasveros«, riefen ihm die Arbeiter zu. »Nun, hast du was Gutes eingeheimst?« fragte Jechiel, ihn schon duzend. »Geweint hat er. Bei Awrohom Boruch Kaplan hättest du schon was bekommen. Ich habe mehr als einen Rubel rausgetragen. Aber der Narr hat geflennt.« Ein anderer witzelte: »Wahrscheinlich hat er wegen Waschti geweint.«

Schimen schoß das Blut in die Wangen. Er zerbiß sich vor Wut und Scham die Lippen. Grimmig wollte er etwas erwidern, aber es trieb ihm die Tränen in die Augen. »Wer ein Purimspieler werden muß, wird einer«, sagte er. Als ihm aber ein Dritter zurief: »Von dir, Schimen, hätten wir das nicht erwartet. Das ist nicht dein Geschäft.« Da verfärbte sich Schimen. Er hätte die Schere und das Bügeleisen dem Arbeiter an den Kopf werfen mögen. Doch der Meister trat gerade ein. »Du bist gestern als Purimspieler gegangen? Jechiel erzählte so was.« »Er war doch Ahasveros«, spöttelte ein Arbeiter. »Er wollte doch König werden.« »Das paßt zu Jechiel«, meinte der Meister, »nicht zu dir, Schimen.« Da fuhr Jechiel auf: »Warum zu Jechiel? Jechiel ist kein Dieb, kein Spitzbube, kein Vagabund, nur ein armer Mann. Warum geht Jechiel als Purimspieler? Damit er auch Pessach feiern kann.« »Schon gut, du bist ein braver Mensch«, spöttelte der Meister. »Aber warum tust du das, Schimen?« Schimen saß wie auf Nadeln. Ihm tanzte alles vor den Augen. Er antwortete nicht. Er tat, als ob er nichts verstünde. Aber die Arbeiter spöttelten weiter. Noch lange.

Der Meister ließ Schnaps holen, weil doch Schuschan-Purim war. Schimen wollte erst nicht trinken. Er wollte überhaupt mit seinen Kollegen nichts mehr zu tun und zu teilen haben. Als man ihm Schnaps anbot, tat er, als ob er nicht hörte. Doch als das seinen Kollegen eine neue Gelegenheit zum Sticheln gab, dachte er bei sich, ein bißchen Branntwein könnte ihm helfen. So nahm er denn ein Glas und noch ein Glas; noch wußte er, wann er aufhören müßte, um nicht betrunken zu werden. Doch es wurde ihm nur noch schwerer ums Herz, daß er wieder anfing zu weinen. »Sei doch kein Narr«, riefen ihm die anderen zu. »Wie kann man sich so haben? Wir machen doch nur Spaß. Wenn du als Purimspieler gehst, was ist dabei? Andere tun's doch auch.« Er antwortete nicht. Er hatte nur einen Wunsch: weitertrinken. So goß er denn noch ein paar Gläser voll Schnaps in sich hinein. Er hörte auf zu weinen, er war betrunken. Die Augen fielen ihm zu. Wie Klötze sanken ihm die Arme herunter. Die Füße konnten ihn kaum noch tragen. Tausend wirre Gedanken jagten ihm durch den Kopf. Er hätte sich zerreißen mögen, mit dem Kopf gegen die Wand stürmen, schreien, jammern, heulen. Da fiel ihm ein, lieber die Werkstatt zu verlassen. »Laßt ihn nicht fort«, riefen die Arbeiter. Jechiel packte ihn am Arme und suchte ihn zu halten. Er riß sich aber los und ging. Er murmelte vor sich her: »Ich bin ein Verlorener, ich werde für immer ein Verlorener sein. Für immer ein armer Mann und nun auch Purimspieler. Alles vorbei, aus, vorbei! Sterben oder sich betrinken. Was tut ein armer Mann? Sich betrinken. Nun bin ich schon ein Purimspieler. Ich mache mir nichts mehr daraus. Ich lache über alles.« Und wie er so weiterwankte, hörte er hinter sich die Frauen tuscheln: »Schimen ist betrunken.« »Und gestern war er Purimspieler.« »Ja, ja, wozu die Armut führt, aber man soll doch Mensch bleiben, wenn man auch arm ist.«

Er wollte ihnen etwas antworten. Aber er brummte nur vor sich hin. Und er ging direkt nach Hause. Was wird Gitel sagen? Alles eins! Alles egal!«

Wie er nun ins Zimmer wankte, schrie Gitel auf: »O mein Gott!« Er ließ sich schwer aufs Bett nieder und dachte, er müßte sterben. Verzweifelt rang sie ihre Hände, raufte sich ihr Haar. »Schimen, wie konntest du dich so betrinken? Das hat uns noch gefehlt.« Er zog sie wild an sich, faßte ihre beiden Hände. »Ich kann das nicht überleben«, schrie sie und riß sich von ihm los. Er stammelte: »Weine nicht, Gitel, weine nicht, Gitel, es ist so traurig! Ich mußte trinken, ich konnte nicht anders. Alle haben mich verlacht. Wer bin ich? Jechiel ist meinesgleichen. Verstehst du? Gitel, ich habe meine Welt verspielt, alles ist aus, weine nicht, ich werde schon sterben, weine nicht.«

Am nächsten Morgen, da er nüchtern war, fühlte er sich matt und schwach. Er wagte es nicht, Gitel in die Augen zu schauen. Er schämte sich vor den Kindern, die ihn in seiner Trunkenheit gesehen hatten und sich jetzt furchtsam beiseite stahlen. Er fürchtete, daß er wieder an den vergangenen Tag denken könnte. Weiter fehlt mir nichts! dachte er erschrocken. »Gitel« – die Nacht hatte sie um zehn Jahre älter gemacht –, »es war das erste und letzte Mal«, sagte er, »was ist aus mir geworden?« Gitel sah ihn traurig an. Er aber nahm sich vor, seinen alten, guten Namen wiederherzustellen, denn er fühlte, was er verloren hatte.

Als er wieder zur Werkstatt ging, sank all sein Mut. Keinem mochte er ins Gesicht sehen, mit keinem wagte er zu sprechen. Jeder würde ihn verlachen, dachte er. Er ist ein Verworfener. Auf ewig ein Verlorener, ein Verfallener! Und wirklich, die Leute verstanden ihn nicht und fühlten nicht mit ihm.

Den ganzen Tag saß er über seine Arbeit gebeugt. Mit keinem sprach er ein Wort. Mit sich selbst lag er im Kampf. Er wollte sich munter geben, wieder aufleben, aber er wurde immer mutloser. Ich Narr, wütete er gegen sich, bin ich denn so verloren? Was habe ich denn verbrochen? Aber dann schrie es wieder in ihm: Du bist ein Verlorener, ein Verfallener! Sterben, sterben, sich erhängen. Ah! besser ist es, sich gut zu betrinken und sich in den Rinnstein zu werfen.

Da erinnerte er sich, daß zu Hause noch eine Flasche mit Schnaps von Purim stand. Er sah sie deutlich vor sich. Halb voll noch, und sie lockte ihn. Nicht an den Branntwein denken. Er zwang sich, den Gesprächen der Kameraden in der Werkstatt zu lauschen, aber die Flasche ging ihm nicht aus dem Sinn. »Ach«, seufzte er und blickte aus dem Fenster. Er wollte sich auf andere Gedanken bringen. Er sang sich ein Liedchen. Aber die Flasche sah er vor sich.

Am Abend fürchtete er sich fast heimzugehen. Er wagte es nicht, auf den Schrank zu sehen, wo die Flasche stand. Er setzte sich neben Gitel, als könnte sie ihm Schutz bieten. Wie gut wäre es doch, dachte er bei sich, wenn jemand den Schnaps fortgießen würde. Doch Schimen rührte sich nicht vom Flecke. Er schämte sich, Gitel einzugestehen, daß ihn der Schnaps ängstige.

Im Geiste legte er sich ein Gespräch zurecht, das Gitel dazu bringen könnte, den Schnaps auszugießen.

Als nun Gitel in die Küche ging, sprang er schnell an den Schrank, packte die Flasche, öffnete sie, um den Branntwein wegzuschütten, aber eine fremde Macht stieß sie ihm an den Mund.

Als Gitel nach einer Weile wieder hereinkam, saß er mit trunkenen Augen da. »Ach Gitel, schon alles egal«, stammelte er, »verstehst du! Das Herz … das Herz … ich werde verrückt werden, verstehst du!« Tränen strömten ihm über die Wangen: »Das Herz … das Herz.«

Er warf sich aufs Bett, aber da er Gitel und die Kinder weinen hörte, hob er wieder den Kopf hoch und schaute sie an: »Alles egal … alles egal.«

Und Schimen bekam eine rote Nase und triefende Augen. Gitel wurde grau und welk. Eine alte Geschichte …

SALMAN SCHNEUR

Die unsterbliche Orange

Zwei Orangenkisten sind auf dem Wege über das blaue Meer. Die Orangen sind kugelrund, saftig, schwer, mit einer glühend roten Schale – der Farbe südlicher Sonnenaufgänge. Die Orangen in der ersten Kiste rühmen sich: Wir gehen nach Warschau, der alten polnischen Hauptstadt. Oh, was für weiße Zähne werden in uns hineinbeißen, was für feine, aristokratische Zungen werden Genuß von uns haben!

Die Orangen der zweiten Kiste verhalten sich still, schmiegen sich aneinander und schweigen. Sie wissen, daß ihr Bestimmungsort ein kleines Städtchen in Litauen ist, und Gott weiß, in was für armselige Hände sie fallen werden. Ja, auch sie haben die Glut der südlichen Sonne, den kühlen Tau der Nächte, die Wohlgerüche blühender Orangenhaine durstig in sich aufgenommen. Braune, flinke Hände junger Mädchen schnitten sie von den Bäumen und warfen sie in Bambuskörbe. Hat sich das alles gelohnt?

Aber wir werden sehen, wer es besser getroffen hat, die Orangen, die nach Warschau kamen, oder die Orangen, die in Schklow anlangten – einem entlegenen Städtchen in Litauen. Und wir werden eine Lehre daraus ziehen.

Der erste Posten Orangen kam in Warschau an, und der Obsthändler ordnete sie zu mehreren Pyramiden. Da leuchteten sie wie Feuerkugeln aus dem Schaufenster heraus. Aber das dauerte nicht lange. Sie wurden am selben Tage verkauft. Die lärmende, durstige Straße hatte sie bald verschluckt. Ermüdete Menschen steckten sie in ihre Taschen, rissen ihre saftige, goldene Schale mit unsauberen Fingern ab und warfen sie auf das schmutzige Pflaster. Beim Gehen schlangen sie die Orangen herunter, ohne den Segensspruch zu sagen. Der erfrischende Saft bespritzte staubige Bärte, verschmierte Röcke. Der Platz im Laden ist bald von anderen Früchten und sogar von Gemüse eingenommen. Kein Gefühl für Geburt und Abstammung! Nur kleine Stücke ihrer schönen Schale liegen noch auf der Straße herum, gleich den kalten Strahlen einer fernen, glühenden Sonne. Aber keiner hat verstanden, daß dies Grüße waren von fernen, sonnigen Ländern, von ewig blauem Himmel. Man hat sie zertreten, Pferde stampften über sie hinweg, und der Straßenfeger kam mit seinem Besen und fegte sie unbarmherzig auf den Kehrichthaufen.

AK78

Die zweite Orangenkiste kam einige Tage später in Schklow an. Sie wurde in engen Waggons befördert, auf jüdischen Karren durchgerüttelt, bis sie die Ehre hatte, in ihrer neuen Umgebung ausgestellt zu werden. Die Frau des Gewürzkrämers in Schklow rief zu ihrem Manne hinüber:

»Komm her, mein tüchtiger Mann, öffne die Orangenkiste, man braucht die Früchte als Purimgeschenke!«

Eli, der Gewürzkrämer, verstand sich, ungeachtet des Spottes seiner Frau, gut auf das Warenauspacken. Er arbeitete an der Orangenkiste zwei Stunden; gelassen und vorsichtig hob er den Deckel mit dem Stemmeisen hoch, arbeitete wie ein Goldschmied an einem kostbaren Schmuckkasten. Seine Frau stand dabei und gab ihm Ratschläge. Schließlich war die Kiste geöffnet, und aus den blauen Seidenpapierhüllen glühten die Bäckchen der Orangen, und ein starker festlicher Duft verbreitete sich.

Nach kurzer Zeit waren die Orangen im kleinen Schaufenster des Ladens ausgelegt und guckten hinaus auf den schmutzigen Markt, den grauen, niedrigen Himmel, auf die kleinen Schneehaufen in den Rinnsteinen, auf die in Pelz gehüllten weißrussischen Bauern in ihren gelbgefleckten Schaffelljacken. Alles um sie herum war so sonderbar, nördlich, frostig, halb verfallen. Und die Orangen mit ihrem festlichen Duft und ihrer hellen Farbe sind so reich und fremd und neu in einer solchen ungewohnten, armen Umgebung wie ein Königsgewand in einer Bettlerschenke.

Mutter Feige kommt mit ihrem wollenen Tuch um den Kopf und einem Korb am Arm. Sie sieht die frisch ausgepackte Ware und geht hinein, um Purimgeschenke zu kaufen. Und hier beginnt das unvergängliche Dasein der Orangen.

Arm und grau ist das litauische Leben, und der geringe natürliche Reichtum, der manchmal an diesen Ort gelangt, wird sparsam, vernünftig und mit allen fünf Sinnen genossen. Nicht ein Tropfen wird vergeudet von der schönen Frucht, die sich hierher verirrt hat. Nein, wenn die Orange der irrende Geist irgendeiner sündigen Seele gewesen wäre, würde er Erlösung im Hause von Mutter Feige gefunden haben.

»Ihr wollt also mehr als acht Kopeken haben? Guten Tag!« Die Gewürzkrämerin weiß ganz genau, daß Mutter Feige nirgendwo anders Orangen kaufen kann, sie hält sie aber am Tuch zurück. »Möchten alle Juden ein frohes

Purim haben, so sicher, wie ich Euch goldene Ware verkaufe! Ich will nur endlich einen Anfang machen.«

»Wir wollen nur endlich einen Anfang machen«, wiederholt Eli, der Gewürzkrämer, der erfahrene Öffner von Orangenkisten. Ein Rubel mehr oder ein Rubel weniger. Mutter Feige sucht die beste, die schwerste Orange aus, wickelt sie ein und legt sie vorsichtig in den Korb zwischen Eier, Zwiebeln und allerhand gute Sachen für Purim.

Mutter Feige kommt nach Hause, und die Kleinen lärmen um sie herum, angefangen von dem elf Jahre alten Gemaraschüler bis zu dem Kleinsten, der gerade das Alphabet lernt, und die alle vom Cheder befreit sind für den Purimvorabend. Sie machen sich sofort daran, den Korb ihrer Mutter zu leeren. »Mama, was hast du mitgebracht? Was hast du mitgebracht?«

Die Mutter gebietet Ruhe. Der eine bekommt einen Backenstreich, weil Feiertag ist, der andere einen Puff, und der dritte wird ins Ohr gezwickt.

»Was ist denn hier los, ihr fallt ja über mich her wie die Heuschrecken!«

Aber sie zeigt ihnen, was sie mitgebracht hat.

»Hier! Seht, ihr Teufel, ihr Taugenichtse!«

Zwischen den litauisch kleinstädtischen Näschereien glüht die Orange wie ein Bote von Reichtum und Glück. Die Kinder sind erstaunt. Sie erinnern sich noch schwach vom vergangenen Purimfest her an die Spur des Duftes solch einer Frucht. Nun ist sie wieder aufgelebt, dieselbe Form und derselbe Duft. Bis übers Jahr werden sie das nicht wieder zu sehen bekommen. Sie langen nach ihr mit mageren, kleinen Händen; sie riechen an ihr, sie bewundern sie.

»Oi, wie sie schmeckt!« ruft das jüngste Kind. »Oi, wie sie riecht!«

»Sie wächst in Palästina«, wirft der Gemaraschüler ein und fühlt sich stolz und wichtig.

Die Mutter verschließt sie in der Kommode. Aber die runde, duftende, flammende Frucht lebt in der Vorstellung der Kinder wie ein süßer Traum, sie glänzt reich und neu zwischen den harten, grünen Äpfeln und den eingelegten Gurken, die die Kinder den ganzen Winter gesehen haben.

Als die Purimmahlzeit beginnt, thront die Orange zwischen einem ganzen Haufen kleiner Kuchen und eingemachter Früchte und Feigen und Zuckerzeug und leuchtet heraus wie eine große, rote Koralle aus einem vielfarbigen Mosaik.

Die Mutter bedeckt sie mit einem Tuch und gibt sie dem Purimgabenträger, damit er sie austrage. Die Orange lugt ein wenig unter dem Tuch hervor, als ob sie sagen wollte: »Ich bin da. Ich bin unversehrt. Vergnügtes Fest, Kinder!« Die Kinder folgen ihr auf ihrer Wanderung mit verlangenden Blicken. Sie wissen, daß sie viele Wege wird gehen müssen, bevor sie hoffentlich vom Tempeldiener zurückgebracht wird.

Und so war es. Eine Tante tauscht die Apfelsine gegen eine Zitrone ein, schickt sie aber gleich weiter an ihre Schwiegertochter. Die schickt nun die Zitrone einer andern Verwandten, und sie trifft zusammen mit der Orange, und sie tauschen ihre Plätze. Und die Mutter bekommt ihren Augapfel, die Apfelsine, wieder zurück. Schlägt man das Tuch zurück, sitzt sie an ihrem alten Platz wie eine Königin von Saba und herrscht über Leckereien, Kuchen und Rosinen. Die Kälte der Purimnacht liegt auf ihr wie Tau. Sie sieht aus, als ob sie müde wäre. Sie lächelt und ist ein bißchen erfroren von ihrer langen Wanderung durch die fremde, verschneite, unbekannte Nacht. »Nun, Kinder, da bin ich wieder zurück! Wozu habt ihr euch geängstigt?«

Als Purim vorüber ist, liegt die Orange in der Kommode unversehrt, und ihr ist wohl. Wenn Verwandte vorsprechen und Sabbatleckereien aufgetragen werden, nimmt die Orange den ersten Platz am Tisch ein, eine Königin zwischen plebejischen Äpfeln und Walnüssen. Man betrachtet sie, man fragt, wie teuer sie war, man äußert seine Ansicht über sie gleich wohlhabenden Leuten, die an solche Früchte gewöhnt sind, und man legt sie an ihren Platz zurück. Die Äpfel und Nüsse verschwinden nacheinander, und die Orange entgeht immer den Händen der Verwandten und bleibt ganz. Verwandte in Schklow sind keine Vielfraße – Gott behüte –, sie wissen, was sich gehört.

Im Monat Adar wird Purim gefeiert. Ungefähr zehn Tage nach Purim wird ein Verlobungsvertrag in Mutter Feiges Haus aufgesetzt. Sie hat ihre älteste Tochter mit einem achtbaren jungen Mann verlobt. Und wie immer bei festlichem Anlaß liegt die Orange obenan, genau unter der Hängelampe, gerade als ob ihr zu Ehren das ganze Fest stattfände. Zwar ist die eine Backe jetzt eine Spur runzlig, wie die eines alten Generals. Aber dessenungeachtet hat sie noch ein königliches Aussehen. Sie erhellt den Tisch durch ihre üppige Fremdartigkeit.

Die Kinder, vom Abc-Schützen an bis zum elfjährigen Gemaraschüler, haben schon oftmals dem Vater und der Mutter einen Wink gegeben, daß es wohl Zeit sei, den Segensspruch über diese Frucht zu sagen – mehr wollen sie gar nicht, nur den Segensspruch sagen ... Aber die Mutter schilt sie tüchtig aus: »Faulpelze, Vielfraße! Wenn die Zeit kommt für den Segensspruch, wird man es euch schon durch den Synagogendiener wissen lassen. Vater und Mutter werden sie nicht allein aufessen!«

Die Jüngsten zitterten bei der Verlobungsgesellschaft aus Angst, der Bräutigam könnte den Wunsch haben, den Segensspruch zu machen. Wer kann sagen, wozu ein Bräutigam bei seiner Verlobungsgesellschaft fähig ist? Mutter gibt ihm immer die besten Portionen.

Aber der Bräutigam ist Schklower, ein ehrlicher Bräutigam. Er weiß, daß eine Orange nicht dazu bestimmt ist, von einem Bräutigam aufgegessen zu werden, sondern nur, um den Tisch zu verschönern. Daher hält er sie gerade nur eine Minute in der Hand, und sein Adamsapfel tritt vor und wieder zurück, und die Orange bleibt unversehrt.

Endlich aber kommt der lang ersehnte Freitagabend. Die Orange ist nicht mehr so kugelrund wie früher und duftet nicht mehr so frisch. Ihre Jugend ist schon vorbei. Aber das macht nichts. Sie ist noch immer eine Orange. Nach dem Sabbatmahl ist die Stimmung gehoben. Keine Benachrichtigung ist durch den Synagogendiener gekommen, aber die Kleinen ahnen, daß diesmal der Segensspruch gemacht wird – man könnte meinen, so etwas wie eine Orange wäre überhaupt nicht vorhanden –.

Sagt die Mutter zum Vater:

»Nun, nimm und verteile die Orange unter die Kinder. Wie lange soll sie noch liegen?«

Der Vater, ein bärtiger Jude mit schielenden Augen, ein erfahrener Orangenesser, der wahrscheinlich im Laufe seines Lebens ein halbes Dutzend Orangen verspeist hat, wenn nicht mehr, setzt sich an die Spitze des Tisches, öffnet die große Klinge seines Taschenmessers und macht sich an die Arbeit. Die Kinder stehen um den Tisch herum und beobachten ihren Vater mit ehrerbietiger Scheu, wie man einen seltenen Zauberkünstler betrachtet, wenn sie auch gern das Innere der Orange sehen und sie kosten möchten. Sie sind schließlich Menschen mit Wünschen ... Aber der Vater hat Zeit. Vorsichtig und ruhig zieht er gerade Linien über die Frucht, von einem Pol zum andern. Zuerst zieht er vier Linien, dann acht, eine genau wie die andere. Wie man so sagt, ein Meister in seinem Fach! Und dann beginnt er die Orange zu schälen.

Alle hören auf das Knistern der fleischigen, geschmeidigen Schale. Langsam lösen sich die gleichgroßen roten Stücke, aber hier und da ist die Orange

welk, und zusammen mit der Schale reißen sich kleine Stücke des saftigen Fleisches los. Der Vater sagt: »Oh«, gerade als ob es ihm weh getan hätte, steckt die Klinge seines Messers in die Orange und schneidet die gefährdete Stelle heraus. Die Orange rollt heraus aus ihrer gelblich weißen, duftenden Hülle und wird kunstvoll in gleiche Halbmonde, Stück für Stück, eingeteilt.

»Kinder!« ruft das frisch verlobte Mädchen und stellt ein großes Glas auf den Tisch. »Vergeßt nicht die Kerne! Werft sie hier hinein. Wir werden sie weichen und einpflanzen.« Sie wendet sich an ihre kleinen Brüder, meint aber auch ihren Vater.

Die Jüngsten unternehmen es, ihre Schwester in ihrem haushälterischen Eifer zu unterstützen, der einen vielversprechenden Ausblick zu bieten scheint. Und sie richten ihre Augen auf die zarten, rosigen Halbmonde auf dem Teller.

Den ersten Segensspruch macht der Vater allein. Er kaut einen Bissen und schluckt ihn voller Begeisterung, schließt dabei ein schielendes Auge, hebt das andere zur Decke und schüttelt den Kopf.

»Eine schmackhafte Orange! Kinder, kommt her!«

Der Letztgeborene kommt zuerst. Das ist sein Vorrecht. Sooft es irgend etwas Gutes gibt, kommt er immer zuerst dran, nach seinem Vater. Er spricht den Segen mit einem hohen, ein wenig quiekenden Stimmchen, steckt den Halbmond in den Mund und verschluckt sich.

»Verschluck dich nicht«, sagt der Vater sehr geduldig. »Keiner wird sie dir wieder fortnehmen.«

»Und wo ist der Kern?« fragt die Schwester und rückt das Glas vor.

»Ja, ja, wo ist der Kern?«

»Runtergeschluckt!« sagt der Kleine erschrocken und wird rot bis über die Ohren.

»Runtergeschluckt?«

»Ja-a-a-«

Und die Augen des Kleinen füllen sich mit Tränen. Er blickt sich nach seinen älteren Brüdern um. Sie verhalten sich ruhig. Aber es ist zu spät. Er weiß, kein Vater kann ihm mehr helfen. Sie werden ihm mit ihren Neckereien zusetzen. Von heute an hat er einen neuen Spitznamen: »Kernchen!« Hernach werden die übrigen Teile der Orange ordnungsgemäß verteilt, von dem Kleinsten aufwärts, bis die Reihe an den Gemaraschüler kommt. Er nimmt seinen Teil, spielt eine Weile damit herum und beißt hinein, hat das Gefühl, daß es angenehm schmeckt, ein süßer Gruß aus Palästina ist, von dem er oft im Cheder geträumt hat. Orangen wachsen doch nur in Palästina …

»Und der Segensspruch?« packt der Vater ihn und richtet seine schielenden Augen auf ihn.

»Gelobt seist Du«, murmelt der Gemaraschüler verlegen, und das Orangestückchen bleibt ihm im Halse stecken, am Gruß aus Palästina ist ihm alle Freude genommen.

Aber der Vater ist noch nicht zufrieden, er mustert ihn, erteilt dem Gemaraschüler einen Verweis und gibt ihm den Rat, zu seinem jüngsten Bruder zu gehen und von dem zu lernen, wie man einen Segensspruch zu machen hat. Ja, er könnte Unterricht bei ihm nehmen. Er versichert ihm, daß er eines Tages den Ofen für seinen jüngsten Bruder heizen wird. Ja, ja, das wird er, den Ofen für ihn heizen. Aber mit einem Male fällt ihm ein: »Feige, warum kostest du nicht ein Stückchen Orange?«

Es war gut, daß ihm das einfiel, sonst, wer weiß, wann er mit seiner Strafpredigt aufgehört hätte.

»Es ist nicht so wichtig«, sagt die Mutter, trotzdem kommt sie heran, spricht den Segen und erquickt sich. »Ei, ei, was gibt es für feine Sachen auf der Welt!« Und dann beginnen sie eine Unterhaltung über Orangen.

Die Mutter sagt, wenn sie reich wäre, würde sie jeden Tag eine halbe Orange essen. Eine ganze Orange geht über ihr Fassungsvermögen hinaus. Wie kann man eine ganze Orange aufessen, die acht und eine halbe Kopeke kostet? Aber der Vater hat einen größeren Schwung. Schließlich ist er doch einmal auf der Messe in Nischni Nowgorod gewesen, daher lächelt er mit seinen schielenden Augen. Nein, wenn er reich wäre, würde er den Saft auspressen – von drei Orangen auf einmal – und ihn aus einem Glase trinken. Das würde er machen! Seine Frau und seine Kinder sind verblüfft über den Reichtum seiner Phantasie und stellen sich ein Glas vor, gefüllt mit rosigem, dickem Orangensaft, obenauf mit weißem Schaum und einem Kern, der in dem Schaum herumschwimmt. Sie sitzen alle eine Weile schweigend um den Tisch herum und betrachten mit träumerischen Augen die feuchten Kerne, die das verlobte Mädchen bei all denen, die einen Anteil an der Orange gehabt haben, eingesammelt hat. Sie gießt Wasser über die Kerne und zählt sie durch das Glas hindurch; eins, zwei, drei, vier … Sie hat neun im ganzen. In der nächsten Woche will sie sie in die Blumentöpfe stecken, und nach der

Hochzeit wird sie sie in ihr eigenes Heim mitnehmen. Sie wird sie an die Fenster stellen und unter umgestülpten Gläsern wachsen lassen.

Ihr meint wohl, daß dies das Ende ist? Habt ihr vergessen, daß eine Orange auch eine Schale hat?

Eines der jüngsten Kinder macht eine Entdeckung. Wenn man ein Stückchen Orangenschale gegen das Lampenlicht hält und zusammendrückt, spritzt ein ganzer Springbrunnen durchsichtiger, feiner, wohlriechender Tröpfchen heraus, und wenn man den in die Augen eines der Brüder spritzt, fängt er an zu blinzeln. Aber bevor er Zeit hat, seine Erfindung weiter auszunützen, bekommt er einen Klaps auf seine Hand, und alle Schalenstückchen verschwinden in der Schürze der Mutter. »Kein Streich ist zu dumm, daß sie ihn nicht machen, die Teufel. Gerade als ob es Kartoffelschalen wären.« Wenn sie nur etwas mehr davon bekommen könnte, würde sie sie einmachen, ja, einmachen. Aber das war nur Gerede. Bis sie genügend Apfelsinenschalen gesammelt hat für Eingemachtes, kann der Messias kommen.

Man legt die Schalen über Nacht in den warmen Ofen zum Trocknen. Die rotgoldnen Schalenstückchen, die noch am Tage zuvor so frisch und saftig ausgesehen haben, sind jetzt welk, schwarzbraun, kraus und hart wie altes Pergament. Die Mutter nimmt ihr scharfes Küchenmesser und schneidet die Schalen in schmale Streifen und dann in kleine Würfel.

Sie schüttet sie in eine Flasche, gießt Branntwein darauf, streut feinen Zukker darüber und stellt sie fort zum Durchziehen. Der Branntwein belebt die braunen, vertrockneten Stücke der Apfelsinenschalen, sie quellen auf und bekommen ihr ehemaliges Aussehen. Man gießt sich ein Gläschen ein, versucht davon und spürt den echten Geschmack und Duft von Orangenschalen. Verwandte kommen zu Besuch, sie sprechen den Segen, nehmen ein Schlückchen und erquicken sich, und alle stimmen überein, daß das sehr gesund für den Magen ist. Und die Frauen fragen die Mutter aus, wie sie auf solch einen Einfall gekommen wäre. »Siehst du«, sagt Onkel Schome zu Michle, seiner Frau, »du läßt alles umkommen. Du hast doch Purim auch eine Orange gehabt. Wo ist die Schale? Weg, hinausgeworfen.«

»Plag sie nicht, Schome. Nehmen wir noch einen Schluck.« Und seine Augen lächeln seine ausgezeichnete Frau an.

Die Flasche wird wieder zugebunden mit einem Stückchen weißen Stoff über den Kork, damit nichts verduftet, und man stellt sie in den Schrank zurück. Und da steht sie, allein, wie eine fromme Jüdin, eine verlassene Jüdin mit einer Haube.

Pessach kommt, und die Juden erfüllen die Vorschrift und verkaufen ihr Gesäuertes an Alexis, den Wasserträger, mit dem schmutzigen Flachshaar; so fällt auch die Flasche mit Orangenwassser in nichtjüdische Hände. Während dieser ganzen Woche steht sie unberührt da und kann den Tag kaum erwarten, an dem sie wieder eingelöst wird, wo die Juden mit grauen Bärten und Frauen mit frommen Perücken den Segen über sie sprechen und einander Wunder erzählen von Mutter Feiges Tüchtigkeit.

Bisweilen steht eine solche Flasche jahrelang. Von Zeit zu Zeit wird frischer Branntwein aufgegossen, und man kostet selten davon, bis die Stückchen Orangenschale auf dem Grunde ihre Festigkeit verlieren und schwammig und bleich werden. Dann gießt der Vater ein bißchen davon auf einen Teller. Das geschieht immer am Ausgang des Sabbats, nach der Hawdole; wenn die weihevolle Stimmung gewichen ist und das Grau des Alltags aus jedem Winkel vorkriecht, sucht der Vater nach etwas Herzstärkendem. Dann denkt er an die fahlen, abgestandenen, mit Branntwein vollgesogenen, eingezuckerten Stückchen Orangenschale.

Er hält die breite, ehrwürdige Flasche über einen Teller und schlägt kräftig, doch behutsam, gegen den Boden.

»Kluck, kluck, kluck«, tönt es in der Flasche klagend und erfüllt den ganzen Raum mit dumpfer Traurigkeit bis in die wochentäglichen, nachsabbatlichen Schatten. Da hört man einen Laut wie einen tief erschrockenen Seufzer, wie ein Echo aus einem ausgetrockneten, alten Brunnen. Die Flasche schreit laut auf, als ob man die Seele aus ihr heraustriebe, ihren letzten Atem. Und zugleich fallen appetitliche Stückchen aus ihrem Hals.

Dann ist alles still. Der Vater macht einen Segensspruch über die Überbleibsel, kostet und reicht sie herum.

Die Kinder stimmen überein, daß, wenn es auch die Zunge ein wenig beißt, man noch den Geschmack der ehemaligen Purimorange spürt – Friede über sie!

Aber zu derselben Zeit, da die letzte Erinnerung an die berühmte Orange aus dem Haus verschwunden ist, sind die Nachkommen der Orange, die weich gewordenen, gequollenen, kleinen Kerne im Hause der verheirateten Tochter schon längst aufgegangen im Blumentopf. Drei oder vier spitz zulaufende, klebrige Blätter sind emporgeschossen aus jedem kleinen Kern. Die übergestülpten, beschlagenen Gläser sind längst entfernt. Die Pflänzchen gewöhnen sich ganz nett an das Klima von Schklow und sprießen langsam mit dem zurückhaltenden, grünen, bescheidenen Lächeln, das sie aus den warmen Ländern mitgenommen und sich bewahrt haben.

Die junge Frau gibt auf sie acht und begießt sie täglich. Und Gott weiß, was noch einmal aus ihnen werden kann.

JIZCHOK LEIB PEREZ

Der Purimgeiger

Einst waren die Menschen nicht so einsam und verwaist wie heute. Jedes Geschlecht war wie ein Glied in der Kette der Ahnen, die mit Adam und Eva begann und im sechsten Jahrtausend enden wird ... Und wenn ein Geschlecht zu Schaden kam, so ging ein Beben durch die ganze Kette, und alle Glieder erwachten: die Erzväter, unsere Mutter Rahel und all die anderen ...

Man konnte den offenen Himmel mit bloßem Auge sehen, wenn man ihn nicht mit einem kupfernen Dreier verdeckte. Und alle waren immer anwesend: der Prophet Elia war ständiger Gast in jedem jüdischen Hause, er saß unter den sieben Heiligen/17/ in der Laubhütte; beim »Ergieße deinen Zorn, Herr«/18/ an der Sedertafel; im Lehnsessel bei jeder Beschneidung und sooft ein Schlachtmesser einen Hals berührte. Außer allen guten Engeln hatte man damals seine Eltern ewig bei sich. Waren sie am Leben, so ehrte man sie, und waren sie, Gott behüte, nicht am Leben, so hatte man einen Grabstein, um seinen glühenden Kopf anzulehnen und abzukühlen, ein Grab, um sein erbittertes Herz durch Tränen zu erleichtern, und auch den Toten selbst, der alles sah und hörte und sich für seine Kinder im Himmel verwendete ...

Man brauchte sie nicht einmal zu rufen. Allnächtlich kamen die Toten in die Stadt der Lebenden. Sie kamen auch in die Synagoge, beteten, lasen in der Tora und verrichteten das Mitternachtsgebet. Und wenn ein Toter an einem ihm bekannten Fenster vorbeiging und einen Seufzer aus einem betrübten Herzen hörte, verstand er ihn sofort; die Lebenden und die Toten redeten in der gleichen Sprache und beteten aus demselben Gebetbuch. Der Tote machte sich einen Knoten in sein Leichengewand, und wenn er wieder in seine Ruhe zurückkehrte, erinnerte er sich der Hinterbliebenen und tat für sie alles, was nur möglich war. Und was war in jener gesegneten Zeit unmöglich? Alles war möglich, selbst daß ein Toter einem Lebenden eine lustige Schoischanas-Jaakew-Weise beibrachte!

Ich will aber nicht vorgreifen, das mit »Schoischanas Jaakew« gehört schon zu der Geschichte, die ich euch erzählen will, zu der Geschichte von Reb Awremel, dem Geigenspieler – ein Fürsprecher möge er im Himmel für alle sein, die Purimgeschichten erzählen, wenn diese Geschichten vielleicht auch erlogen sind!

Reb Awremel war ein Musikant, kein Spielmann. Er hatte die Stufe erreicht, nach der sich wohl alle sehnen, die aber gar wenige erreichen; er zog aus seiner Geige keinen Gewinn und lebte nicht von seinem Spiel.

Wenn man gesund ist, keine schlimmen Augen, keinen bösen Rachen und keinen unersättlichen Mund hat, wenn irgend etwas zu essen da ist, kaltes Wasser und ein Rock aus Baumwollzeug, wenn man wie Beile-Basche einen Laden besitzt, dann braucht man sich um die täglichen Sorgen nicht zu kümmern und kann nur um des guten Werkes willen, dem Himmel zu Ehren Geige spielen, dann ist man ein Spieler für den Herrn, gepriesen sei er. Solch ein Musikant war eben Reb Awremel.

Nach Sabbatausgang spielt Reb Awremel seine Lieder. Beile-Basche, seine Ernährerin, hört ihm zu und schöpft aus seinem Spiel Freude für die ganze Woche. Draußen in der Gasse stehen Leute und lauschen, und ihre Seelen nehmen gierig die Weisen auf. Manchmal beginnen die Leute die Melodie mitzusingen; dann ist die ganze Gasse mit einem Male gesegnet, das ganze Städtchen singt einen Psalm.

An den Wochentagen, wenn Beile-Basche in ihrem Laden hockt und die ganze Stadt den Geschäften nachläuft, sitzt Reb Awremel allein in seinem Stübchen am kleinen Tisch vor dem Fenster. Sein Herz ist gen Himmel gerichtet, seine Augen auf den Psalter des Königs David, seine Lippen singen Lobgesänge und zittern vor Wonne, die Finger der ausgestreckten Hand greifen in die Saiten der Geige, die vor ihm auf dem Tische liegt. Die Saiten tönen, und kleine weiße Flügel wachsen aus ihnen in den Himmel hinauf. Und Reb Awremel streicht sich seinen schneeweißen Bart. Das ist seine einzige Freude.

Manchmal geht die niedere Tür auf, eine Braut und ein Bräutigam neigen die Köpfe, um sich nicht zu stoßen, treten in die Stube und bleiben errötend und verschämt vor Reb Awremel stehen. Reb Awremel lächelt, er weiß, was sie von ihm wollen; seit Jahren sind sie verlobt, haben mit Mühe und Not einige Groschen für den Tallis zusammengespart, alles ist für die Trauung bereit, aber für die Hochzeitsmusik langt das Geld nicht. Also spielt Reb Awremel auf der Armenhochzeit. Und ehe ein Jahr um ist, wird er mit dem Amt eines Gevatters beehrt; manchmal mit der Auslösung eines Erstgeborenen, denn er ist ja auch Kohen, und so folgt ein gottgefälliges Werk dem anderen. Doch das alles zählt bei ihm wenig.

Das wichtigste für Reb Awremel ist Purim.

Er ist ein Purimgeiger – für die armen Leute …

Es gibt Häuser, in die die vornehmen Spielleute mit den roten Schnupftüchern niemals hineinschauen und über deren Schwelle niemals ein Purimspieler tritt. Wo die Challe ohne Safran ist, die Mahlzeit ohne Freude und oft auch ganz ohne Challe.

Barmherzige Wohltäter treten in solche Stuben und bringen Speisen und Getränke. Die armen Leute segnen die Wohltäter und auch alle Gäste des Wohltätigkeitsfestes, aus dessen Erlös man die Armen mit Speise und Trank zu Purim versah. Sie loben den Herrn, der die Wohltäter erschaffen hat, und setzen sich an die Tafel. Und doch fließen über ihre eingefallenen Wangen bittere Tränen. Das geschenkte Brot ist nicht süß, der gespendete Wein schmeckt nicht gut. Und wie lange ist es her, daß sie selbst die Gebenden und andere die Nehmenden waren? Die Tränen trüben die Augen, Bitternis sammelt sich im Herzen. Eine Frau birgt das Gesicht in der Schürze. Ein Mann wirft einen vorwurfsvollen Blick zum Himmel. Ein Jüngerer ballt die Fäuste. Da kommt aber Reb Awremel mit seiner Geige. Die Kerzen brennen auf einmal heller, die Augen blicken heiterer, ein Lächeln gleitet über alle Gesichter, ein verschämtes, verwaistes, noch tränenfeuchtes Lächeln. Reb Awremel spielt »Schoischanas Jaakew« – die Töne fließen wie Öl in alle Herzen –, nun ist Armut keine Schande mehr, ein Bruder hilft dem anderen, das Glücksrad wendet sich. Wenn Reb Awremel wieder fortgeht, blicken ihm alle mit leuchtenden Augen nach. Kleine Kinder mit Beinchen, so krumm wie ein Regenbogen, und funkelnden Augen laufen ihm von Türe zu Türe, von Schwelle zu Schwelle nach. Und spät am Abend – manchmal sogar sehr spät, denn die armen Leute vermehren sich, unberufen, von Jahr zu Jahr – kehrt Reb Awremel, mit Segenswünschen beladen, das Herz voller Freude, beim Rabbiner und seiner Frau ein. Ohne den Rabbiner und ohne seine Frau wäre ja meine Geschichte gar keine richtige Geschichte.

Beile-Basche sitzt währenddessen geduldig zu Hause und wartet. Das Herz sagt ihr, und auch Reb Awremel leugnet es nicht, daß sie einen Anteil, sogar einen großen Anteil an seinen frommen Verdiensten hat. Und wenn sie sich ein klein wenig nach ihm sehnt, so ist das doch wahrlich keine Sünde!

Die Alte sitzt am Fenster vor dem kleinen Tisch und lächelt. Sie schaut mit ihren alten, seltsam lachenden und zugleich weinenden Augen in die finstere Nacht hinaus; ihre kleinen Ohren gucken unter dem Stirntuch hervor und

lauschen: Sind das nicht seine Schritte? Sind das nicht die Töne von »Schoischanas Jaakew«? Und ihre Lippen bewegen sich leise im Gebet: Soll er die Gnade erleben, mit seiner Geige dem Messias entgegenzugehen und ihm einen Marsch aufzuspielen.

Damals glaubte man an den Messias und wartete auf ihn alle Tage.

»Aber warum bleibt er heute so lange?« fragen ihre alten Lippen; diesmal meint sie ihren Mann, nicht den Messias. Das Essen wird kalt, die Kerzen flackern und gehen aus, und Awremel ist noch immer nicht da.

Beile-Basche läuft auf den Markt hinaus. Es ist stumme Nacht. Durch die Ritzen der geschlossenen Fensterladen dringt kein Ton und kein Lichtstrahl. Das Städtchen schläft.

Der Himmel über dem Städtchen wacht und schaut mit tausend und aber tausend klaren, reinen Augen herab. Aber wo ist Awremel?

Warum sind seine Schritte noch immer nicht zu hören?

Dasselbe fragt sich auch der alte Rabbiner mit dem Ziegenbart, und seine erschrockene Stimme weckt seine Frau aus dem Schlummer. Ihr Köpfchen, das sich bisher wie ein Uhrpendel hin und her bewegt hat, bleibt stehen. Wo kann er sein? In der Branntweinflasche ist schon der Boden zu sehen, die alte heisere Uhr schlägt Mitternacht, und von Awremel noch immer keine Spur ... Da setzt sich der Rabbiner seine warme Mütze mit den Ohrenklappen auf, seine Frau hüllt sich in ihren türkischen Schal, sie wecken die Diener und laufen mit Laternen aus dem Hause. Sie treffen Beile-Basche, wechseln mit ihr gar nicht erst ein Wort und laufen zusammen weiter. An jedes Fenster und an jede Tür klopfen sie und fragen: »Ist Awremel hier?« Die Leute kommen mit Kind und Kegel aus den Häusern, und alle suchen Awremel.

Dem alten Awremel war wirklich etwas zugestoßen. Wenn alle, die zur Verrichtung eines frommen Werkes unterwegs sind, nicht unter einem besonderen Schutz des Herrn stünden, so wüßte ich wirklich nicht, ob ich euch diese Geschichte erzählen würde. Es wäre dann nämlich eine sehr traurige Geschichte geworden, und traurige Geschichten mögt ihr doch nicht.

Reb Awremel will also nach Hause gehen zu seiner Beile-Basche. Seine Füße tänzeln, und sein alter, grauer Kopf wiegt sich im Takte hin und her. Heut ist ja Purim, und er hat keine Hand eines armen Mannes zurückgewiesen, die ihm einen Becher entgegenstreckte. Nun sehnt er sich nach seiner Beile-Basche, und es verdrießt ihn, daß er den einmal eingeführten Brauch nicht umgehen kann und unterwegs noch beim Rabbiner einkehren muß. Er will den Weg abkürzen und geht durch den Vorhof der Synagoge. Wie er auf den Vorhof kommt, hört er aus der Synagoge Stimmen, ein Lachen, ein Singen, das Scharren vieler tanzender Füße. Er ist ganz starr vor Erstaunen. Er denkt, eine Gesellschaft lustiger Burschen habe sich in der Synagoge versammelt, um ein nächtliches Fest zu feiern. Der Zorn ob der Entweihung der heiligen Stätte packt ihn am Herzen. Er stemmt sich gegen die Türe, das alte Schloß gibt halb nach, und Awremel bleibt starr vor Entsetzen in der Tür eingeklemmt stehen: Die Toten haben sich in der Synagoge versammelt!

Und ein Toter ruft dem anderen zu: »Reb Awremel! Reb Awremel!« Alle wenden ihre Augen – die einen auf Awremel, die anderen auf einen langen Mann mit schneeweißem Bart. Die Augen, die auf Awremel gerichtet sind, blicken ihn liebevoll und freundlich an, und die anderen, die auf den langen alten Mann schauen, hängen an seinen blauen Lippen und warten auf sein Wort. Sie haben nicht lange zu warten. Der Mann geht mit leisen Schritten auf Awremel zu, und in der Synagoge wird es so still, daß man die Gedächtnismazze im Wind, der durch eine eingeschlagene Fensterscheibe hereindringt, zittern hört. Und der lange Mann streicht sich mit der langen rechten Hand den weißen Bart und spricht: »Fürchte dich nicht, Awremel! Wir werden dir nichts Böses tun. Wir haben uns hier, wie jedes Jahr, zum Singen und Tanzen versammelt. Heut ist ja Purim, das Fest, das niemals abgeschafft werden wird!«

Awremel steht in der Türe, schaut mit großen Augen und denkt: »Morgen wird mir niemand glauben, was ich hier alles gehört und gesehen habe. Seine Lippen zittern, bringen aber keinen Ton hervor. Der lange Tote liest ihm diesen Gedanken von den Lippen ab und winkt einem anderen hageren Toten. Der andere kommt schweigend heran.

»Wir werden dir ein Zeichen geben«, sagt der Rabbiner, »damit dir die Lebenden auch glauben. Dieser Mann war der erste Gemeindevorbeter des Städtchens. Ich will ihn bitten, dich eine neue ›Schoischanas-Jaakew‹-Weise zu lehren.«

Der Hagere nickt mit dem Kopf.

»Aber nicht mit seiner Stimme wird er sie dich lehren«, fährt der erste Rabbiner des Städtchens fort. »Er hat sich unglücklicherweise beim letzten Ne'ilo-Kaddisch erkältet und ist mit einem stummen Sündenbekenntnis aus der Welt geschieden. Mit dem Finger wird er sie dich lehren.«

Der erste Vorbeter folgt dem Befehl des ersten Rabbiners und beginnt mit dem Finger zu fuchteln. Bald tanzt der Finger mit großem Feuer, bald zittert er, und bald erstarrt er in großer Andacht. Bald klagt er voller Schmerz und Zorn wie Hiob an und läßt den Himmel beben, bald zittert er in Erwartung einer Antwort des Himmels über Leben und Tod.

So etwas hat Reb Awremel noch nie gehört. Alle seine Sinne hängen an dem singenden Finger. Er trinkt mit beiden Ohren die Weise. Er will versuchen, sie auf der Geige nachzuspielen, kann es aber nicht; er steckt fest in der Türe und kann keine Hand rühren. Und des Vorbeters Finger fährt noch immer durch die Luft, und die Weise tönt und singt.

Erst als der Synagogendiener am nächsten Morgen ins Bethaus kommt, wird er aus dem Türspalt befreit. Reb Awremel springt in die Mitte des Vorhofs, drückt, ohne dem erschrockenen Diener auch nur ein Wort zu antworten, die Geige an seinen während der Nacht noch weißer gewordenen Bart und beginnt zu spielen! Beile-Basche, der Rabbiner, seine Frau und alle Leute, die ihn in der ganzen Stadt gesucht haben, hören die Geige und laufen herbei. Die Frommen, die zum Beten kommen, bleiben stehen. Und Reb Awremel spielt und spielt ...

SCHOLEM ALECHEM

Auf der Wanderung

1. Die Vertreibung aus dem Paradiese

Gott sei Lob und Dank, Purim ist vorbei und man kann – zu guter Stunde! – an die aufwendige Vorbereitung des Pessachfestes denken.

So sprach am Morgen nach Schuschan-Purim die Mutter zu sich selbst, warf prüfende Blicke in alle Ecken des »Salons«, ging herum und suchte, wie eine Henne, wenn sie ihre Zeit kommen fühlt. Einige Tage später waren ein Häufchen Heu und zwei Holzscheite zur Stelle und auf den Holzscheiten ein funkelnagelneuer Kübel, der mit großem weißem, reinem Linnen überdeckt war. Der Vater und ich wurden herangerufen, und ich wurde wohl an die dreißig Mal ermahnt, mich nur nicht »jener Ecke« zu nähern, ja nicht einmal von weitem hinzuschauen, nicht einmal hinzuriechen. Dann wurden wir einfach vor die Tür gesetzt und erhielten den Befehl, den »Salon« bis Pessach nicht zu betreten.

Von diesem Augenblick an bekam der Salon für mich einen ganz besonderen Reiz, wie ein Magnet zog er mich an. Ich mußte – sei es auch nur von weitem – einen Blick in jene Ecke werfen.

Und so stand ich denn auch bald in der Tür, ein Schmalzbrot in der Hand – und sah hinein. Ich freute mich an unserem schönen, hellen Salon mit dem roten Sofa aus Mahagoniholz, dem ovalen Tisch auf drei Füßen, dem ovalen Spiegel in schön geschnitztem Rahmen und dem großartigen Misrach. O dieser Misrach! Der Vater habe ihn als Bräutigam selbst gemalt, erzählte er. Was war da nicht alles zu sehen: Bären und Löwen und Wildkatzen, Adler und kleine Vögel, Posaunen, Chanukkalampen und Paradiesäpfel, Schüsselchen mit kleinen Davidssternen und Blättchen und Knöpfchen und Rädchen und Streifen und Pünktchen ohne Zahl und ohne Ende! Nicht zu glauben, daß eine menschliche Hand das alles sollte malen können, das Auge konnte es gar nicht fassen. Ja, der Vater, der kann was, dachte ich mir, der bringt was fertig, der ist schrecklich geschickt!

»Hol dich doch der Teufel! Mit Gesäuertem an der Tür, verdammter Junge, du!«

So rief die Mutter, die mich auf frischer Tat ertappt hatte, faßte mich mit zwei dünnen scharfen Fingern ihrer rechten Hand am linken Ohr und führte mich zum Vater:

»Da, sieh ihn dir wenigstens an, deinen Sprößling! Mit dem Brot in der Hand hat er sich hingestellt und nach dem Pessach-Borschtsch geblickt!«

Der Vater machte ein ernstes Gesicht, schüttelte den Kopf, spitzte die Lippen und zischelte:

»Ts, ts, ts! Schau, daß du fortkommst, du Schlingel, du!«

Aber kaum wandte sich die Mutter ab, so spielte ein verstecktes Lächeln um seinen Mund. Ich sah es ganz genau. Nur wenn sie sich ihm zuwandte, wurde sein Gesicht wieder ernst. Schließlich faßte er mich an der Hand, setzte mich neben sich auf den Stuhl und ermahnte mich, nicht hinzublicken. Man dürfe nicht!

»Auch von weitem nicht?« fragte ich.

Doch er hörte nichts mehr, sondern war schon wieder in sein Buch vertieft, in dem er murmelnd studierte. Ich aber stahl mich von ihm zur Tür fort, lugte durch einen Spalt in den Salon und staunte alle die wunderbaren Dinge an, die es da gab, ein wahres Paradies: auf dem Fußboden viele neue Töpfe, an den Wänden Hackmesser, ein Salzbrett, zwei Kränze Zwiebeln als Schmuck. Alles schon für Pessach, für Pessach, für Pessach ...

2. *Von Hand zu Hand*

»Vielleicht würdet ihr euch mit euren Büchern von hier in die große Schlafkammer bemühen.«

So sagt die Mutter zu uns. Sie ist weißgekleidet, hat eine weiße Serviette auf dem Kopf und hält einen langen Stock in der einen Hand, einen Flederwisch in der zweiten. Den Kopf hat sie ganz zurückgeworfen und blickt zur Decke.

»Sossel, wo bist du denn mit der Bürste? Na, rühr dich schon! Komm her!«

Sossel, die Dienstmagd, auch einen weißen Fetzen um den Kopf gewunden, kommt mit der nassen Bürste und einem Eimer Kalk. Beide sehen aus wie lebendige Tote in weißen Leichenkleidern. Sossel patscht mit der nassen Bürste über die Zimmerdecke hin und her: patsch, patsch! Und beide sind aufgeregt wie Bienen.

Ich sehe verwundert auf das seltsame Schauspiel. Aber sie lassen mich nicht lange in Ruhe. Erst deuten sie mir nur an, daß ein Junge nichts in der Stube zu suchen hat, wenn zu Pessach reingemacht wird. Bald aber werden sie schärfer:

»Würdest du bitte in die Schlafkammer gehen?« sagt die Mutter, faßt mich an der Hand und zeigt mir den Weg. Ich aber habe nicht viel Lust, ihrer Weisung zu folgen, und trete nur ein bißchen zur Seite. Dabei komme ich nun Sossel in die Quere, die mich kurzerhand von sich stößt:

»Überall steht er einem im Weg«, schilt sie.

»In Teufels Namen, geh endlich zum Vater hinein«, ruft die Mutter und schubst mich zu Sossel, Sossel stößt mich zurück, indem sie beteuert:

»Solange ich lebe, habe ich keinen so zudringlichen Jungen gesehen!«

»Dem ist nicht beizukommen«, sagt die Mutter und gibt mir von hinten einen Stoß, Sossel aber fängt mich auf und kalkt mich weiß an. Dann falle ich wie ein Ball zum Vater in die Kammer hinein und vergehe schier vor Weinen.

Der Vater blickt auf, beruhigt mich, so gut er kann, setzt mich auf seine Knie und vertieft sich wieder in seine Bücher.

3. Aus der Schlafkammer in die Speisekammer

»Entschuldigt, Herr! Die Frau läßt Euch sagen, Ihr sollt so gut sein und von hier in die kleine Schlafkammer gehn«, bestellte Sossel, die, zum Erschrecken verschmiert, mit allen ihren Geräten hereinkommt. Und wir gehorchen, wandern mit den Büchern von der großen in die kleine Schlafkammer. Die kleine Kammer ist gerade so groß wie eine Nuß. Es gibt dort nichts als ein Bett, in dem ich schlafe, und, leider muß ich es sagen, auch Sossel, die Dienstmagd. Sossel gehört nämlich zur Familie, sie ist schon sehr lange bei uns im Hause. Ich sei noch gar nicht auf der Welt gewesen, sagt sie, als sie zu uns kam. Unter ihren Händen sei ich aufgewachsen. Wer weiß, wo ich heute wäre, wenn sie nicht gewesen wäre. Denn es hätte keine Heimsuchung, kein Unglück, keine Krankheit gegeben, die ihren Weg nicht zu mir gefunden hätten, und nur sie habe mich aus all diesen Nöten gerettet.

»Und heute lohnt er's mir mit solchen Schlechtigkeiten! Sollte man ihn da nicht prügeln?«

So fragt Sossel und gibt gleich selbst die Antwort, indem sie mir ein paar

Rippenstöße versetzt und mich als Zugabe noch an den Haaren zieht. Und merkwürdig: niemand sagt ihr auch nur ein Wort. Weder der Vater noch die Mutter nimmt sich meiner an. Sossel tut mit mir, was sie will, ganz so, als ob ich ihr Kind wäre und nicht das der Eltern.

In der kleinen Schlafkammer ziehe ich mich in eine Ecke zurück, setze mich auf den Fußboden und betrachte den Vater, wie er sich mit der Hand über die Stirn streicht, am Barte kaut, den Oberkörper hin und her bewegt und immerzu sein schönes »Und ja ...« hören läßt. Aber nicht lange, denn schon ist wieder Sossel mit ihren Instrumenten da. Wir werden gebeten, auch von hier zu verschwinden und wieder ein wenig weiter zu wandern.

»Wohin denn noch?« fragt der Vater erschrocken.

»Was weiß ich?« antwortet Sossel und stellt sich mit ihrer Bürste mitten ins Zimmerchen.

»In die Kammer, in die Speisekammer«, sagt die Mutter, die eben mit ihrem langen Stock und dem neuen Flederwisch wie ein bewaffneter Feind eingedrungen ist.

»In der Speisekammer ist's doch kalt«, versucht der Vater das Unheil abzuwenden.

»Ja, gewiß, eine Bärenkälte«, höhnt die Mutter.

»Man findet Erfrorene draußen«, hilft ihr Sossel, und schon klatscht sie mit ihrer nassen Bürste über die trockenen Wände hin.

Es bleibt uns nichts übrig, als uns aus der kleinen Schlafkammer in die Speisekammer zu trollen. Schon beim Eintritt schaudern wir vor Kälte. Und auch sonst ist die Kammer gewiß nicht das geeignete Studierzimmer für den Vater. Sie ist finster, klein und eng – kaum, daß zwei Menschen darin Platz haben. Freilich, für mich ist sie einfach ein Paradies. Es gibt da nämlich Simse, auf die man klettern kann. Der Vater gestattet es zwar nicht, er meint, man könne sich dabei das Genick brechen, aber wer kümmert sich darum? Er ist längst wieder in seine Bücher vertieft, und ich klettere lustig von Sims zu Sims, bis ich oben auf dem letzten, dem dritten angelangt bin.

»Kikeriki«, rufe ich, um den Vater auf meine große Geschicklichkeit aufmerksam zu machen, und hebe den Kopf hoch. Dabei stoße ich so wuchtig an die Decke an, daß mir fast die Zähne aus dem Mund fliegen. Der Vater erschrickt und erhebt ein Geschrei. Sossel stürzt herein, ihr nach die Mutter, und beide teilen mir soviel zu, wie ich nur vertrage.

»So ein Kind! Was das nicht alles anstellt!« ereifert sich meine Mutter.

»Kind? Kind?! Das ist kein Kind, das ist ein Teufel!« hilft ihr Sossel und verkündet uns gleich darauf, man werde uns bald bitten, uns von hier in die Küche zu verfrachten. Denn in den Zimmern seien die Pessachvorbereitungen schon fast fertig.

4. Aus der Speisekammer in die Küche

In der Küche finde ich Moische Bär mit den großen Augenbrauen beim Vater. Sie sitzen auf der Küchenbank, studieren nicht, sondern reden. Sie klagen einander ihr Leid. Der Vater erzählt, was er diese ganzen letzten Tage schon auszustehen hatte: »Diese Unruhe, das reine Exil, immer auf der Wanderung von einem Orte zum andern!« Und Moische Bär meint, das alles sei noch gar nichts gegen das, was er zu ertragen habe.

»Mich hat die Meinige einfach aus dem Hause gejagt«, sagt er.

Ich sehe mir Moische Bär an und vermag mir durchaus nicht vorzustellen, wie man ihn, einen so großen Mann mit so großen Augenbrauen, aus dem Hause jagen kann. Nach und nach kommen sie auf anderes zu sprechen. Ich höre sonderbare Worte: ›Rambam‹, ›Kusari‹, ›Philosophie‹, ›Spinoza‹ und dergleichen, mit denen ich nichts anzufangen weiß.

Da interessiert mich die graue Katze schon viel mehr. Die sitzt vor dem Herde und putzt sich. Sossel meint, das bedeutet, daß Gäste kommen. Ich verstehe aber nicht, woher die Katze wissen soll, daß Gäste kommen werden. Ich gehe auf sie zu und beginne, mit ihr zu spielen. Zuerst versuche ich, ihr auf die Pfoten zu klopfen. Sie geht nicht darauf ein. Dann will ich, daß sie sich auf ihre zwei Hinterfüße setzt. Das will sie auch nicht. Ich brülle: »Sitz! Parier!« und begleite jeden Befehl mit einem Stieber auf ihr Näschen. Sie schließt die Augen und wendet das Köpfchen zur Seite, streckt das Zünglein heraus und macht ein merkwürdiges Gesicht. Offenbar denkt sie: Warum quält er mich? Mich aber fängt die Sache zu verdrießen an, darf eine Katze so eigensinnig sein? Und ich plage mich so lange mit ihr ab, bis sie mir mit ihren scharfen Krallen über die Hand schrammt. Da quietsche ich schrecklich auf: »O weh, o weh! Mutter! Mutter!« Natürlich kommt die Mutter gleich gelaufen, Sossel mit ihr, und beide geben mir noch eins dazu, damit mir ein andermal die Lust vergehe, mit Katzen zu spielen. (Eine Katze wird bei ihnen gleich zu ›Katzen‹!)

»Geh, wasch dir die Hände«, sagt jetzt die Mutter zum Vater, »wir wollen in den Keller gehen, essen.«

Sossel faßt den Schürhaken und macht sich beim Herd und bei den Töpfen zu schaffen. Sie nimmt weder auf mich noch auf den Vater, noch auf Moische Bär Rücksicht. Ja, sie läßt sogar Moische Bär nicht im Zweifel darüber, daß er vor Pessach hier nichts zu suchen habe.

»Ich glaube«, sagt sie, »es ist in solcher Zeit richtiger, zu Hause zu bleiben, als in fremden Häusern im Wege zu stehen.«

Moische Bär merkt, daß sie ihn meint, und verabschiedet sich. Wir aber steigen in den Keller, um zu essen.

5. Aus der Küche in den Keller

Ich begreife eigentlich nicht, warum der Vater so unzufrieden mit den Achseln zuckt und »die wahre Auswanderung!« in den Bart brummt. Ich sehe nicht ein, was das für ein Unglück sein soll, wenn man einmal im Keller Mittag ißt. Es riecht nach sauren Gurken, Kraut und Milchkannen – was schadet's? Und was ist dabei, daß der Tisch aus zwei umgelegten Fässern besteht, auf die man ein Nudelbrett gelegt hat, und daß man selbst auf umgelegten Fässern am Tische sitzt? Ich finde sogar, daß es so viel lustiger ist. Man kann zum Beispiel mit dem Faß durch den ganzen Keller rollen. Wenn man dabei hinfällt? Nun, so steht man wieder auf und rollt weiter.

Die Sache hat nur den einen Haken, Sossel paßt auf und läßt einen nicht rollen.

»Aha«, ruft sie, »er hat schon wieder was Neues gefunden, er will sich eine Hand oder einen Fuß brechen!«

Was der einfällt! Ich weiß nicht, warum sie mir das Leben verbittert. Immer verfolgt sie mich, und immer prophezeit sie Unheil. Wenn ich laufe, sagt sie, ich werde das Genick brechen; fasse ich irgend etwas an, sagt sie, ich wolle es kaputt machen, nehme ich einen Knopf in den Mund, schlägt sie Lärm: »Der Unglücksjunge will ersticken.« Meine Rache erlebe ich aber, wenn ich krank bin, denn dann ist sie ganz aus dem Häuschen und möchte die Welt umkehren, nur um mir zu helfen.

»Jetzt nimm das Kind und geh mit ihm hinauf. Man muß das letzte Gesäuerte nun auch aus dem Keller hinausschaffen.«

So sagt die Mutter nach dem Tischgebet, und ehe noch der Vater Zeit findet zu fragen, wohin wir eigentlich gehen sollen, fügt sie hinzu:

»Für einige Stunden auf den Boden.«

»Denn in den Zimmern sind schon die Fußböden gewaschen«, ergänzt Sossel. »Aber gebt acht, daß der Unglücksjunge nicht vom Boden herunterpurzelt und sich dabei das Genick bricht!«

Und Sossel stößt mich, damit ich etwas schneller gehe.

»Na, kriech schon, kriech, Unglücksjunge!«

Der Vater geht hinter mir her, und ich höre, wie er brummt:

»So was! Auf den Boden gar? Die wahre Auswanderung! So was!«

Ein sonderbarer Mensch, mein Vater. Selbst mit dem Boden ist er nicht zufrieden. Unbegreiflich! Ich glaube, ich hätte nichts dagegen, wenn jede Woche der Vortag von Pessach wäre und man immer auf den Boden klettern müßte. Denn erstens ist das Klettern selbst nicht zu verachten. Wenn ich's an einem gewöhnlichen Tage wollte, man ließe mich nicht. Und jetzt laufe ich ganz frei die Treppe hinauf, wie ein Teufel. Und der Vater kommt hinter mir her und mahnt: »Langsam, langsam!« Aber er hat gut mahnen. Ich fühle, daß mir Flügel gewachsen sind. Ich fliege, ich fliege!

6. Aus dem Keller auf den Boden und – Schluß

Was wißt ihr von den Schätzen, die bei uns auf dem Boden liegen? Ja, ja, ganze Schätze: Zerbrochene Lampengläser, Topfscherben, alte Wäsche – schwer zu sagen, ob die mal Männern oder Weibern gehörte. Dann liegt da so ein Stück Pelz, wenn man dem nur nahe kommt, zergeht es wie Schnee. Ferner gibt es zerfetzte Bücher, die durchgebrannte Röhre eines Teekessels, Bettfedern und ein zerrissenes Sieb. Ein alter Lulow macht sich's der ganzen Länge nach bequem wie ein Familienvater. Und erst die Sparren und die Balken! Und gar das Dach! Es ist ganz aus Schindeln, und ich reiche mit den Händen hinauf! Man denke: man kann das Dach in der Hand halten!

Der Vater setzt sich auf einen Balken, sammelt die zerrissenen Buchblätter und vertieft sich in sie. Ich aber stelle mich an das kleine Dachfenster und sehe die ganze Stadt vor mir – wie auf einem Teller. Alle Häuser mit allen Dächern – schwarzen, grauen, roten und grünen. Und die Menschen, die da unten gehen, sehen ganz klein aus. Und es scheint mir, daß es auf der Welt nichts Schöneres als unsere Stadt geben kann. Ich werfe auch einen Blick zu uns in unseren Hof, und ich sehe, wie man bei uns und allen Nachbarn scheuert und putzt, Tische und Bänke wäscht, große Töpfe mit siedendem Wasser, heiße Bügeleisen und glühende Steine schleppt und wie ein weißer Dampf sich emporwälzt und zerflattert. Und es riecht nach Frühling, Wasser rieselt durch die Gosse, Ziegen meckern, und irgendein Mann, der große, zerrissene und durch Schnüre zusammengehaltene Stiefel anhat, watet mit einem weißen Pferdchen, das er mit der Peitsche antreibt, mühselig durch den Morast. Es ist Asriel, der Fuhrmann, der Mazzes ausfährt. Und ich erinnere mich, daß wir schon lange Mazzes haben, sie liegen im verschlossenen Schrank, mit einem weißen Leintuch zugedeckt. Dort sind auch schon Eier vorbereitet, ein großer Topf voll und ein Glas voll Schmalz. Und zwei Kränze Zwiebeln hängen an der Wand. Und noch andere gute Dinge gibt es dort für das schöne Fest. Und ich erinnere mich auch an die neuen Kleider, die man mir zu den Feiertagen versprochen hat. Und ich bin sehr froh, sehr glücklich.

»Herr!« tönt ein langgedehnter Ruf von unten herauf. »Bemüht Euch herunter, in den Hof, die Bücher müssen durchgelüftet werden.«

Der Vater steht auf und spuckt wütend aus:

»Zu dumm, wirklich! Die wahre Auswanderung!«

Ich kann des Vaters Unzufriedenheit durchaus nicht verstehen. Was kann es denn Schöneres und Vergnügteres geben, als draußen zu stehen und Bücher durchzulüften? Und ich laufe auch gleich vom Fenster weg, zur Bodentür und … krach! … stürze kopfüber die Treppe hinunter!

Was weiter war, erinnere ich mich nicht. Ich weiß nur, daß ich nach dem Sturz eine recht lange Zeit krank war. Es stand damals schlimm mit mir, sagt man. Aber, wie ihr seht, bin ich wieder ganz gesund geworden – wenn's nur niemals schlimmer würde!

Nur die eine Narbe da im Gesicht ist geblieben. Und der Atem ist mir seitdem etwas kurz geworden. Ja, und wenn ich spreche, blinzle ich mit den Augen, bis auf den heutigen Tag.

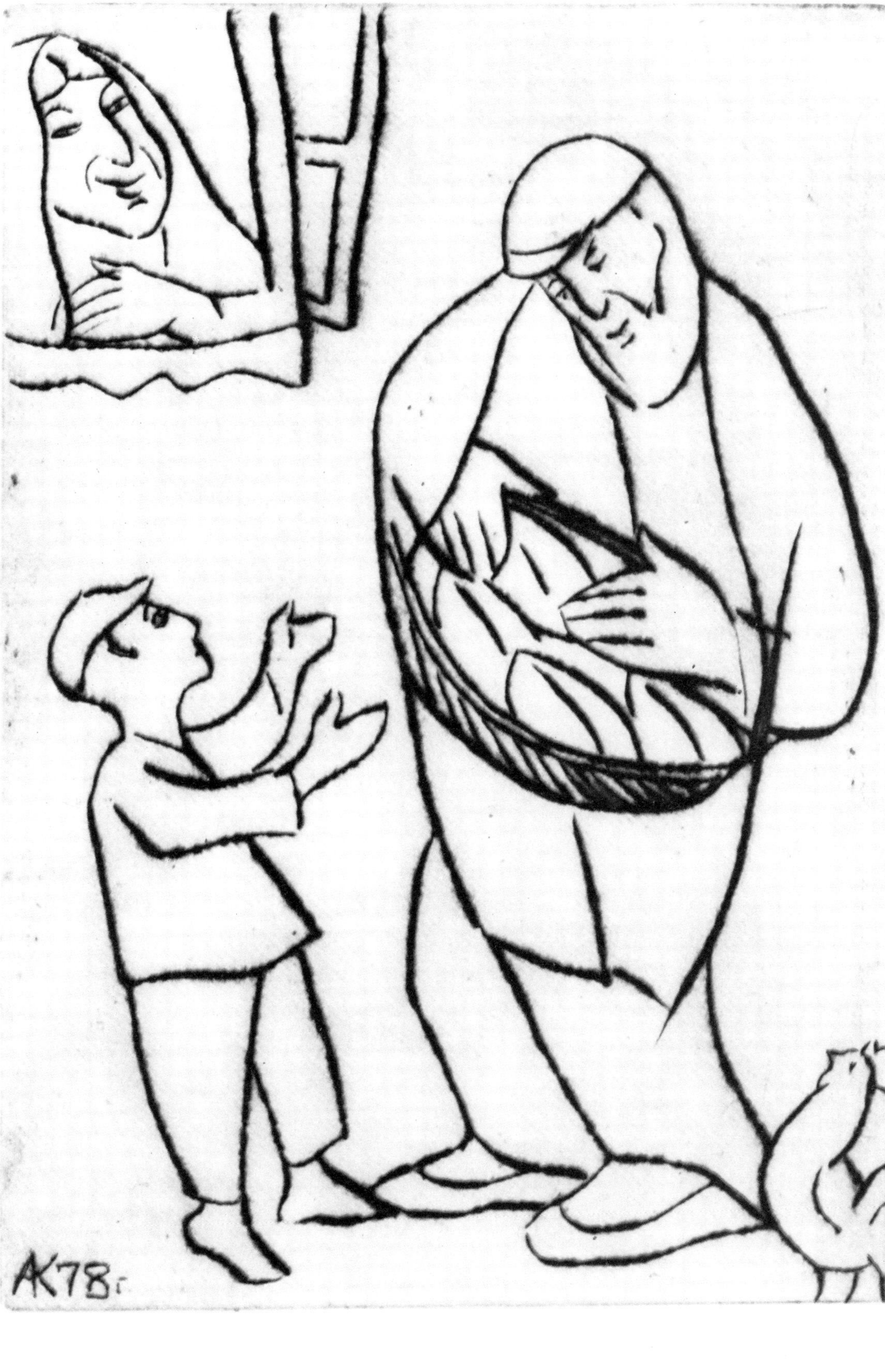
AK78г

Mendele Moicher Sforim

Der Tausch

Im Monat Adar, sagt der Talmud, freut man sich. Der Schnee schmilzt, auf allen Wegen liegt tiefer Schmutz, und ehrliche Juden, abgerissen und dreckig, beginnen nachzudenken, woher sie Geld für das Pessachfest nehmen sollen – die Zeit unserer Freude ist da!

Um diese Zeit erhielt ich einen Brief von einem Glupsker Bekannten, ich solle doch ja so bald als möglich zu ihm kommen, mit Sack und Pack, mit dem Planwagen und den Bücherbündeln, um einen Tauschhandel zu machen. Er wolle mir für meine alte Ware neue geben: Sammelbücher, Unterrichtswerke, Gedichte, Bilder und Skizzen, hochinteressante Romane, psychologische, ökonomische und soziale Erzählungen, dazu feine und kunstvolle Gegenstände von mancherlei Art, Chanukkaleuchter und dergleichen mehr. Mein Bekannter in Glupsk betreibt vielerlei Geschäfte mit wenig Segen. Er ist Buchhändler und Makler und auch ein Stückchen von einem Schriftsteller und Verleger und dazu ein armer Teufel, das aber in reichem Maße. Um ehrlich zu sein, ich habe sein Anerbieten nicht ganz ernst genommen, denn ich wußte ja, daß er im Notfall – er nehme es mir nicht übel – ein Halunke ist. Wie das ja oft bei Kaufleuten so geht, die vom Ankauf zum Verkauf den Wert verändern: ihre Ware ist pures Gold, die des andern schlechtes Blech.

So habe ich also von seinem Briefe, der die alte Ware in Grund und Boden verdammte und die neue über den grünen Klee lobte, nicht viel gehalten. Dann aber überlegte ich, daß es am Ende doch so übel nicht wäre, nach Glupsk zu fahren. Wozu sollte ich meine Ware so lange festhalten? Wohl möglich, daß die andere schlechter, daß sie ganz wertlos ist; aber besser oder schlechter – man muß handeln. Mag der Besen schlechter sein – wenn er nur neu ist!

Ich beschloß also, schleunigst abzureisen, um noch zu Purim nach Glupsk zu kommen und die berühmten Glupsker Purimspieler zu sehen. Alle Tage des ganzen Jahres sind sie arme einfältige Gesellen, zu Purim aber sind sie klug und geistreich, und Wortspiele fallen da wie die Tropfen, wenn es regnet. Es war mir aber nicht beschieden, da ich noch einige Zeit daheim verweilen mußte. Als ich endlich soweit war, gedachte ich so zu fahren, daß ich zu

Pessach wieder daheim bin. So sorgte ich noch vor der Abfahrt dafür, mein Haus mit all den guten Dingen zu versehen, die man zu diesem Feste braucht. Ich empfahl meiner Frau, um Gottes willen an nichts zu sparen, nicht an Rosinen und nicht an Wasser, und einen Rosinenwein zu bereiten, den ein König nicht verschmähen müßte. »Und kaufe auch einen Sack Kartoffeln und Gänseschmalz und einen recht wohlgenährten Truthahn. – Wie? Das Geld wird nicht reichen? Darum mache dir nur ja keine Sorgen. Versetze deinen Schmuck, dieses oder jenes Einrichtungsstück; Gott wird hoffentlich mit mir sein, und wir werden, wenn ich in Frieden heimkehre, ein fröhliches Pessachfest feiern, Rosinenwein mit Lakritzen trinken und lustig sein.«

So wurde alles besorgt. Allein Gott sandte Regen und Schnee über die Welt, ein Gemisch von Wasser und nassen Eiskörnern, und der Weg wurde unwegsam für Wagen und Schlitten, zu Pferd wie zu Fuß. Ich schleppte mich mit Mühe und Not eine Viertelmeile täglich vorwärts. Jeder Schritt kostete mein armes Pferdchen blutigen Schweiß. Es schleppte sich ein paar Schritte, fiel, stand auf, ging wieder ein paar Schritte und fiel abermals. Und ich Unseliger stapfte nebenher durch den Morast, beschmutzt vom Kopf bis Fuß wie ein Teufel, gleite aus und falle, falle und ächze.

Ich ächzte nicht nur für mich, sondern auch für mein Pferd. Wie kam mein armes Pferdchen dazu, sich so quälen zu müssen? Und wem zuliebe mußte es sich so quälen? Mir zuliebe, der ich mit einem Schlage alle alten Ladenhüter loswerden wollte. Einen ganzen Wagen hatte ich damit vollgestopft, mehr als das arme Tier ziehen konnte, ohne Mitleid, ohne einen Gedanken an seine Qual.

Solange es seine Leiden noch ertrug, ging und fiel, fiel und aufstand, sich fast aus seiner eigenen Haut zog und doch ging, stellte ich mich gefühllos, zeigte ihm die Peitsche, rief und schalt. Als aber das Pferdchen endlich ganz und gar in einen Sumpf geriet, irgendwo unter einem Berge, sich im Schmutz ausstreckte, so lang es war, die Füße von sich spreizte und liegenblieb, ohne auch nur noch ein Glied zu rühren, da meldete sich mein jüdisches Herz mit einer Moralpredigt: Du törichter, dummer Kerl, du nimmst eine ehrliche Kreatur und zerstörst ihr das Leben mit schwerer Arbeit, mit der Last von unendlich vielen schweren Bündeln von Büchern, von Makulatur! Alles hat doch Maß und Ziel! Ziegel und Steine kann man nur bis zu einer bestimmten Menge einem Pferd aufladen, sonst erträgt es sie nicht; und du hast deinem Pferdchen, einem elenden Geschöpfe, die ganze Masse, das ganze Joch aller

jüdischen Bürden auferlegt! Was ist das Ende? Das gute Wesen plagt sich, keucht, reibt sich auf, kann sich nicht mehr vom Fleck rühren und ringt mit seiner Seele. Schau dir an, wie es daliegt, ohne ein Lebenszeichen von sich zu geben. Wie ein toter Körper!

Doch was hilft das alles, was nützen Leid und Reue? Sah es zuerst nur wie ein toter Körper aus, so war es nachher wirklich und wahrhaftig einer. Mein Pferdchen war verendet.

So wie ich damals dastand, glich ich einem Kapitän, dem sein Schiff mitten im Meer untergeht. Allein und verlassen stand ich mitten auf dem Wege, und ein Meer von Schmutz dehnte sich um mich herum aus. Das Pferdchen lag tot im Sumpf, der Wagen steckte bis über die Achsen im Morast – und morgen abend beginnt Pessach –, und in meiner Seele war es bitter und trüb. Was sollte ich tun? Aber ein Jude hat doch einen Gott; wenn es schon ganz schlimm wird, erinnert man sich seines lieben Namens. So auch ich. Es war die Zeit des Nachmittagsgebetes. Also wandte ich mein Angesicht gen Osten und betete langsam und mit Inbrunst, so lange, bis die ersten Sterne aufschimmerten. Der Heilige, gepriesen sei er, hörte mein Gebet, zeigte mir etwas wie ein fernes Feuer und gab mir den Gedanken ein, dorthin zu gehen, wo es leuchtete. So kroch ich auf Händen und Füßen lange zwei Stunden, bis ich auf eine Hütte stieß, wo jemand am Waldesrand wohnte. Der Mann blickte mich zuerst wild an, als er aber sah, daß ich in Furcht und Zagen vor ihm stand und den Kopf hängen ließ, wurde er weicher und gewährte mir Gastfreundschaft. Er bewirtete mich mit gebratenen Kartoffeln und einem Glas Tee und wies mir zur Nacht einen Platz im Schuppen an. Am andern Morgen bat ich ihn dringend, ein Paar Ochsen vor meinen Wagen zu spannen und mich nach Bojberik zu fahren, in die nächste Stadt. Dafür erlaubte ich ihm, zu seinem Lohn das Fell meines toten Pferdchens abzuziehen und als Andenken auch noch die Hufeisen zu behalten. Ich tat das des lieben Friedens wegen. Er sollte nicht sagen, daß man einem Juden nichts Gutes erweisen dürfe, weil er nicht zu danken verstehe.

So kam ich in der Abenddämmerung nach Bojberik, als keine lebende Seele mehr auf der Straße war; groß und klein war bereits in den Bethäusern versammelt. Aufrichtig gesagt, war mir das sehr angenehm; ein Jude steckt doch gern in alles seine Nase, will alles mit der Hand befühlen, ein Jude will doch alles wissen. Und nun kam ich, ein bekannter Jude, Mendel, der Buchhändler, mit einem Paar Ochsen dahergefahren! Natürlich wäre man mit

Kind und Kegel zusammengelaufen, um mir einen festlichen Empfang mit Hoch und Hurra zu geben. Ich bin aber doch ein einfacher Jude, ein gewöhnlicher Mensch, und scheue soviel Ehre.

Ich habe in Bojberik einen Bekannten und guten Freund aus alten Tagen; er ist Buchhändler wie ich und in allen Orten, wo Juden wohnen, wohlbekannt unter dem Namen Hendel Bojberiker aus Bojberik. Vor Hendels Haus ließ ich mich bringen. Während des Fahrens hatte ich Zeit, mich in Gedanken zu versenken. Ochsen sind bekanntlich keine Schnelläufer, sie gehen Schritt vor Schritt, bedächtig, langsam, ohne Eile, wiederkäuend. Ich saß im Wagen und kaute auch noch einmal alle Begebenheiten durch, die mir unterwegs widerfahren waren. Ich sinnierte und sehnte mich nach meinem Haus, nach Weib und Kindern. Das Herz tat mir weh, weil mir das Fest verdorben war, weil ich nicht wie ein König neben meiner Königin am Tisch obenan sitzen würde. Ich gedachte auch des Truthahns: wahrscheinlich war es ein fetter, feiner Truthahn, ein wahres Labsal! Und ich sehnte mich inniglich ... Die Ochsen tappten, krochen durch Gassen und Gäßchen, bis sie endlich vor Hendels Haus stehenblieben.

Eine Weile stand ich mit beklommenem Herzen vor der Tür. Ich stand wie ein Armer an der Tür des Reichen: Werde ich ihn nicht bei schlechter Laune antreffen? Wird er mich nicht scheel ansehen? Aber was tut ein Jude nicht alles in der Not! In der Not bemüht er sich um fremde Menschen, in der Not wird er ein Gast. Ich faßte mir Mut, streckte die Hand aus und öffnete die Tür, öffnete sie leise und langsam, und sie knarrte. Sie knarrte, als ob sie etwas zu fordern hätte. So kam ich in den finsteren Hausflur; und alsbald regten sich die Leute und gaben mir einen Empfang: sie empfingen mich mit lautem Freudengeschrei und wie berauscht vor Wonne. Ich konnte gar nicht verstehen, was mit ihnen los war. Einer läuft in die Stube hinein und ruft: »Gekommen! ... Er ist da, er ist da!« Ein zweiter schreit ganz außer Atem: »Ein Licht, ein Licht, steckt ein Licht an!« Ich hörte eine Frauenstimme, zukkersüß voll Anmut und Liebenswürdigkeit, und eine Frau kommt herausgeeilt, umarmt, küßt und umhalst mich – beinahe. Sie schwatzt, spricht liebe- und vorwurfsvolle Worte durcheinander, freut und erbost sich zugleich: »Welcher Gast, welch seltener Gast! ... Weshalb kommst du so spät? Bin ich nicht auch so gut wie andere Leute?«

Ich stand verdattert da, wie ein Nachtwandler, aber als ich endlich den Mund auftat und antworten und erzählen wollte, was mir passiert war, ent-

K 78

zündete man eine Kerze und – wir standen alle erstarrt und mit offenen Mündern da wie versteinert. Wahrhaftig, eine schöne Szene!

Die Sache verhielt sich so: Hendel war auf Geschäftsreisen gegangen. Er sollte am Sabbat vor Pessach heimkommen und war nicht eingetroffen. Da war seine Familie sehr traurig. Als ich nun in der Dunkelheit eintrat, dachten die Kinder, es sei der Vater, und die Frau glaubte, ihr Mann sei zu Pessach gekommen; da gab es Freude und Aufruhr, als sie aber den Irrtum merkten, blieben sie mit aufgerissenen Augen und Mündern stehen.

Auch der Frau Hendels war das Fest verdorben, weil ihr Mann zu Pessach nicht da war und sie keinen König hatte. Andererseits aber dankte sie Gott und pries seinen Namen, daß er ihr doch einen bekannten Menschen beschert hatte, den Seder zu halten. Sie geleitete mich zu dem weichgepolsterten Ehrenplatz und »machte mich zum Könige an Hendels Statt«.

Auch ich dankte dem Höchsten und lobte ihn, der an mir Wunder getan hatte. Er hatte mich aus der ruhelosen Verbannung nach Bojberik gebracht, wo ich wie ein König dasaß, Bitterkraut und Eier und Fisch und Knödel aß und für Hendel und Hendels Weib die Haggada las, mit lautem Preis und Lobgesang: Hallelujah!

Jedoch nicht an mir allein geschah solch ein Wunder. Wie ich einige Tage später erfuhr, war Hendel dasselbe Pessach-Wunder zuteil geworden.

Hendel Bojberiker hatte seinen Wagen mit Büchern vollgepackt und war von Bojberik abgefahren, wie er es alljährlich vor Pessach zu tun pflegt. Und so geschah Hendel dasselbe, was Mendel geschah: Schnee und Regen, Sumpf und Morast, Pfützen und Gräben, Kummer und Leiden den ganzen Weg entlang. Auch sein Pferd ging und fiel, stürzte und wälzte sich im Schlamm. Und wenn es mit dem Leben davongekommen war, so verdankte es das wahrhaftig nicht seiner Heldenkraft, denn es war dürr und ausgemergelt, hinkte und hatte eine Beule auf dem Auge – mein Pferdchen war nach aller Meinung im Vergleich zu jenem gesund und schön. Nur ist der Morast in den Gegenden, durch die Hendel kam, dünner und verursacht nicht so unglückliche Folgen wie der dichte Sumpf um Bojberik und Glupsk. So zog Hendel langsam mit seinem Pferdchen dahin, kroch mit Mühe und Not vorwärts und gelangte am Tag vor Pessach nach Kabzainsk. So fuhr er noch am Abend vor mein Haus, hielt ganz fein bei meiner Frau den Seder, saß auf meinem weich gepolsterten Ehrenplatz und war König an meiner Statt, glücklich und zufrieden, daß Gott ihm einen Ruheort gegönnt hatte.

Das erzählte mir Hendel selbst, als wir einander nach dem Feste auf der Hälfte des Weges begegneten; und wir krümmten uns vor Lachen, als wir von dem Tausch erfuhren. Aber als ich begann, ihm von meiner Reise nach Glupsk zu erzählen, um dort alte Bücher für neue zu tauschen, zog er ein saures Gesicht, schüttelte bedenklich den Kopf und sagte: »Du magst Gott danken, daß du mit dem Verlust deines Pferdchens davongekommen bist. Ein ganz schöner Sündenbock!«

Ich sah ihn groß an.

»Was siehst du mich an, Mendel?« rief er. »Ich sage dir: Wohl dir, daß dein Pferdchen umgekommen ist! Denn so bist du vor der Reise nach Glupsk und vor einem übeln Geschäft bewahrt worden. Du kannst froh sein, daß es dir nicht gelungen ist, jene Ware zu kaufen. Ich beneide dich: Du darfst jetzt hoffen, den Buchhandel ganz loszuwerden. Zum Teufel mit all dem Plunder, altem und neuem! Wie gut wäre es, hätte auch mein Pferdchen ein böses Ende genommen, ja, möglichst schon vor einem Jahr! So hätte ich von der neuen Ware nichts gewußt und hätte mein Geld nicht verloren. Nein, Mendel, ich wiederhole dir: Es ist ein Glück für dich, daß dein Pferdchen verreckt ist.«

Wenn ihr aber glaubt, Hendels Zorn sei echt gewesen, so seid ihr im Irrtum. Hendel handelt noch immer mit Büchern wie eh und je, und auch ich bin ein Buchhändler geblieben wie zuvor. Ja, damals, mitten auf dem Weg, als Hendels Zorn ein wenig verflogen war, haben wir stehenden Fußes ein Tauschgeschäft gemacht: Ich gab ihm philosophische Bücher, Artikel und Predigten, und er gab mir Klagelieder und Trauergesänge. Denn für Klagelieder und Trauergesänge war die Zeit gerade recht: es ging gegen den Frühling, überall fing es an zu grünen und zu sprießen, und unsere jüdischen Brüder bereiteten sich vor auf das Klagen, Weinen und Fasten. /19/

Samuel Joseph Agnon

Der Seder

Als Jechiel-Michal, der Synagogendiener, mit seiner heiligen Arbeit fertig war und aus dem alten Lehrhaus trat, um nach Hause zu gehen, war er froh: Gott sei Dank, die Zeit der vielen Vorbereitungen zum Feste war vorbei, die mannigfachen Lasten, die Gott ihm auferlegt hatte, waren von ihm genommen; nun konnte auch er etwas von der Festfreude spüren und, nach Gottes Gebot, einen Seder halten, wie jeder Mann in Israel.

Aber als er so stand und die Tür des Lehrhauses verschloß – über ihm leuchtete das Licht dieses Abends –, da erfaßte ihn eine leichte Kühle, und er begann an allen Gliedern zu zittern. Jechiel-Michal probierte noch einige Male, ob er richtig abgeschlossen hatte, dann nahm er die Schlüssel in die Hand und ging bedrückt heim. Denn er besann sich auf das, was ihn zu Hause erwartete, und ihm war schwer zumute. Einsam würde er in seinen vier Wänden sitzen, auf seinem zerrissenen Kissen, das schon so viele Jahre keine Frauenhand berührt hatte, und wie im vergangenen Jahre würde er in der Haggada lesen, und die Weinflecken auf den Seiten werden ihn an jenen Pessachabend erinnern, den er bei seinem Schwiegervater, an der Seite seiner frommen seligen Frau gefeiert hatte. Er würde halbgare Gerichte verzehren, die er selbst erst mühsam anwärmen mußte; ach, wie schlimm ist es, wenn der Mensch allein ist!

Zwar hatten ihn viele wohlhabende und angesehene Leute eingeladen, am Pessachabend zum Seder bei ihnen zu bleiben. Seit Schuschan-Purim, dem Tag nach dem Purimfeste, redeten sie auf ihn ein: »Wie kann ein Jude am Festtag nur einsam sitzen? Es ist ja ein Glück, Reb Jechiel-Michal, daß in dieser Nacht böse Geister keine Macht haben, und doch solltet Ihr die Freude unseres Befreiungsfestes nicht verschmähen und Euch in den Frieden eines jüdischen Hauses begeben. Ist Euch dieses Fest denn eine geringe, unwichtige Angelegenheit? Wenn aber ein Jude einsam sitzt, ohne Familie, ohne Verwandte und Freunde, dann hüllt ihn Trauer ein. Gott bewahre uns vor ihr! Trauer ist wie Hefe im Teig, sie ist das wahre Gesäuerte. Und Gesäuertes am Pessach: davor beschütze uns Gott!«

Nein, auch Jechiel-Michal will kein Gesäuertes am Pessach. Er ist zwar nur ein Synagogendiener, ein einfacher Diener, macht Botengänge für Fremde, aber dennoch ist er ein Mann in Israel. Er würde seinen Feiertag nicht durch Trauer entweihen, er würde seine Welt aber auch nicht dadurch verdunkeln, daß er an einem fremden Tisch säße. Er ist ein Jude, und auch er war unter denen, die aus Ägypten zogen. Und seine Seele, das weiß Gott, stammt sicherlich und wahrhaftig nicht vom ägyptischen Gesindel/20/, das sich an die ausziehenden Israeliten hängte. – Aber, aber – die Hausfrau fehlt ihm.

Den ganzen Tag ist er im Dienste der Gemeinde beschäftigt, heizt den Ofen im Lehrhaus, zündet die Kerzen an und ordnet die Bücher. So vergeht der Tag, und die Nacht kommt. Und am Abend, wenn er heimgeht, hat er Hunger, denn er hat den ganzen Tag nichts gegessen außer etwas Trocknem und höchstens einem Apfel. Doch ein Jude soll an jedem Tag etwas Gekochtes essen! Aber ehe er sich ein Abendbrot gekocht hat, vergeht ihm die Eßlust, und er ißt niemals mit Behagen.

So grübelt er im Gehen und leidet. Doch es ist ja ein gottgefälliges Werk, am Pessach, dem Feste der Befreiung, froh zu sein. Und er weiß, daß der Böse all diese Bitternisse über ihn gebracht hat, um ihn in Traurigkeit zu versetzen. Und Jechiel-Michal speit aus, als ob – Gott bewahre! – ein Stäubchen Gesäuertes in seinen Mund gekommen wäre.

Und doch: Die Hausfrau fehlte ihm, die Hausfrau. Als er zu diesem Schluß gekommen war, nahm er die Schlüssel fest in die Hand und schritt eilig davon wie ein Königssohn, der in seinem Palast von seiner Braut, der allerschönsten Prinzessin, erwartet wird.

Auf einmal aber öffnete sich vor ihm ein Fenster, und er hörte die Stimme einer Frau: »Guten Abend, Reb Jechiel-Michal!« Und er erwiderte: »Guten Abend, Sore-Leie!«

Er dachte, sie wolle ihn nach dem Jahrzeittage ihres Mannes fragen. So blieb er stehen, und sie gerieten ins Plaudern. Sie erzählte ihm, wie schwer das Pessachfest für sie sei. Sie habe zwar alle Vorbereitungen getroffen, es fehle nichts; aber schließlich sei sie doch nur eine Frau. Sie besitze zwar alles, was zur richtigen Feier des Seder gehöre; und doch sei sie genötigt, sich an Fremde zu wenden. Dabei sei es wirklich genug, wenn sie das ganze Jahr über ihre Nachbarn bemühe, um in ihren Häusern Kiddusch und Hawdole zu hören.

»Ich bitte Euch«, begann Jechiel-Michal, »das ist doch für die Nachbarn ein gottgefälliges Werk, eine verdienstvolle Tat.«

»Ach«, sagte Sore-Leie, »glaubt Ihr, solche frommen Handlungen fallen so leicht? Ein Jude steckt den ganzen Winter über in seiner Arbeit, sieht Frau und Kinder kaum, und endlich kommt Pessach, ein bißchen Ruhe und Muße, da will er ungestört beisammensitzen mit Frau und Kind – und plötzlich, am Seder, überfällt ihn eine elende Witwe. Gott bewahre mich davor, mit den Lippen zu sündigen – aber was soll ich sagen? Die Zeiten sind schlecht geworden, eine Schwäche ist über die Welt gekommen. Früher, in der alten Zeit ... Oh, in der alten Zeit brachte ein Jude viele Gäste mit heim, gab ihnen zu essen und zu trinken, und niemandem wäre es eingefallen zu sagen: ›Es wird uns zu eng hier.‹ Mein seliger Vater versammelte eine ganze Gemeinde zum Sederabend um sich. Und haben in meinem Hause am Sederabend je Gäste gefehlt? Mein seliger Mann ist nie ohne einen Gast aus dem Lehrhaus heimgekommen. Und was fehlt mir jetzt? Wein ist, Gott sei Dank, da, sogar ein Becher mehr als nötig, Mazzes und sogar Schmure-Mazze, Fleisch und Charausses genug für alle Gottesfürchtigen. Was fehlt mir aber? Einen Truthahn habe ich für Pessach geschlachtet, so fett, daß ihm die Flügel zu Boden hingen. Seit Purim schon sagten die Leute: ›Sore-Leie, bindet diesen Hahn um Gottes willen nicht an einen Fuß Eures Bettes; wer weiß, wohin Euch dieser Hahn sonst verschleppt!‹ Aber was fehlt mir? Ein Mann in Israel. Ja, wenn die Frau im Hause ihres Mannes ist ...! Aber mein seliger Mann sitzt in der himmlischen Wonne und genießt die Herrlichkeit Gottes; ich dagegen muß mich von Sabbat zu Sabbat an fremden Orten herumdrücken, nur um ein jüdisches Wort zu hören. Ich dachte schon daran, den Schulleiter zu ersuchen, mir einen guten Schüler zu schicken, der bei mir zu Hause den Seder abhält – aber ich bin doch nur eine Frau, eine elende Witwe, wie könnte ich so etwas verlangen?«

Bei diesen Worten Sore-Leies seufzte Jechiel-Michal und zitierte aus dem Talmud: »Besser ist's, es sitzen zwei beisammen als eine Witwe sitzt allein.« /21/

Und obgleich diese Worte aramäisch gesprochen wurden, eine Sprache, die Sore-Leie nicht verstand, fühlte sie sich doch erleichtert; denn sie wußte, daß Jechiel-Michal in seinem Herzen nicht böse von ihr dachte. Sie las ihm ja die gute Gesinnung von den Augen ab. Und auch sie seufzte, sah ihn mit freundlichem Gesichte an und sagte in beistimmendem Tone: »Alles ist da; aber wenn der Hausherr fehlt, was hilft dann alles übrige?«

Und nach einem zweiten Seufzer fuhr sie fort: »Ich weiß wahrhaftig nicht, wozu ich noch da bin. Meine Kinder habe ich aufgezogen, sie sind groß geworden und haben mich verlassen. Einer ist in Amerika, einer in Argentinien, und ich bin allein geblieben. Einsam und allein. Ich wollte ins heilige Land gehen, dort ist man nicht so verlassen und verloren. Aber wie kann eine alleinstehende Frau an einen Ort ziehen, wo man sie nicht kennt, wie kann sie in ein fremdes Haus treten?«

Jechiel-Michal war voller Mitleid; er drehte seine rechte Schläfenlocke und sprach ihr begütigend zu. »Ist denn mein Schicksal besser als das Eure, Sore-Leie? Ihr seid, Gott sei Dank, geschmückt wie eine Braut und eßt gute Speisen; ich aber bin verbannt und traurig, wie ein Witwer eben ist. Ja, so ist es auf dieser Welt! Wir Juden – ach, wir haben auf dieser Welt nichts als Gottes Gunst. Aber man soll am Feiertag nicht traurig sein!«

Während er sie aber trösten wollte, kam ihn ein Erbarmen über sich selber an, und er sprach: »Was ist denn ein *Mann* Großes? Ich danke alle Tage Gott, daß er mich nicht als Frau geschaffen hat; ich weiß genau, wie der Seder zu machen ist; aber geht einmal in eine ungetünchte Wohnung ohne Festtagsstimmung, in ein Zimmer, erfüllt mit Alltag! Wärmt Euch halbgargekochte Gerichte auf und setzt Euch wie ein *König* auf das zerbrochene Bett! O Sore-Leie, nicht umsonst sagt der Jalkut: ›Alle Leiden sind schwer, aber Armut ist schwerer als alles andere. Alle Leiden kommen und gehen; gehen sie aber, so wird alles wieder, wie es zuvor gewesen. Nur die Leiden der Armut verdunkeln die Augen des Menschen.‹ Glaubt nicht etwa, daß mich das kränkt und ich keinen Stolz besitze. Gott bewahre mich! Ich sage dies nur, weil Ihr Euch beklagt, daß Ihr nur eine Frau seid. Ja, so ist das: In diesem Winter habe ich mich erkältet, und mein Hals schmerzt mich. Was soll ich da noch sagen?«

Als Sore-Leie dies hörte, sagte sie: »Ihr solltet doch lieber ins Zimmer treten. Zwar ist der Winter vorbei und die Kälte zu Ende, aber man kann sich noch immer leicht eine Krankheit zuziehen.«

Ihre Worte leuchteten ihm ein, er verkroch sich tief in sein dickes Halstuch und folgte ihr in ihre Stube.

Da sah er: die Wände waren nach Vorschrift getüncht, der Lehmboden war rein und braun, aus jedem Winkel blinkte der Feiertag. Über allem lag die heilige Ruhe, die am Pessach geboten ist. Da kam das Wort über ihn, und er pries ihr Haus: »Ach, wie schön ist die Stelle, auf der die Hände einer Frau geruht haben!« Sogleich nahm sie eilends die Tischdecke ab und ließ alles sehen, was dort stand. Wein, Mazze, Petersilie, Eier, ein gebratener Knochen, eine Schüssel voll Fleisch und viele köstliche Leckerbissen. Und sie sprach: »Solch ein Seder – und wozu? Ich nehme doch alles und bringe es einem Nachbarn. Ich bin doch nur eine Witwe. Man vergißt schwer, daß man einmal eine Hausfrau war. So sagte ich mir: Ich werde mir für ein Weilchen einen Seder bereiten, *als ob* ein Hausherr da wäre und man den Seder hielte, wie jeder Mann in Israel.«

Jechiel-Michal wurde es ganz warm, und er wollte etwas sagen. Aber da befiel ihn ein schweres Husten und Räuspern, so daß Sore-Leie ihn ganz erschrocken ansah und ihn mahnte: »Reb Jechiel-Michal, eßt nur heute um Gottes willen nicht zuviel bittere Kräuter! Ihr hustet ja, Ihr hustet! Ein bißchen Tee mit viel Zucker würde Euch guttun. Wer wird Euch denn zu Hause etwas Warmes bereiten?«

Sore-Leie schwieg und seufzte. Auch Jechiel-Michal seufzte, und dann seufzten noch einmal beide zugleich.

Dann fragte sie: »Vielleicht bleibt Ihr ein Weilchen hier, Reb Jechiel-Michal, und ich bereite Euch einen warmen Schluck, ein Glas? – Ach, ich vergaß ja, daß heute Feiertag ist, daß man zuerst Kiddusch machen muß, Seder machen muß. Wollt Ihr vielleicht hier den Seder machen?«

Und wie der höhere Wille aus der inneren Stimme zum Wort ward, wiederholte sie: »Wahrhaftig, wollt Ihr den Seder hier machen?«

Jechiel-Michal schaute hin und her und sah doch überall die Herzensgüte der Frau; er konnte sich nicht losreißen. Ihm war, als wären alle seine Glieder da festgewurzelt, wo er saß. Er verlor die Empfindung seiner Hände und seiner Füße, und seine Lippen verschluckten die Antwort.

Während er aber noch nach Worten rang, nahm Sore-Leie eine Unmenge von Kissen, Polstern und schönen weißen Decken, die sie zu Ehren des Pessachfestes gewaschen und geplättet hatte. Damit bereitete sie eine bequeme gepolsterte Sitzgelegenheit, wie in der alten Zeit. Und Jechiel-Michal legte, ohne Absicht und ohne sich zu besinnen, die Schlüssel hin; dann blickte er die weißen Kissen an, die so aussahen, als ob die Gottesherrlichkeit selbst darüber ruhte. Dann stand er auf und wechselte den Platz, von einem Stuhl zum andern, bis er an den Polstersitz kam; er setzte sich oben an den Tisch, zögerte aber in Gedanken noch immer, so daß die Frau noch einmal zu ihm kam und ihren Wunsch wiederholte. Sie stand auf und füllte einen Becher mit Wein, damit er darüber Kiddusch mache. Er aber sah mit dem einen

Auge auf den Wein, mit dem andern nach den sauber blinkenden Winkeln der Stube, und er dachte: »Wie schön ist doch die Stelle, auf der die Hände einer Frau ruhten!« Und er machte Kiddusch, würzte seine Stimme mit den schönsten Trillern, und sein Mund schwebte wie ein Lied über dem Becher; Sore-Leie lauschte und ward voller Wonne, und ihr Angesicht leuchtete. Ach, wie schön ist die Stimme des Mannes, wenn er heilige Worte ertönen läßt!

Also saß Jechiel-Michal, der Synagogendiener, wie ein König, wie jeder Mann in Israel, und vor ihm stand Sore-Leie mit dem Wasserbecken. Jechiel-Michal wusch seine Hände und betrachtete das Becken, ein köstliches Gefäß. Wenn Gott ihr die Gnade gewähren würde und sie nach Jerusalem käme, sagte sie, würde sie es einem heiligen Ort stiften, damit die Kohanim, die Priester, darin ihre Hände waschen, bevor sie zum Segen gehen. Schon hier hatte man es ja an jedem Feiertag vom Hause ihres Mannes in das alte Lehrhaus gebracht, Jechiel-Michal hatte es mit Wasser gefüllt und die Kohanim hatten ihre Hände darin gewaschen. Und jetzt stand die Hausfrau selbst vor ihm und bediente ihn mit diesem Becken!

Jechiel-Michal taucht die Petersilie ein, bricht eine Mazze und liest die Haggada. Sore-Leie hört zu und schickt ein stilles Dankgebet zu Gott empor, weil er ihr beschieden hat, in ihrem Hause einen richtigen Seder mit allem, was dazu gehört, zu erleben. Von Jechiel-Michal weicht die schwere Last und das Leid, er sitzt zurückgelehnt, sein schweres Haupt sinkt in die Kissen, der Schweiß ringelt seine Schläfenlocken, und es scheint ihm, als versinke er in einen tiefen Abgrund. Er weiß nicht, wie ihm geschieht; er weiß nur, daß unendliche Gnade die Welt umfängt. Sein Blut pocht und stürmt, fast empfindet er Schmerz; allein er fühlt das Verlangen, der Schmerz möge tiefer werden, siebenmal tiefer, und er möchte in den Abgrund hinabfallen.

Das Städtchen ruht still unter dem fahlblauen Himmel, der von dem vielen Staub, der vor Pessach aus Häusern und Höfen aufgestiegen, wie verschleiert ist. Der Mond bahnt sich einen Weg, und der Himmel wird klar. Und die Nachtstrahlen weben einen Baldachin über das kleine Häuschen, das in die Heiligkeit des Festes versinkt. Ein kühles Frühlingslüftchen kommt, stiehlt sich durch eine Fensteröffnung, bläst einen Augenblick hinein und kämpft einen kleinen Krieg mit der warmen Luft im Zimmer; und in der Stube summt es wie ein Plätschern von Wellen, und es dünkt ihnen, als führen sie:

Sie sitzen auf einem Schiffe, mitten im großen Meer, auf dem Wege ins heilige Land, wohin ihre Seelen sich sehnen; und bald schmiegen sie sich an die heilige Erde und sehen die heiligen Stätten mit eigenen Augen. Die herabgebrannten Kerzen flackern in den Leuchtern, wenn das Lüftchen sie trifft, Jechiel-Michal und Sore-Leie erheben ihre Augen und blicken sich still ins Gesicht.

Jechiel-Michal liest die Haggada und trillert mit seiner Stimme und sagt: »Er baue sein Haus bald!« Aus den Häusern der Gasse trägt der Frühlingswind das Echo über die ganze Stadt: Baue, o Gott, baue!

Jechiel-Michal singt und sagt: »Im nächsten Jahr in Jerusalem!« Und die Phantasie, die dem Menschen so tief eingepflanzt ist, läßt ihn denken, schon hier sei ein Stück des heiligen Landes; er fühlt schon die Luft des Landes; aus den Zweigen klingt das süße Zwitschern eines Vogels, und im Hause Sore-Leies, der Witwe, singt eine Stimme das Hohelied.

Jizchok Leib Perez

Der Zauberkünstler

In ein wolhynisches Städtchen kam einmal ein Zauberkünstler. Obwohl es in der Pessachzeit war, wo der Jude mehr Sorgen als Haare auf dem Kopfe hat, erregte seine Ankunft doch großes Aufsehen. Ein rätselhafter Mensch! Seine Kleider waren zerrissen, aber auf dem Kopfe trug er einen wenn auch eingedrückten Zylinderhut; ein jüdisches Gesicht – die Gottähnlichkeit war ihm auf die Nase geschrieben, aber sein Bart war wegrasiert! Er hatte keinen Paß, und niemand sah ihn essen, weder koschere noch treifene Speisen. Wie soll man wissen, was das für einer ist? Man fragte ihn: Woher? Sagte er: Aus Paris. Wohin? Nach London. Wie kommt er her? Sagte er: Ich habe mich verirrt. Ist offenbar zu Fuß gegangen. Und er zeigte sich in keiner der Betstuben, selbst am Großen Sabbat nicht. Und wenn die Leute sich um ihn drängten, verschwand er plötzlich wie von der Erde verschlungen und tauchte am anderen Ende des Marktes wieder auf.

Er mietete sich einen Saal und begann seine Kunststücke zu zeigen.

Das waren Kunststücke! Vor aller Augen verschluckte er glühende Kohlen, als ob es Suppennudeln wären. Und aus dem Munde zog er Bänder heraus: rote, grüne und in jeder Farbe, die man nur haben wollte. Und lang waren die Bänder wie das Exil. Aus einem Stiefelschaft holte er sechzehn Truthähne heraus, lebendige Truthähne, so groß wie Bären, und sie flatterten über die Szene. Dann hob er einen Fuß in die Höhe und kratzte von den Schuhsohlen goldene Dukaten ab, eine ganze Schüssel voll goldener Dukaten! Die Leute klatschten Bravo. Er pfiff, und eine ganze Menge geflochtener Challes flog wie ein Schwarm Vögel durch die Luft und führte einen Hochzeitstanz auf. Ein zweiter Pfiff – alles war im Nu verschwunden, als wäre es nie gewesen. Verschwunden waren die Challes, die Bänder, die Truthähne. Nichts war zurückgeblieben!

Mein Gott, man weiß ja, daß die Zauberer von Ägypten wohl noch größere Kunststücke gezeigt haben, aber eine Frage drängte sich allen auf: Warum ist dieser Mensch so bettelarm? Der Mensch kratzt sich Dukaten von den Schuhsohlen ab und kann sein Gasthofzimmer nicht bezahlen. Mit einem einzigen Pfiff backt er mehr Challes als der größte Bäcker, zieht Truthähne aus dem

Stiefelschaft und hat dabei ein so mageres Gesicht – jede Leiche sieht besser aus –, und in seinen Augen brennt der Hunger wie Feuer. Die Leute witzelten: Das sei die fünfte Frage für den Seder!/22/

Doch ehe der Sederabend angebrochen ist, wollen wir den Zauberkünstler verlassen und uns zu Chajim-Joine und zu seinem Weib Riwke-Beile begeben. Chajim-Joine war einst ein reicher Holzhändler gewesen; einmal steckte er sein ganzes Vermögen in einen Wald; man verbot ihm aber, den Wald auszuholzen, so büßte er sein ganzes Geld ein. Dann wurde er Holzaufschreiber in einem fremden Walde, verlor aber bald die Stellung. Nun sitzt er seit längerer Zeit ganz ohne Geld da. Den Winter hat er mit Mühe und Not überstanden – auf alle Feinde Zions sei es gesagt! Aber nach dem Winter kommt Pessach. Er hat schon seine ganze Habe, vom Hängeleuchter bis zum letzten Kissen, versetzt. Riwke-Beile sagt: »Geh zum Gemeindevorstand und bitte um Unterstützung zur Anschaffung von Mazzes.« Sagt Chajim-Joine, daß er auf Gott vertraut und sich keine Sorgen machen will. Riwke-Beile sucht noch einmal in allen Winkeln nach und findet – es ist wirklich ein Wunder Gottes! – einen alten silbernen Löffel, den sie einst vor vielen Jahren verloren hat. Nimmt Chajim-Joine den silbernen Löffel, verkauft ihn und spendet das Geld der Gemeinde zur Anschaffung von Mazzes für arme Leute. Die Armen gehen vor, sagt er. Die Zeit steht aber nicht still: nun sind nur noch einige Wochen bis Pessach. Aber Chajim-Joine vertraut noch immer auf Gott: Gott, sagt er, läßt niemand im Stich! Riwke-Beile schweigt dazu. Ein Weib muß dem Manne gehorchen. Es vergeht aber ein Tag nach dem anderen, Riwke-Beile schläft seit mehreren Nächten nicht und weint leise. Chajim-Joine soll es nicht hören. Nachts erleichtert sie sich das Herz durch Tränen; aber am Tage muß sie sich in die Wangen kneifen, damit sie röter aussehen! Die Nachbarinnen schauen sie voller Mitleid an, und diese mitleidigen Blicke stechen sie wie Nadeln. Manche fragen: »Wann backt Ihr Mazzes? Seid Ihr schon mit der Roterübensuppe fertig?« Andere sagen: »Was ist mit Euch los, Riwke-Beile?! Wenn Euch etwas fehlt, wollen wir es Euch gerne borgen.«

Chajim-Joine will aber keine Gabe von einem Geschöpf aus Fleisch und Blut annehmen, und Riwke-Beile kann gegen seinen Willen nichts tun. Darum erfindet sie eine Ausrede nach der anderen, und das Gesicht brennt ihr wie Feuer.

Die Nachbarn sehen, daß da etwas nicht in Ordnung ist. Sie laufen zum

Rabbiner. Doch es ist nicht zu glauben! Der Rabbiner hört sie an, seufzt, denkt eine Weile nach und erklärt schließlich, daß Chajim-Joine ein gelehrter und gottesfürchtiger Mann sei; wenn er so starkes Gottvertrauen habe, könne man dagegen nichts machen.

Riwke-Beile hat nicht einmal Feiertagskerzen. Und schon bricht der erste Pessachabend an!

Chajim-Joine kommt aus dem Lehrhaus und geht heim. In allen Fenstern auf dem Markte leuchten Festtagslichter, nur sein Haus steht allein da wie ein Trauernder unter Hochzeitsgästen, wie ein Blinder unter Sehenden. Er läßt aber den Mut nicht sinken: »Wenn Gott will, werde ich doch noch ein Pessachfest haben!« Er tritt in die Stube und ruft mit fröhlicher Stimme: »Gut Jontew!« Und er sagt es noch einmal: »Gut Jontew, Riwke-Beile!« Und Riwke-Beiles tränenerstickte Stimme antwortet ihm aus einer finsteren Ecke: »Gut Jontew, gutes Jahr!« Und ihre Augen leuchten aus der Ecke wie zwei brennende Kohlen. Er geht auf sie zu und sagt: »Riwke-Beile, heute ist der Feiertag zum Andenken an den Auszug aus Ägypten. Verstehst du das? Man darf nicht trauern. Und welchen Grund hast du auch dazu? Wenn der Schöpfer der Welt nicht will, daß wir einen eigenen Seder haben, so müssen wir eben mit einem fremden fürliebnehmen! Jedermann wird uns einlassen ... Tür und Tor stehen uns überall offen. Heute sagen die Juden: ›Wer da hungrig ist, komme und esse!‹ Komm, nimm deinen Schal und laß uns zu irgendeinem Nachbarn gehen.«

Und Riwke-Beile gehorcht wie immer ihrem Manne. Sie hält mit äußerster Kraft die Tränen, die sie würgen, zurück, nimmt ihren zerschlissenen Schal um und will schon gehen, als plötzlich die Türe geöffnet wird. Jemand tritt ein und ruft:

»Gut Jontew!«

Sie antworten: »Gutes Jahr!« und gucken gar nicht, wer eingetreten ist.

Der Fremde sagt: »Ich will euer Gast beim Seder sein!«

Antwortet Chajim-Joine: »Wir haben selbst keinen Seder!«

Erwidert jener, daß er einen Seder mitgebracht habe.

»Einen Seder im Finstern abhalten?« fragt Riwke-Beile, die ihre Tränen nicht mehr zurückhalten kann.

»Gott bewahre!« sagt der Gast. »Wir werden schon Licht haben.« Und er winkt mit der Hand, und mitten in der Stube, in der Luft erscheinen zwei silberne Leuchter mit brennenden Kerzen! Nun ist es hell. Chajim-Joine und

Riwke-Beile erkennen im Fremden den Zauberkünstler. Sie starren ihn an und können vor Erstaunen und Schreck kein Wort hervorbringen. Sie fassen einander an den Händen und stehen mit weitaufgerissenen Augen und offenen Mündern da. Der Zauberer wendet sich an den Tisch, der ganz verschämt in einem Winkel steht, und sagt ihm:

»Bedecke dich und komm her!«

Und wie er das sagt, fällt von der Decke ein schneeweißes Tischtuch auf den Tisch herab, und der Tisch rührt sich von seinem Ort, kommt mitten in die Stube und bleibt unter den Leuchtern stehen. Die silbernen Leuchter senken sich und stellen sich auf den Tisch. »Und jetzt«, sagt der Zauberkünstler, »fehlen noch die Sedersessel.« Sofort setzen sich drei Stühle aus drei Ecken der Stube in Bewegung und stellen sich an drei Seiten des Tisches. Sagt ihnen der Zauberer, daß sie breiter werden sollen, und sie werden sofort breiter und verwandeln sich in drei Großvaterstühle. Nun ruft er: »Weicher!« Sofort sind sie mit rotem Samt überzogen, und von der Decke fallen schneeweiße Kissen herab und legen sich auf Befehl des Zauberers auf die Großvaterstühle. Er befiehlt, und auf dem Tische erscheint eine Sederschüssel mit allen vorgeschriebenen Dingen, dann erscheinen Weinbecher und eine Flasche Wein, auch Mazzes und alles, was man zum Seder braucht, sogar Gebetbücher mit Goldschnitt.

»Habt ihr Wasser zum Händewaschen?« fragt der Zauberkünstler. »Ich kann auch Wasser herbeischaffen!«

Jetzt erst kommen die beiden zu sich und schauen einander an. Und Riwke-Beile flüstert ihrem Mann Chajim-Joine zu: »Darf man das annehmen?« Und Chajim-Joine weiß nicht, was er antworten soll. Rät sie ihm: »Geh zum Rabbiner und frage ihn!« Antwortet er, daß er sie nicht mit dem Zauberer allein lassen dürfe; sie möchte doch lieber selbst zum Rabbiner gehen. Erwidert sie, daß der Rabbiner ihr, einer einfältigen Frau, nicht glauben werde; er werde meinen, daß sie verrückt geworden sei. So gehen sie beide zum Rabbiner und lassen den Zauberer mit dem Seder allein.

Der Rabbiner entschied: Wenn etwas durch unsaubere Künste geschaffen wurde, so ist es unwirklich, denn jede Zauberei ist nur Blendwerk für die Augen. Sie sollen nach Hause gehen, und wenn die Mazze sich brechen, der Wein sich einschenken und die Kissen auf den Sedersesseln sich antasten ließen, so ist alles gut, dann komme es vom Himmel, und sie dürfen es genießen.

Diesen Bescheid gab ihnen der Rabbiner, und sie gingen mit Herzklopfen nach Hause. Wie sie in die Stube kamen, war der Zauberkünstler schon fort, aber der Seder stand wie vorher da. Die Kissen ließen sich betasten, der Wein ließ sich einschenken und die Mazze brechen. Nun wußten sie, daß der Fremde niemand anderer als der Prophet Elia gewesen war, und sie hatten ein fröhliches Fest!

JIZCHOK LEIB PEREZ

Die Verstoßene

Den ganzen Mai über war es kalt und regnerisch.

Es war, als wollte es in diesem Jahre nicht Sommer werden, als würde es immer wieder frieren und gießen.

Plötzlich, am Vorabend des Wochenfestes, zeigte sich die Sonne.

»Die Tora ist das Licht!« sagte der Vater mit stolzer Freude und begann, das Gebetbuch für den Abend zu suchen.

»Dem heiligen Feste zu Ehren«, erklärte uns Mutter freudig des Vaters Worte und machte sich an den Butterteig.

»Gelbe Challe werde ich euch heute backen!« teilte sie uns mit.

Bald darauf erfüllte der Duft von frischem Teig, Safran, Zimt und Nelken, von gezuckertem Quark und zerlassener Butter die Stube.

Meine jüngste Schwester Chane sagte nichts dazu. Sie saß am Fenster über einem Roman, las aber nicht, sondern blickte unruhig auf die Gasse hinaus. Sie sah dabei wunderschön aus.

Die Mutter rief sie einige Male um Hilfe, sie antwortete aber nicht. Ein ironisches Lächeln umspielte ihre Lippen. Sie schwieg.

»Faules Ding!« brummte die Mutter. »Immer nur die dummen Bücher im Kopf. Was weiß sie vom Feiertag!«

Der Vater mischte sich nicht ein; er pflegte sich niemals in häusliche Angelegenheiten einzumischen. Er hatte inzwischen das Gebetbuch gefunden und abgestaubt; dann legte er sich vor dem Bad noch etwas schlafen, man wird ja heute lange aufbleiben müssen. Die Mutter wollte den Vater nicht wecken und hörte zu brummen auf.

Sie winkte mich heran, gab mir einige Groschen und schickte mich fort, einkaufen: frisches Grün, um den Fußboden zu schmücken, und buntes Papier, aus dem sie Blumen für die Fenster machen wollte.

Gott allein weiß, wie schwer es mir fiel, die Stube mit der Schüssel Sahne, dem gezuckerten Quark und der Tüte Rosinen zu verlassen. Doch alles selbst einkaufen zu dürfen, selbst zu feilschen und selbst das Grün und das bunte Papier zu bezahlen war eine noch größere Versuchung. Und ich lief aus der Stube.

Nach dieser Freude kam aber ein furchtbarer Feiertagsabend.

Meine Schwester Chane lief fort.

Wir beide – mein Vater und ich – waren beim Beten. Mutter hatte sich vor dem Anzünden der Lichter etwas hingelegt und war eingeschlafen.

Im Schlafe hörte sie einen Pfiff, fand aber nichts dabei. Doch dieser Pfiff war das Zeichen für meine Schwester Chane. Sie lief fort ... Zu unsern Feinden ...

Und das gerade am Wochenfest, dem Tag, an dem wir unsere Tora empfangen haben. –

Glück und Unglück, Gut und Böse bleiben zurück, wir aber wandern weiter und weiter, bis wir dort angekommen sind, wo alles vergessen wird oder höchstens in der Erinnerung auflebt. Was wir durchlebt haben, bleibt zurück wie die Steine auf dem Wege, den wir gewandert, und wie die Grabsteine, unter denen wir unterwegs unsere guten und schlechten Freunde begraben haben.

Aber Chane kann ich nicht vergessen.

Das Leben, in das sie sich stürzte, spie sie wieder aus. Das erhoffte Glück war bald verblüht und verwelkt. Die geträumten Blumen verwandelten sich in brennende Dornen.

Zurückkommen konnte sie nicht mehr. Im Wege standen ihr das Gesetz und zwei Gräber. Das des Vaters und das der Mutter.

Jedes Jahr, an den Abenden des Wochenfestes sehe ich sie vor meinem inneren Auge.

Sie kommt in unsere Gasse und stellt sich vors Fenster. Sie hat entweder Angst oder nicht die Kraft, ein jüdisches Haus zu betreten. Mit weit aufgerissenen Augen starrt sie ins Zimmer und sieht nur mich allein. Sie erblickt mich und sieht mich mit Schreck, mit Flehen und mit Zorn an.

Ich verstehe sie.

»Wo sind sie?« fragt sie erschrocken.

»Verzeiht!« fleht sie.

»Schuldig seid aber ihr!« sagt sie zornig.

»Was wußte ich von euren erbitterten Auseinandersetzungen mit Andersgläubigen?«

»Du hast sie gewußt, du hast sie im Cheder gelernt«.

»Meine Bücher erzählten mir kein Wort davon.

Bei euch im Hause lebte ich ein fremdes Leben. Ein fremdes, schönes Traumleben, ein Leben, das ich aus meinen Büchern lernte.

Habe ich etwas verraten oder jemanden belogen?

Ich habe nur die gelbe Challe gegen anderes süßes Gebäck eingetauscht ... Und die Geschichten aus Mutters Frauenbibel gegen Bücher – Gebete gegen Romane.

Das bißchen Grün auf dem Fußboden tauschte ich gegen das freie, frische Grün in Wald und Feld! ... Das enge, dumpfe vernagelte Leben gegen Sonnenschein und Blumen, Freude und Liebe ...

Doch weil das nur ein Traum war, wurde ich bestraft!

Aber euch habe ich nicht verraten! Ich habe euch nicht gekannt, habe nichts von euren Schmerzen gewußt, denn ihr habt mir kein Wort von ihnen erzählt. Ihr habt mich in eure Geheimnisse nicht eingeweiht ...

Warum habt ihr mir nichts von eurer Liebe erzählt, von Liebe, die sich von eurem Blute nährt? Warum habt ihr mir nichts von eurer Schönheit gesagt, von eurer ewigen, blutigen Schönheit?

Das Schöne, das Liebe, das Erhabene, das schrecklich Erhabene habt ihr in euch verschlossen, habt ihr Männer für euch behalten ...

Und von mir, von uns, die wir uns mit Fleisch und Blut, mit der ganzen Kraft unserer Jugend nach dem Leben sehnten, von uns verlangtet ihr nichts als Buttergebäck und gelbe Challe mit Safran!

Uns habt ihr verstoßen!«

So klagt sie uns an.

Möge sie der richten, der über allen Völkern und ihren verworrenen, ewigen Kämpfen thront.

Scholem Asch

Tischebow

Ein Bild aus der Gasse

Und die Gemeinde Israels schmollte mit dem Ewigen. Wie eine schöne Braut, die dem Bräutigam die Brautgeschenke zurückwirft, so warf die Gemeinde dem Schöpfer der Welt die Tora zurück. »Geh, mit unserer Freundschaft ist es aus!«

»Heute ist Tischebow! Heut wird nicht ›Tora gelernt‹.«

Junge Schwiegersöhne und Talmudschüler gehen müßig herum. Chederbuben laufen, als gäbe es auf der Welt keinen Kantschu, keinen Cheder, keinen Lehrer, frank und frei auf dem Markte umher. Und in dem alten Lehrhaus sitzt die Tora ganz allein in einem Winkelchen traurig und jammert: »Heut haben mich alle verlassen!«

Die Sonne warf noch einen letzten leuchtenden Blick auf die Dächer des Städtchens und vergoldete die Scheiben der großen Ausspannung, die am Stadtrand steht. Nach Westen zu aber hat die rotgoldene Sonne sich schon tief gesenkt, und eine schwere Wolke, die kaltblütig von der anderen Seite des Städtchens heranschwebte, hat das flammende Sonnenauge wie mit einem grauen Hauch überzogen. Und die vielen Strahlen, die noch auf dem Markte umherirrten, sind kaum noch so hell wie ein Lämpchen, dessen Docht herabgedreht ist.

Noch war es Tag, da wurden schon die Läden geschlossen, einer nach dem andern. Und da nun die Türen nacheinander zugehen und die bunten Schilder im Innern verschwinden, daß nur noch schwarze Flecken auf der freien Mauer übrigbleiben, ist es, als wenn in einer hell beleuchteten Stube plötzlich die Lichter ausgelöscht werden. Ein Licht und wieder ein Licht. Und es wird dunkler, ganz allmählich, so allmählich, wie die Hochzeitsgäste einen Hochzeitssaal verlassen, in den sich dann die graue Trauer hineinschiebt.

Vor einer Tür steht ein langer, dürrer Jude in einem zerrissenen langen Rock, die Lenden fest gegürtet, und starrt mit verträumten Augen zum Himmel empor. Seine eingefallenen Wangen beben, wie wenn der Wind durch trockene Blätter weht. Dann wendet er seinen Blick vom Himmel ab und

sieht über den Markt hin, als ob er sagen wollte: »Herr des Himmels, ich harre deines Befehls!«

Die Gemeinde Israels ist noch in ihren Wohnungen. Jeder greift hastig zum letzten Bissen und macht sich bereit mit traurigem Gesicht, den tränenschweren Sang der Klagelieder anzustimmen.

In der Gasse ist es still. Die Häuser stehen um den Markt herum und schweigen, als ob sie auf etwas warten. Bald kommt aus irgendeinem Hause ein schlanker, blasser, magerer Jude. Seinen trockenen Körper bedeckt ein weißes Gewand. Aus dem Kragen ragt ein langer, dürrer Hals, auf dem ein schmaler Kopf mit blondem Haar und Bart und langer Nase sitzt. Unter den Rockschößen gucken zwei lange Füße hervor, ohne Schuhe, nur mit weißen Socken bekleidet. Und der Jude geht auf den Socken über die Straße, immer wieder in die Höhe hüpfend, wenn er auf einen spitzen Stein getreten ist. In der Hand trägt er ein ungebundenes Buch. – Ein merkwürdiges Bild! Man könnte glauben, er sei ein Synagogendiener, der die Toten in ihr Totenbethaus ruft. Bald zeigt sich noch ein Jude und wieder einer. Aus jedem Haus kommen immer neue Gruppen in zerrissenen Röcken und weißen Socken wie Trauernde und gehen in tiefem Schmerz zur winkligen Bethausgasse.

Im Gäßchen wird es stiller. Alles ist werktäglich. Lange, bleiche, werktägliche Juden. Niedrige, geduckte, werktägliche Häuschen. Ein kalter werktäglicher Vorabend, wie er gestern war und auch vorgestern, senkt sich über das Städtchen. Und doch sind die Läden wie am Freitagabend geschlossen, das Leben ist wie plötzlich unterbrochen.

Immer stiller und dunkler wird es. Es ist, als ob der Leichenzug eines sehr großen Rabbiners über den Markt zöge.

Auf dem Markt am Brunnen steht eine Schar junger Leute, zum Teil Talmudschüler, die noch einen letzten Schluck vor dem Fasten nehmen. Die älteren Leute aber werfen, wenn sie die Becher an die Lippen setzen, einen ängstlichen Blick zum Himmel, ob sich nicht – Gott bewahre! – etwa schon ein Sternlein droben zeige.

Auf der anderen Seite des Gäßchens, hinter dem Rathaus, auf dem Wege, der zum Friedhof führt, stürmt eine Schar Jungen heran. Sie halten Kletten in den Händen und bewerfen sich damit. So ist es am Tischebow Sitte im Ghetto. Vornweg läuft ein Junge mit abgerissenem Rockkragen, macht vor der Treppe zum Lehrhaus halt, winkt fröhlich den Juden zu, die dort stehen, und zeigt mit der Hand auf seine gefüllten Taschen. Er hat alle Taschen voll mit Kletten. Es ist eine Lust.

Ein kleiner Jude mit einem breiten Bart, der an sein Gesicht angeklebt zu sein scheint, damit man die bleichen Wangen nicht sehe, steht auf der Treppe und betrachtet in mitleidiger Trauer den Knaben. Es scheint, als murmele er mit seinen trockenen Lippen vor sich hin: »Einen traurigen Festtag macht er sich.«

In der Synagoge wird es still. Die Sonne ist schon hinter dem Rathaus versunken. Die Juden haben sich alle in der Synagoge versammelt. Ab und zu sieht man eine Jüdin, werktäglich gekleidet, ein dickes Buch unter dem Arm, ein Lichtlein in der Hand. Sie geht mit gesenktem Kopfe. Auch die niedrigen Häuschen in der Gasse drücken sich krampfhaft aneinander, als fürchteten sie sich, weil sie ohne Juden und ohne Tora wie im Exil stehen müssen. Sie scheinen sich zum Häuschen des Rabbiners zu neigen, um sich von dort Rat zu holen, was sie in dieser schweren Zeit tun sollten.

Aus des Rabbiners Fenster lugt eine schwarze Traurigkeit heraus. Ein kleines Lichtchen leuchtet in der Finsternis. So, als ob drinnen ein Toter am Boden liegt, zugedeckt mit einem schwarzen Leintuche, mit einem Pfenniglicht am Kopfende! Aber der Rabbiner läßt seinen Toten allein. Mit einer alten, zerrissenen Mütze, einem alten zerrissenen Rock und mit finsterbetrübtem Gesichte geht er allein in Strümpfen über die spitzen Steine ins Lehrhaus hinüber. Ganz in sich versunken. Vielleicht wird er bei den dort versammelten Juden Tröstung finden.

Matschik zieht durchs Gäßchen. Er kommt von der Weide. Die Kühe voran mit tiefgesenkten Schädeln und Matschik mit seinem Hunde hinterher, und er spielt sich auf seiner Flöte ein Liedchen, geradeso wie gestern und vorgestern.

Es ist Nacht! In der Bethausgasse ist es nun totenstill. Die Läden sind geschlossen, die Türen zu. Der Mond wandert einsam oben am Himmel entlang, hoch über den Köpfen, und blickt schweigend herab. Von irgendwoher dringt durch den Spalt eines Fensterladens ein trauriger Singsang und zieht durchs Gäßchen, ganz für sich allein – ein Singsang ohne Zweck und ohne Ziel –, und er schwimmt fort und verhallt irgendwo in der Ferne, irgendwo hinter dem Rathaus, auf dem Wege zum Friedhof.

Der Mond wirft seine kalten Strahlen auf die großen Scheiben des Lehrhauses. Drinnen ist es finster. Huscht da nicht etwas durch die Stille?

Auf den Treppen des Lehrhauses liegen sie – sind's Menschen oder

Tote? –, die Haare zerzaust, die Hände übereinandergeschlagen. Ganz still liegen sie da. Und der Mond schwimmt vorbei und wirft seine kalten Strahlen auf die dort Liegenden.

Die Synagoge ist mit schwerer Türe verschlossen, als wolle man etwas gefangen halten. Nur aus einem kleinen Fenster an der Tür, dort, wo die »Gesellschaft der Psalmleser« sitzt, quält sich ein schwacher Lichtschein und bricht sich an der gemauerten Säule der Synagoge. Drinnen, auf dem Platz der Psalmleser, sitzt ein Mensch auf der Erde und starrt beim Schein des schwachen Lichtes in ein offenes Buch und sinnt …

Bei der Frau des Rabbiners haben sich die frommen Gemeindefrauen versammelt: Die Stube liegt im Halbdunkel; Schatten huschen auf und nieder. Auf der Erde hocken auf Kissen die Frauen, auf den Armen die schlafenden Kinder, und lauschen der weihevollen Stimme der Frau des Rabbiners, die in der Mitte des Kreises sitzt. Auf einem Stuhl liegt eine jiddische Frauenbibel aufgeschlagen, beleuchtet von dem matten Schein einer verräucherten Küchenlampe.

Und die Rabbinersfrau erzählt mit heiserer Stimme die Geschichte der Hanna und ihrer sieben Söhne.

Die Gerichtsstube des Rabbiners liegt auch im Halbdunkel. Auf seinem Tisch brennt noch ein Gedenklicht, das in einem Topf mit Sand steckt.

In der Gasse ist es so still wie zuvor. Der Mond zieht am Himmel dahin und blickt mit kalten Augen auf das finstere Gäßchen.

Alles ist in Trauer versunken, als ob schon die beiden großen Tränen aus Gottes Augen herniedergefallen wären und alles ertränkt hätten, alles, alles. Und mir ist, als ginge einsam der Prophet Jeremia zum Friedhofe hin, um die Ahnen aus den Gräbern zu wecken, damit sie endlich Fürsprache bei dem Ewigen einlegten für die vertriebene Gemeinde Israels.

Bald wird im Gäßchen die laute Debatte beginnen.

Mordechai Spektor

Der Streik der Schnorrer

Jüngst war ich zu einer Hochzeit geladen. Nicht zu einer Hochzeit mit dekolletierten Frauen und gepuderten Jungfrauen, nicht zu einer Hochzeit, wo Männer mit Fracks und weißen Handschuhen herumstehen, mit höllisch duftenden, pomadisierten Schnurrbärten. Nicht zu einer Hochzeit, wo man nach einer gedruckten Karte ißt: Fisch à la Leviathan, Bouillon à la Weichsel, Fleisch à la Jacques Lebaudy, Salat à la Grüne Galle, Dessert, Wein aus Sobieskis Zeiten (d. h. diesjähriger Fusel in verstaubten, schmutzigen Flaschen).

Nein, zu einer jüdischen Hochzeit hat man mich geladen. Einer Hochzeit, bei der Juden und jüdische Mädchen dieselben Sabbat- und Festtagskleider tragen, mit denen sie auch in die Synagoge gehen.

Eine Hochzeit, wo es zuerst Lebkuchen und Strudel gibt, wo man sabbatliche Fische mit frischen Semmeln ißt, Geflügelbrühe, gefüllte Hühner, gebratene Enten, und wo man Wein aus großen, bunten, klaren Flaschen trinkt. Eine Hochzeit mit all den ehrwürdigen Bräuchen, all den alten Melodien; eine Hochzeit, mit einem Bräutigamsmahl und mit einer Mahlzeit für die armen Leute.

Reb Jizchok-Eisik Berkower hatte zu allen Hochzeiten seiner Kinder auch eine Mahlzeit für die armen Leute gegeben, wie es in einem guten jüdischen Hause eben Sitte und Gebot ist. Und als er seiner jüngsten Tochter Hochzeit feierte, lud er die armen Leute des Städtchens Lipowetz zu sich ins Dorf, denn in Lipowetz hatte er ein Großteil seines Lebens verbracht.

Der Tag der Hochzeit ist herangekommen. Zwei Uhr ist es. Aber die armen Leute, nach denen man schon in der Frühe Chaskel, den Diener, mit drei großen Wagen geschickt hatte, sind immer noch nicht da. Lipowetz ist nur fünf Werst weit entfernt – da muß also etwas vorgefallen sein. Alle Verwandten und Gäste warten voll Ungeduld.

Endlich kommt Chaskel, der Diener, auf einem ausgespannten Gaul reitend daher, aber ohne die armen Leute.

»Warum kommst du allein zurück?« fragt Jizchok-Eisik.

»Die armen Leute wollen nicht kommen!« antwortet der Diener und rutscht vom Pferde herunter.

»Was heißt, sie wollen nicht?« fragen die Umstehenden verwundert.

»Sie sagen, man soll jedem einen Rubel geben, sonst kommen sie eben nicht zur Hochzeit.«

Wir mußten alle lachen. Aber der Diener erzählte weiter:

»Auch in Lipowetz gab es heute eine Hochzeit mit einer Arme-Leute-Mahlzeit. Da haben sie gut gegessen und gut getrunken, und jetzt haben sie sich verabredet, sich nicht aus ihrem Städtel herauszurühren, wenn nicht jeder einen Rubel bekommt. Am schlimmsten revoltieren Schmelke, der Krumme mit den beiden Krücken; Awrohom Moische, der lange Ganove; Feitel, der Hinkende, und Jäckel mit der platten Nase. Die andern wären vielleicht gefahren, aber diese Spitzbuben lassen sie nicht. Was soll ich da machen? Eine ganze Stunde habe ich mit ihnen verhandelt und nichts erreicht. Da habe ich das Pferd ausgespannt und bin hierher gekommen, um Euch zu fragen, was ich tun soll.«

Wir Hochzeitsgäste blieben in einem Lachen über den Streik der Schnorrer, nur Reb Jizchok-Eisik, der Hausherr, geriet in helle Wut.

»Na, hast du nicht mit ihnen gehandelt? Machen sie's nicht billiger?« fragte er Chaskel.

»Ja, wir haben eine ganze Stunde gehandelt, aber sie wollen nicht eine Kopeke nachlassen.«

»So! Seit wann ist denn dieser Artikel so teuer geworden?« rief Reb Jizchok-Eisik mit bitterem Gelächter. »Und warum hast du die Wagen dort zurückgelassen? Wir werden ohne die Schnorrer auskommen!«

»Ich wußte nicht, was ich tun sollte. Ich fürchtete, Ihr würdet auf mich schimpfen, aber ich werde die Wagen jetzt schnell holen.«

»Warte noch ein bißchen, es eilt nicht. Wir haben noch Zeit.«

Und Reb Jizchok-Eisik fing an, mit den Gästen zu debattieren – und mit sich allein.

»Was soll das heißen? Wo hat man das auf der Welt schon gehört? Arme Leute wollen mir mit Bedingungen kommen, mit mir feilschen, weil sie bei mir gut essen und trinken sollen und weil ich jedem noch ein gutes Geschenk geben will! – Ich muß jedem einen Rubel geben? Sonst können sie nicht kommen? Haha! Wenn ich zwei Gulden unter sie verteilen werde, lohnt es sich wohl nicht? Sie haben so große Auslagen dabei? Solch eine Schnorrerfrechheit! Ich werde schon ohne sie auskommen. Musikanten, spielt ein Liedel! Wo ist der Diener? Man kann die Braut schon bedecken.«

Aber gleich winkt er wieder ab.

»Wartet noch ein bißchen! Es ist doch noch zu früh. Was hab ich getan, daß man mir meine Freude zerstören will? Soll ich wirklich für meine jüngste Tochter eine Hochzeit ausrichten ohne eine Mahlzeit für die armen Leute? Ich würde jedem einen halben Rubel geben. Überhaupt, aufs Geld kommt es mir nicht an. Aber was heißt das, mit mir zu handeln? ... Ich habe meine Pflicht getan. Wollen sie nicht – nun dann nicht. Es wird ihnen leid tun. Solch eine Hochzeit werden sie nicht alle Tage erleben. Wir werden auch ohne sie fertig werden.«

Der Diener kam und fragte:

»Nun, kann man die Braut schon bedecken?«

»Ja, man kann ... Aber nein, wir wollen noch ein bißchen warten.«

Die Gäste wurden allmählich unruhig und meinten, man solle einfach auf die Schnorrer verzichten.

Da schoß Reb Jizchok-Eisik ein neuer Gedanke durch den Kopf. Sein Gesicht nahm plötzlich einen entschlossenen Ausdruck an. Seine Wut war verflogen, und er wandte sich mit einer Bitte an mich und an noch ein paar Freunde unter den Gästen, wir sollten mit ihm ins Städtchen fahren und die armen Leute zu überreden versuchen.

»Er hat überhaupt keinen Verstand. Man kann sich in nichts auf ihn verlassen«, sagte er und wies ärgerlich auf den Diener.

Ein Wagen wurde schnell angespannt, und wir fuhren flott. Chaskel, der Diener, kroch wieder auf seinen Gaul und ritt hinter uns her. Den ganzen Weg mußten wir über die wunderliche Verschwörung lachen. Ein Bund von Schnorrern, wie gefällt euch das? Ich habe schon mal von streikenden Arbeitern gehört, die nicht arbeiten wollten, wenn man ihnen nicht bessere Löhne zahlt, und ähnliches. Aber einen Bund, einen Streik von Schnorrern! ... Schnorrer wollen sich ein höheres Almosen erzwingen, nur weil sie ein gutes Mittagbrot umsonst essen sollen? Hat die Weltgeschichte so etwas schon einmal gehört? ...

In zwanzig Minuten waren wir im Städtchen. Auf dem Marktplatz standen drei große Bauernwagen mit frischem Stroh. Die kleinen Pferde waren ausgespannt und fraßen aus ihren Beuteln. Um die Wagen herum standen wohl hundert arme Leute: Stumme, Hinkende, viele Blinde und fast das ganze Lumpengesindel und sonstige Müßiggänger. Alle schrien laut und wild durcheinander.

Schmelke, der Krumme, saß auf dem Wagen und schlug mit seinen beiden Krücken gegen die Planken. Und Awrohom Moische, der lange Ganove mit dem roten Tuch um den Hals, stand neben ihm.

Die beiden Hauptrevolutionäre sprachen zum Volke – zu den Schnorrern!

»Sehr gut!« schrie Awrohom Moische, der lange Ganove, als er uns mit Chaskel sah. »Sie kommen schon, um uns zu bitten.«

»Ja, bitten!« rief der Krumme und schlug mit seiner Krücke zu.

Wir fragten: »Warum wollt Ihr denn nicht zur Hochzeit kommen? Und zur Mahlzeit? Ihr werdet auch Geschenke bekommen.«

Sie aber schrien: »Wieviel?«

»Wieviel? Was Ihr bekommt, nehmt Ihr eben!«

»Wird jeder einen Rubel kriegen? Wenn nicht, fahren wir nicht mit.«

Einige Herumstehende höhnten: »Der Himmel kriegt ein Loch, wenn Ihr nicht mitfahrt.«

Da gingen die Schnorrer mit ihren Stöcken auf sie los, und es gab eine niedliche kleine Schlägerei.

Awrohom Moische, der lange Ganove, der auf der Fuhre stand, reckte sich in die Höhe und schrie: »Still! Ruhe! Ruhe! Still! Seid endlich still, elende Krüppel! Man versteht ja kein Wort. Hört, was ich zu sagen habe!« Und er wandte sich zu uns mit folgender Ansprache:

»Ihr sollt wissen, liebe Brüder, daß wir uns nicht vom Fleck rühren werden, wenn nicht jeder einen Rubel bekommt. Wir haben keine Angst. Reb Jizchok-Eisik wird ohne uns die Hochzeit seiner jüngsten Tochter nicht feiern. Und wo soll er jetzt arme Leute herbekommen? Nach Linetz wird er nicht fahren. Das kommt ihm noch teurer. Mehr Fuhrlohn, und außerdem müßte die Hochzeit verschoben werden.«

»Ihr denkt wohl, weil wir arme Leute sind, könnt ihr mit uns machen, was ihr wollt?« schrie da ein anderer Revolutionär und kletterte auf das Rad des Wagens. (Auf einem Auge war er blind, und um das Kinn trug er einen drekkigen Lappen.) »Zum Mitfahren kann uns keiner zwingen, nicht mal der Polizeimeister oder der Gouverneur. Jedem einen Rubel, sonst nicht!«

»R … R … Ru … Rubel«, meckerte ein stotternder Schnorrer.

»Rubel!« – rief der mit der platten Nase.

»Ein Rubel! Ein Rubel!« schrien hopsend zwei fröhliche Schnorrer.

Und dann im lauten Chore heulte die ganze Bande: »Rubel, her, Rubel! …«

Ja, in ihrem Schreien, in ihrem Reden lag viel Verbitterung und Trotz. Und es schien, als ob sie all ihre bittere Galle verspritzten, die sich in ihrem traurigen, verjammerten Leben angesammelt hatte.

Ihr ganzes Leben lang hatten sie geschwiegen – schweigen müssen, und für einen Groschen, den man ihnen zuwarf, oder für ein Stückchen Brot, für einen abgeknabberten Knochen mußten sie so viele Beleidigungen hinunterschlucken. Das war das erste Mal, daß sie ihrem gequälten Herzen Luft schaffen konnten, das erste Mal in ihrem Leben. Und sie schwelgten in diesem Vergnügen der Satten (von den Reichen nicht zu reden), die ihren Ärger ablassen an ihren Dienstboten – Launen der Herrschaft.

Mit der Forderung »Rubel« konnten sie das erste Mal ihr ewig verzweifeltes, verdrossenes, verletztes Schnorrerherz befreien. Zum ersten Mal hatten sie das stolze Bewußtsein, daß satte, glückliche Menschen zu ihnen kommen mußten, einmal!

Und sie wollten dieses stolze Siegesgefühl auskosten.

Und wie wir so verhandelten, kam ein neuer Bote von Reb Jizchok-Eisik, der sagte, daß die Schnorrer nur kommen sollten. Jeder würde seinen Rubel bekommen.

Da entstand ein wildes, lautes Durcheinander. Die drei Wagen waren bald mit den Schnorrern besetzt. Der eine schrie: »Meine kranke Hand!« Der andere: »Mein Fuß!« Und jener: »Meine zerbrochenen Beine!« Aber die fröhlichen Schnorrer sprangen und sangen. Die Gäule wurden angespannt, und voll Lust und Leben fuhr man fort. Doch das zuschauende Gesindel schrie ihnen höhnisch »hurra, hurra« nach, und unter Johlen und Pfeifen warfen sie Steine hinterher. Aber den Schnorrern schien es, als ob sie mit Blumen bestreut würden und liebliche Musik sie begleite. So glücklich fühlten sie sich wegen ihres Sieges.

Das erste Mal und ... vielleicht das letzte Mal in ihrem Leben sprachen sie heute mit lauter Stimme; denn sie hatten sich durchgesetzt.

Nach der Trauung und nach der Hochzeitssuppe richtete man für die Gäste die Tische und besondere Tische für die armen Leute.

Reb Jizchok-Eisik bediente allein mit seinen eigenen Hausleuten die Schnorrer und brachte ihnen zu essen und zu trinken.

»Prosit, Reb Jizchok-Eisik! Ihr sollt Freude an Euren Kindern haben und ein Millionär werden!« wünschten die armen Leute ihm.

»Prosit, prosit, Juden! Trinkt in Gesundheit! Der liebe Gott soll ganz Israel helfen und damit auch euch!« antwortete Reb Jizchok.

Nach dem Mahle spielten die Musikanten, und Reb Jizchok tanzte mit den Schnorrern einen fröhlichen Hopser und einen Ringelreigen.

Und niemals war Reb Jizchok glücklicher in seinem Leben. Er tollte mitten im Kreis, und die langen Schöße seines seidenen Rockes flogen wie zwei Adlerflügel. Und die Augen leuchteten im Glanze der Freudentränen, und hoch über den siebenten Himmel flogen seine Gedanken. Er lachte und weinte wie ein kleines Kind. Und immer wieder war er bei den armen Leuten und halste und küßte sie.

»Brüder!« rief er tanzend. »Wir wollen fröhlich sein! Musikanten, spielt was Lustiges! Immer fröhlicher, toller, wilder, Juden.«

Und die Schnorrer und die Gäste klatschten mit den Händen den Takt zu dem fröhlichen Tanzlied der Musikanten.

Ja, so ist ein Jude lustig; und so macht ein Jude Hochzeit!

Auf einer jüdischen Hochzeit, lieber Leser, war ich jüngst.

Scholem Asch

Ein jüdisches Kind

Die Mutter kam aus dem Zimmer der Braut. Sie warf ihrem Mann, der am abgeräumten Tische saß und aus liegengebliebenen Brotresten Kügelchen knetete, einen stechenden Blick zu:

»Geh! Rede du mit ihr, ich habe keine Kraft mehr!«

»So hat Rochel Leie ihre Kinder erzogen! Mit den Fingern werden die Leute auf dich zeigen, auslachen werden sie dich! Hol dich der Teufel!«

»Mich?«

»Ja dich! Hättest deine Kinder besser erziehen sollen! Zu Hause hättest du bleiben sollen und dich nicht mit allen möglichen Leuten herumtreiben. Was willst du jetzt von mir! Die Eltern des Bräutigams können jeden Augenblick kommen.«

»Zank nicht mit mir! Vertrau auf Gott, geh doch zu ihr hinein! Die Leute werden sie ja auslachen!«

Der Mann erhob sich vom Tisch und ging in das Zimmer der Tochter. Die Mutter folgte ihm.

Auf einem kleinen Sofa am Fenster saß ein achtzehnjähriges Mädchen. Sie hatte die Arme über dem Gesicht verschränkt und wühlte mit den Händen in ihrem dichten, schwarzen, zu Zöpfen geflochtenen Haar. Ihre Brust hob und senkte sich vom Weinen. Auf dem Bett ihr gegenüber lagen die Aussteuerkleider ausgebreitet, die der Schneider vor kurzem gebracht hatte: das weißseidene Brautkleid, das schwarzseidene Feiertagskleid und ein schwarzes Hauskleid von Tuch.

An der Tür stand eine Frau mit einem schwarzen Schleifchen auf dem Kopf und hielt eine Schachtel mit Perücken in der Hand.

»Chanele, du willst mir wirklich die Schande antun? Die ganze Welt soll über mich reden?« begann der Vater.

Die Braut antwortete nicht.

»Seht! Moische Grossens Tochter! Für Genendel Freidels Tochter schickt es sich, eine Perücke zu tragen, und für Moische Grossens Tochter – nicht!«

»So wahr ich lebe, sie kann sich mehr einbilden als du, sie hat mehr gelernt, sie bekommt auch mehr Mitgift«, fügte die Mutter hinzu.

Die Braut verharrte im Schweigen.

»Sieh, Chanele, wieviel Blut und Schweiß hat es gekostet, bis Gott uns zu dem bißchen Wohlstand verholfen hat! Und jetzt willst du uns die ganze Freude verderben. Besinn dich auf Gott, bedenke, was du tust! Man wird uns verdammen! Und der Bräutigam wird ausreißen!«

»Mach dich nicht länger zum Narren«, sagte die Mutter, indem sie der unbeweglich an der Tür stehenden Frau eine Perücke aus der Schachtel nahm und an die Tochter herantrat.

»Laß dir die Perücke aufprobieren. Sie hat die gleiche Farbe wie dein eigenes Haar.«

Das junge Mädchen tastete mit der Hand und fühlte auf ihrem weichen lebendigen Haar etwas Fremdes, Totes, Kaltes. Dabei kam ihr ein entsetzlicher Gedanke:

»Wer weiß, welcher Kopf zu jenem fremden Haar gehörte, das sie von nun an tragen soll?« Und ein Ekel ergriff sie, als hätte sie etwas Unreines angerührt; sie faßte nach der Perücke, warf sie zu Boden und stürzte hinaus.

Vater und Mutter sahen sich ratlos an.

Am Morgen nach der Hochzeit stellte sich die Schwiegermutter mit einer großen Schere, einer Perücke und einem Hut ein, den sie für die Braut als Geschenk aus ihrer Heimat mitgebracht hatte. Sie wollte der jungen Frau beim Ankleiden zum Frühstück behilflich sein. Aber diese hatte sich im Zimmer eingeschlossen und ließ niemand hinein, auch nicht die Schwiegermutter. Mit lautem Geschrei eilte die Alte zu ihrem Mann, der aber lag, noch betrunken vom Hochzeitsfest, irgendwo am Boden und schlief. Da lief sie zu ihrem Sohn, dem achtzehnjährigen jungen Ehemann. Der ging, mit einem seidenen Schlafrock bekleidet, in der Stube auf und ab wie ein begossener Pudel; er hatte die Augen niedergeschlagen, als schämte er sich, jemanden anzusehen. Endlich begegnete sie der Mutter der jungen Frau, und nun begaben sich beide zu ihr, rissen die Tür gewaltsam auf und betraten die Stube.

»Warum hast du dich eingeschlossen, liebe Tochter? Du brauchst dich nicht zu schämen.«

»Es ist ein jüdischer Brauch«, sagte die Schwiegermutter, und küßte die junge Frau.

Die Schwiegertochter erwiderte nichts.

»Die Schwiegermutter hat dir eine Perücke und einen Hut für die Synagoge mitgebracht«, säuselte die Mutter.

Aus dem Nebenzimmer hörte man die Musikanten den Morgengruß spielen.

»Nun, nun, junge Frau, die Gäste versammeln sich schon«, sagte die Schwiegermutter und näherte sich ihr, um ihr das Haar zu flechten; sie aber zog mit energischer Bewegung den Kopf zurück und fiel der Mutter um den Hals.

»Ich kann's nicht, liebe Mutter, mein Herz springt mir dabei!«

Sie hielt ihre Haare mit beiden Händen fest und ließ die Schwiegermutter mit der Schere nicht heran.

»Um Gottes willen, liebe Tochter«, sagte die Mutter, »in flammenden Flüssen läßt man die Ruchlosen in jener Welt braten, die ihr eigenes Haar tragen, mit glühenden Zangen reißt man ihnen die Zotteln aus!«

Eine Kälte durchschauerte die junge achtzehnjährige Frau.

»Liebe, goldene Mutter«, flehte sie, und hielt mit ihren Händen ihr Haar fest, das sich wie eine schwarze, seidene Flut über ihre Schultern ergoß.

Ein Schauder überkam die junge Frau bei dem Gedanken, ihr Haar, das zusammen mit ihr herangewachsen war, mit ihr gelebt hatte, könnte abgeschnitten werden. Statt ihres eigenen Haares sollte sie von nun an fremdes, totes tragen, das auf einem anderen Kopf gewachsen war, von dem sie nicht einmal wußte, ob es einem noch Lebenden gehörte oder einem inzwischen Toten, der längst in der Erde faulte ... Wenn nun jemand nachts an ihr Bett träte und sie mit toter Stimme anflehte:

»Gib mir mein Haar zurück, gib mir mein Haar zurück!«

Ein kaltes Entsetzen durchrieselte sie. Sie begann zu zittern. Schon hörte sie über ihrem Kopfe die Schere klirren. Da löste sie sich aus den Armen der Mutter, riß der Schwiegermutter die Schere aus der Hand, warf sie zu Boden und schrie mit kaum mehr menschlicher Stimme:

»Meine eigenen Haare will ich tragen, Gott strafe mich!«

Und es half kein Zureden. Die Schwiegermutter reiste noch am selben Tag ab und nahm den Lebkuchen und die Gänse, die sie dem jungen Paar gebracht hatte, wieder mit. Sie wollte auch ihren Sohn mitnehmen, aber die Mutter der jungen Frau sagte:

»Das geht nicht, er gehört schon zu uns!«

Am Sabbat, zum ersten Gang in die Synagoge, führte man Moische Grossens Tochter vor aller Augen im Schmuck ihres eigenen Haares in das Bethaus. Mögen die Schimpfworte, die man ihnen auf dem Wege zurief, in den Wüsten verhallen, die keines Menschen Fuß betritt.

Es war nach Sabbatausgang, ein paar Wochen nach der Hochzeit. Der junge Ehemann kehrte vom Talmudstudium heim. Seine Frau schlief bereits. Das matte Licht eines kleinen Lämpchens fiel auf sie und beleuchtete ihr blasses Gesicht, das sich von dem tiefschwarzen Haar um so schärfer abhob. Ihre bleichen, schlanken Hände hielt sie um den Kopf, als fürchtete sie, ihr könnte jemand die schwarzen Zöpfe abschneiden.

Der Ehemann war ärgerlich und erregt. Vier Wochen waren bereits seit der Hochzeit vergangen, und noch hatte man ihn nicht zur Tora aufgerufen. Die Chassidim hatten Gericht über ihn gehalten. Moische Chajim hatte es ihm gesagt und ihn heute öffentlich geschmäht, weil seine Frau ihr eigenes Haar trug.

»Ein Schlappschwanz bist du!« sagte ihm Reb Moische Chajim. »Was heißt, deine Frau will nicht? ... Der Mann soll über das Weib herrschen, steht in der Bibel geschrieben.«/23/

Der junge Ehemann war mit der festen Absicht nach Hause gekommen, vor Chanele hinzutreten und ihr zu sagen:

»Liebe Frau, es ist ein geheiligter Brauch; trägst du dein eigenes Haar, so wirst du ohne Rückgabe der Mitgift geschieden./24/ Ich packe also meine Sachen und fahre nach Hause.«

Als er aber sah, wie seine junge Frau ruhig schlief und wie ihr bleiches Antlitz aus der schwarzen Haarkrone hervorschimmerte, da regte sich tiefes Mitleid in ihm. Er stellte sich vor ihr Bett und betrachtete sie lange, dann rief er mit leiser Stimme:

»Chanele, Chanele!«

Erschrocken und verwundert schlug sie die Augen auf und blickte sich verschlafen um.

»Noßen, du rufst mich, was willst du?«

»Nichts, dein Häubchen ist runtergefallen.«

Er gab es ihr zurück, sie setzte es hastig auf und wollte sich zur Wand umdrehen.

»Chanele, ich habe mit dir zu reden«, sagte er mit weicher Stimme.

Diese Worte trafen ihr Herz. Er hatte die Wochen seit ihrer Hochzeit fast

nicht mit ihr gesprochen. Sie sah ihn auch kaum, weil er den ganzen Tag über im Lehrhause oder in der Betstube saß. Kam er mittags nach Hause, dann setzte er sich an den Tisch, ohne ein Wort zu sprechen; wünschte er etwas, so pflegte er nur vor sich hinzureden, und wechselte er doch einmal mit ihr ein Wort, so senkte er die Augen, als ob er sich fürchtete, ihr ins Gesicht zu sehen.

Es war das erstemal, daß er, allein mit ihr im Zimmer, so weich zu ihr redete:

»Was hast du mir denn zu sagen?« begann sie leise.

»Chanele«, flehte er, »ich bitte dich, mach mich und dich in den Augen der Menschen nicht lächerlich! Wir sind doch von Gott füreinander bestimmt, du bist mein Weib und ich dein Mann. Wie sieht das aus, wenn eine verheiratete Frau ihr eigenes Haar trägt?«

Sie befand sich in einem Zustand des Halbschlummers, ihr Denken und Wollen waren wie gelähmt, und im Gefühl der Schwäche ließ sie den müden Kopf auf seine Brust niedersinken.

»Mein liebes Kind«, sagte er noch sanfter, »ich weiß, du bist nicht trotzig, wie man sagt ... ich weiß, du bist ein echt jüdisches Kind, ... nicht wahr? Und Gott, der Gelobte, wird auch uns zu echt jüdischen Kindern verhelfen ... Laß diese Torheit! Warum willst du die ganze Welt gegen dich aufbringen? Sieh, wir sind ja Mann und Frau, und deine Schande ist auch meine Schande.«

Sie spürte, wie er, der ihr sehr fern und doch so nahe stand, sich ihr genähert hatte, er sprach so weich und innig mit ihr, wie nie jemand zuvor. Und dieser Mensch war ihr Mann, ihr einziger Mann, mit dem sie lange, lange Jahre zusammen leben, mit dem sie Kinder haben, mit dem sie ein Haus führen sollte.

Schweigend lehnte sie den Kopf an ihn.

»Ich weiß, dich dauert dein Haar, deine Mädchenzier. Ich sah dich als Braut und weiß, daß Gott dich mit Anmut und Liebreiz ausgestattet hat. Es schneidet auch mir ins Herz, daß man dich deines Haares berauben muß. Was kann man aber tun? ... Es ist unser Brauch, und wir sind Juden! Wir könnten uns versündigen, doch dann würde uns Gott nicht mehr beschützen und behüten.«

Ohne ein Wort zu sagen, zog sie ihn sanft an sich, so daß sein Gesicht von der schwarzen Flut ihres seidigen Haares umhüllt war. Es lebte eine Seele darin, er fühlte es einen flüchtigen Augenblick lang. Er umarmte sie leicht und zärtlich, dann blickte er sie lange an. In seinen Augen lag eine große Bitte, eine Bitte um das Glück für sie, um ihrer beider Glück.

»Soll ich?« fragte er ganz leise, mehr mit den Augen als mit dem Mund.

Wortlos legte sie ihren Kopf auf seinen Schoß.

Mit einer hastigen Bewegung wandte er sich zum Spind und nahm eine Schere heraus. Wieder beugte sie sich über seinen Schoß, ihren Kopf gleichsam als Lösegeld für ihr Glück darbietend.

Wirre Träume und Gesichte zogen an ihrem Geiste vorbei, während die Schere über ihrem Kopfe klirrte und eine Locke nach der anderen lautlos herabfiel. Sie hatte eine unruhige Nacht.

Als Chanele am nächsten Morgen aufstand und einen Blick in den Spiegel über ihrem Bett warf, bekam sie einen gewaltigen Schreck. Sie glaubte, wahnsinnig zu werden.

Auf dem Tischchen neben dem Bett lag ihr abgeschnittenes Haar. Die Seele, die darin lebte, war dahingegangen und mahnte sie an den Tod.

Sie barg ihr Gesicht in den Händen, und lautes Schluchzen erfüllte das kleine Zimmer.

JIZCHOK LEIB PEREZ

Die Mitgift

Reb Oiser Hoffenstand ist, unberufen, ein reicher Mann, vielleicht sogar Millionär. In dieser Welt hat er schon was zu sagen; und in jener Welt – erst recht!

Er sitzt gerade beim Mittagessen.

Der Tisch ist reich gedeckt. Die Mahlzeit beginnt mit Hering, Sardellen und Sardinen.

Silber – reichlich wie Holz! Es funkelt auf dem Tisch und in der offenen Kredenz. An den Wänden hängen an die zehn silberne Platten, die in der Kredenz keinen Platz mehr fanden. Oben auf dem Schrank steht ein großer silberner Chanukkaleuchter mit getriebenen blütenverzierten Armen, rechts und links von ihm halten zwei riesengroße Sabbatleuchter Wache.

Reb Oiser selbst ist ein kleines, hageres Männchen, er verschwindet fast im großen, mit rotem Samt überzogenen Großvaterstuhl. Seine grünsamtene Mütze mit ihrer eigentümlichen hohen, steifen Spitze reicht kaum über die Stuhllehne; die Form ist seine eigene Erfindung! Mit dieser Mütze wird er in der chassidischen Überlieferung ewig weiterleben.

Er wird im Paradies bereits beim Studium der Mischna angelangt sein (obwohl er das Buchstabieren erst wieder erlernen mußte), da werden seine Enkel, so hofft er, noch immer die Oiser-Mütze tragen.

Er ißt schweigend mit ernstem Gesicht, gerunzelter Stirn, ohne einen der Tischgenossen anzublicken.

Der lange Tisch ist gut besetzt. Rechts sitzen die Weiber: seine Frau, zwei Töchter, eine Schwiegertochter und drei Enkeltöchter. Links – die Männer: zwei Söhne, ein Schwiegersohn und drei kleine Enkel.

Sein Weib trägt ein besticktes Stirnband unter einer tiefgezogenen Haube mit breiten, feuerroten Bändern. Die Töchter tragen Perücken, die Schwiegertochter ist bereits bei einer Perücke aus gewellten Haaren angelangt.

Die Mädchen dürfen noch ihr eignes Haar tragen und müssen es nicht verunstalten. Ihre Haare fallen frei über die schmalen Schultern, bis die Zeit kommt, da man sie ihnen abschneidet. Wer weiß …

Noch vor einigen Jahren saß am oberen Tischende Reb Oisers Mutter, eine

Frau mit einem Stirnband, einer Haube, langen Ohrringen und einem Brusttuch. Nun ist sie schon in der besseren Welt.

Auch die Männer haben verschiedene Kopfbedeckungen. Reb Oiser trägt seine chassidische »Oiser-Mütze«, der Sohn ein spitzes und die Schwiegersöhne flache und kantige Käppchen. Die Enkel tragen Mützen, die Reb Oiser manchmal mit einem unzufriedenen Blick streift; der Hutmacher hat die Form verunstaltet, die Spitzen nicht hoch genug gemacht!

Vor acht Tagen saß am gleichen Tisch noch ein Melamed mit einem gesteppten Kaftan, nun hat er einen Rabbinerposten in einer kleinen Stadt bekommen. Also muß Reb Oiser erst zum Rabbiner fahren, um sich nach einem neuen Melamed umzusehen. Den ersten besten läßt er nicht zu sich ins Haus!

»Die neuen Zeiten ...«, denkt er seufzend.

Er sieht, wie die Zeit wieder und wieder Steine von der Mauer herunterreißt, die er so kunstvoll als Schutzwehr gegen die große ketzerische Welt errichtet hatte, zu der er nach seinem Vermögen eigentlich selber gehört. Die neue Zeit sickert wie Wasser in seine Arche ein, in der er sich vor der »deutschen Sintflut« hat retten wollen, so daß keiner von seiner Familie sich auch nur einen Fuß benetze! Doch es geht nicht!

Eine Enkeltochter, die gerade erst etwas lesen und schreiben gelernt hatte, wurde neulich beim Lesen eines Romans ertappt. Eine Schwiegertochter hat es dem Großvater gepetzt. Es versteht sich, daß in einem Roman nichts Gutes stehen kann!

In einen Enkelsohn war plötzlich der Teufel gefahren, er wollte unbedingt in eine städtische Schule gehen. Nichts half, weder Zureden noch Bitten, weder Ohnmachtsanfälle noch Schläge. Schließlich mußte man ihm eine goldene Uhr schenken, um ihn von seinem Wunsch abzubringen.

Reb Oiser zieht die Brauen noch stärker zusammen. Er sieht mit seinen alten Augen, die schon so viel geweint und so viel Psalmen gelesen, so viel Geld gezählt und so viel vom Leben gesehen haben, daß die Zeit kein Erbarmen kennt und all das Alte, Heilige nach und nach auslöscht.

Die Tür geht auf.

Es erscheint ein alter, gebückter Jude mit weißem, zerzaustem Bart, dessen Haare sich mit den ausgefransten Fäden des abgetragenen Kaftans vermengen. Ein bleiches Gesicht schaut unter der zerrissenen Mütze hervor.

Er ist die Armut in Person.

»Friede sei mit dir, Mendel!« begrüßt ihn der Millionär.

»Auch mit dir sei Friede!« antwortet Mendel-Armut.

Er kommt zum Tisch. Der Hausherr umwickelt sich die Rechte mit einer Serviette und reicht sie dem Gast.

Dasselbe tun die Schwiegersöhne und die Enkel. Nur einer der Enkel verzieht dabei den Mund.

Hätte man ihm zu der goldenen Uhr auch noch ein Anhängsel gekauft, so hätte er den Mund vielleicht nicht verzogen.

Mendel bemerkt es aber nicht. Er lächelt.

»Du hast etwas zu viel Weiber an deinem Tisch sitzen, Oiser!«

»Es sind ja lauter eigene!« antwortet Oiser sehr ernst und seufzt.

In der Tiefe seiner Seele hat er eigentlich Zweifel, ob auch die Schwiegertochter zu den eigenen gehört.

»Weißt du was, Oiser?« sagt Mendel weiter. »Ich will einen Schluck Branntwein nehmen.«

»Gut!«

»Kinder, macht mir Platz!«

Mendel zwängt sich zwischen zwei Enkelsöhnen an den Tisch heran und nimmt einen Schluck Branntwein.

»Und etwas dazu!« wendet er sich an die Hausfrau und blickt sie mit seinen feuchten Augen an.

Reb Oiser wirft einen zornigen Blick zu den Weibern, wissen sie denn nicht selbst, daß man zum Branntwein etwas beißen muß?!

Die Hausfrau versteht wohl den Blick, hat aber keine Lust, aufzustehen.

»Nehmt ein Stück Hühnerbrust!«

»Fällt mir nicht ein!« antwortet Mendel. »Dazu muß ich mir erst die Hände waschen, wie es sich gehört! Vorläufig will ich ein Stück Honigkuchen; ich habe ein Recht auf Honigkuchen!«

»Sag einmal, Sore«, wendet er sich an die Hausfrau, »hast du nicht inzwischen wieder eine Tochter verheiratet?«

Eines der Mädchen verzieht das Gesicht und bringt von der Kredenz ein Stück Honigkuchen.

Mendel-Armut trinkt zum Wohl und ißt dazu Honigkuchen.

»Jetzt werde ich mich waschen.«

Er sieht sich um, entdeckt das Waschgeschirr und wäscht sich die Hände.

Eine Dienstmagd trägt eine dampfende Schüssel herein.

Reb Oiser wirft seinem Weib einen bösen Blick zu.

»Trag die Schüssel vorläufig zurück!« sagt die Frau zur Dienstmagd. »Es ist ja ein Gast gekommen.«

Die Dienstmagd sieht den Gast etwas spöttisch an und geht fort.

Nach dem Essen und dem Tischgebet verjagt Mendel mit dem beißenden Rauch seiner Pfeife alle Weiber aus dem Zimmer. Er lächelt zufrieden, sieht sich um und findet endlich das, was er sucht, ein Sofa. Der Kopf ist ihm etwas schwer, auch hat er schon lange keinen so schweren Magen mehr gehabt. Er erhebt sich mühsam vom Stuhl, geht wankend zum Sofa und streckt sich aus.

Reb Oiser fragt:

»Willst du etwas schlafen?«

»Ja, und später will ich mit dir reden.« Er gähnt und sagt: »Ich bleibe bei dir, so Gott will, einige Tage.«

»Gut. Jetzt schlafe«, sagt Reb Oiser, das Zimmer verlassend. Die übrigen Familienmitglieder folgen ihm.

Reb Oiser kommt nach einigen Stunden wieder ins Eßzimmer. Mendel liegt bereits mit offenen Augen da.

»Nun, wie geht's, Mendel?« fragt er ihn und setzt sich ihm zu Häupten auf einen Stuhl.

»So-so!« antwortet Mendel. »Kann ich nicht ein Glas Tee bekommen?«

Reb Oiser klingelt und bestellt bei seiner Frau, die sich in der Tür zeigt, den Samowar.

»Warum bist du eigentlich hergekommen?« fragt Reb Oiser.

»Du willst wissen, warum ich hergekommen bin?« wiederholt Mendel die Frage. »Ich verheirate ein Kind!«

»Deine Schmerl?«

»Nein, ich habe noch eine ältere Tochter.«

»So?«

»Gewiß ...«

»Und nun?«

»Nun brauche ich natürlich ... die Mitgift ...«

»Von mir kannst du gleich fünfundzwanzig Rubel haben!«

Mendel setzt sich auf.

»Solltest dich schämen!«

»Wieviel willst du denn?«

»Wieviel ich will? Ich will fünfhundert Rubel.«

»Fünfhundert Rubel?« wundert sich der Millionär.

»So habe ich es versprochen.«

»Nun, was sagt das schon!«

»Das hatte ich mir ja auch gedacht, als ich es versprach. Es geschah aber ein Unglück. Hör nur, was einem passieren kann. Meine Tochter wurde ... etwas unwohl ... Es war gar nicht der Rede wert. Kennst du aber den Lümmel Motje? Als wir beide neulich bei einer Streitigkeit Schiedsrichter waren, gerieten wir selbst in Streit. Also setzte er sich hin und schrieb einen Brief an den zukünftigen Schwiegervater.«

»Was sagst du da?« fragt Reb Oiser und verzieht das Gesicht.

»Das, was du hörst!«

»So ein Sünder in Israel!«

»Ich fahre ja auch deswegen zum Rabbiner. Er wird schon seine Strafe bekommen. Doch was geschehen ist, ist geschehen. Und weißt du, was er – ausgelöscht sei sein Name – geschrieben hat? Daß sie die Fallsucht habe, hat er geschrieben! Mir kannst du ja glauben, sie hat bisher nur einen Anfall gehabt, höchstens zwei, mehr nicht, mein Ehrenwort!«

Mendel macht eine Pause und zieht an seiner kalten Pfeife.

»Hier hast du eine Zigarre«, sagt der Hausherr.

Mendel nimmt die Zigarre, steckt sie an und fährt fort:

»Und jetzt, verstehst du, sagte der Vater vom Bräutigam, daß ich das ganze Geld bezahlen soll.«

»Diese Frechheit!« schimpft der Millionär.

»Gewiß! Der Hund will natürlich die Verlobung auflösen, ohne mir Abstandsgeld zu geben!«

»Gar nicht so dumm!« scherzt Reb Oiser.

»Ich höre auf ihn wie auf die Katz'! Doch ich muß ihm sein unsauberes Maul stopfen. Also brauche ich die ganzen fünfhundert Rubel.«

»Und warum muß *ich* alles geben?«

»Außerdem«, fährt Mendel fort, »brauche ich etwas für die Hochzeit, wie es nun einmal Brauch ist. Hochzeitskleider habe ich schon.«

»Und alles muß ich geben?« fragt Reb Oiser etwas unzufrieden. »Warum gehst du nicht auch zu Berl, zu Chajim?«

Mendel-Armut gerät in Zorn:

»Ich bitte dich, was verlangst du von mir? Habe ich denn die Kraft, in euren steinernen Gassen herumzulaufen und eure steinernen Treppen zu steigen? Ich soll auf meine alten Tage vor fremden Türen warten?«

Er steht auf und spricht wutschnaubend weiter:

»Menschen wohnen in Straßen, die lang sind wie das Exil. Es gibt mehr Treppen als Häuser. Ich habe Asthma und soll herumlaufen? Lauf du herum! Oder gib mir das Geld, ohne herumzulaufen. Wo du es hernimmst, ist mir gleich. Als ich Geld hatte, gab ich davon!«

Reb Oiser schweigt, und Mendel setzt sich wieder aufs Sofa.

»Und wo bleibt der Tee?« fragt er ungeduldig.

Reb Oiser klingelt wieder, und aus dem nächsten Zimmer antwortet seine Frau, daß der Tee bald fertig sein wird.

Mendel gähnt wieder.

»Willst du denn wirklich, daß ich dir das ganze Geld gebe?« fragt Reb Oiser, »du mußt doch jüdisches Erbarmen mit mir haben!«

»Gott behüte!« erwidert Mendel. »Nimm das Geld, woher du willst! Ich kann aber nicht sammeln gehen. Ich kann einfach nicht!«

»Was kann ich dafür?«

»Hör einmal, Oiser! Ich brauche fünfhundert Rubel für die Mitgift und fünfzig Rubel für die Hochzeit; einige Hochzeitskleider habe ich schon, wie gesagt. Und was den Rest angeht, so werde ich ihm schon was pfeifen, dem alten Gauner! Im ganzen also fünfhundertfünfzig Rubel. Davon darf aber kein Dreier fehlen!«

Reb Oiser nickt mit dem Kopf. Er ist beinahe einverstanden. Aber …

Mendel läßt ihn nicht zu Worte kommen.

»Und von dieser Summe besitze ich das!«

Er holt aus der Brusttasche einen zerfetzten leinenen Beutel und wirft ihn Reb Oiser auf den Schoß.

»Zähle einmal nach!« sagt er zu ihm.

Reb Oiser nimmt den Beutel, holt einen Packen zerknüllter Banknoten heraus und zählt. Es sind hundertvierundsechzig Rubel.

»Ich habe mein Häuschen verkauft«, erklärt ihm Mendel, »daher habe ich das Geld!«

Oiser legt das Geld wieder in den Beutel und will ihn Mendel zurückgeben.

»Nein«, sagt Mendel, »ich habe geschwollene Füße. Herumgehen will ich nicht. Behalte das Geld bei dir. Ich habe also bei dir fünfhundertfünfzig Rubel! Ich lasse dir Zeit. Ich bleibe ja einige Tage hier, also hast du genug Zeit! Ich will bei dir etwas ausruhen und mich satt essen. Wenn ich abreise, wirst du mir eine Quittung geben, daß ich bei dir fünfhundert Rubel hinterlegt habe. Fünfzig Rubel für die Hochzeit und fünf Rubel für die Reise nach Ger wirst du mir bar geben. Du kannst das Geld nehmen, von wem du willst. Das geht mich nichts an.«

»Gut«, brummt Reb Oiser.

»In Ger werde ich bleiben«, fährt Mendel fort. »Und wenn ich später einmal Lust habe, komme ich zu dir für einige Wochen.«

Reb Oiser brummt wieder.

»Schlafen werde ich«, sagt Mendel, »wenn ich komme, hier auf diesem Sofa. Ein ausgezeichnetes Sofa!«

SCHOLEM ALECHEM

Was wir für einen Rabbiner haben

All dies ist mir vor langen Jahren zugestoßen. Ich war noch ein junger Mann und lebte nicht fern von hier in einem Dorf nahe der Eisenbahn. Ich handelte mit diesem und jenem, betrieb eine kleine Schenke und hatte genug zum Leben. Ein Rothschild wurde ich nicht, aber wir hatten genügend Brot zu essen, und mit der Zeit zogen etwa zehn jüdische Familien in die Nähe – denn, wie Ihnen sicher bekannt ist, ziehen andere nach, wenn es einem von uns ganz gut geht. Sie glauben gleich, man habe eine Goldgrube entdeckt ... Aber das wollte ich gar nicht erzählen. Worauf ich hinauswollte, war, daß eines Jahres mitten in der arbeitsreichen Jahreszeit, als alles betriebsam war und wir viel Verkehr hatten, meine Frau doch wahrhaftig gerade dann ein Kind bekommen mußte – unseren Jungen – unseren ersten Sohn. Was sagen Sie dazu? »Herzliche Glückwünsche!« Glückwünsche von allen Seiten. Aber damit hat es sich noch nicht. Eine Beschneidung muß stattfinden mit einer Feier. Ich ließ alles stehen und liegen, fuhr in die Stadt, kaufte alle die guten Dinge, die ich nur finden konnte, und kehrte mit dem Mohel mitsamt seinen Instrumenten zurück, und um es reichlich zu bemessen, brachte ich auch den Synagogendiener mit. Ich glaubte, mit jenen zwei frommen Männern, meiner Person und den Nachbarn brächten wir leicht die zehn Männer zusammen, die benötigt wurden, und hätten noch einen übrig. Doch was fügt Gott? Er läßt einen meiner Nachbarn krank werden – er liegt krank im Bett und kann nicht zur Beschneidung erscheinen, nicht einmal hertragen kann man ihn. Und ein zweiter muß packen und in die Stadt fahren. Keinen Tag länger kann er warten! Und hier stehe ich jetzt und bringe keine zehn Männer zusammen. Es muß etwas geschehen. Auch das noch – Freitag! Unter allen Wochentagen muß sich meine Frau ausgerechnet den Freitag für die Beschneidung aussuchen – den Tag vor dem Sabbat. Der Mohel tobt – er muß augenblicklich wieder fort. Der Synagogendiener ist in Tränen aufgelöst. »Wozu hast du uns bloß hierhergezerrt?« wollen die beiden wissen. Was kann ich bloß tun? Das einzige, was mir in den Sinn kommt, ist, an den Bahnhof zu laufen. Wer weiß – so viele Leute fahren täglich durch, vielleicht wird Gott mir jemanden schicken. Und genau so geschah es auch. Ich komme in den

Bahnhof gerannt – gerade eben ist die Abfahrt des Zuges ausgerufen worden. Ich sehe mich um – ein kugelrunder kleiner Mann mit einer riesigen Reisetasche eilt an mir vorbei; völlig verschwitzt und außer Atem stürzt er auf die Imbißbude zu. Er wirft einen Blick auf die Speisen – was kann ein Jude schon in einem Bahnhof auf dem Lande essen? Einen Hering – ein Ei. Armer Kerl – man konnte richtig sehen, wie ihm das Wasser im Munde zusammenlief. Ich packe ihn am Ärmel. »Sucht Ihr nach etwas Eßbarem, Onkel?« frage ich ihn, und er sieht mich an, als wolle er sagen: »Woher hast du denn das gewußt?« Ich rede gleich drauflos: »Möget Ihr hundert Jahre werden – Gott selbst hat Euch geschickt.« Als er mich immer noch nicht versteht, fahre ich fort: »Wollt Ihr auf alle Ewigkeit gesegnet sein – und zugleich einen Rinderbraten essen, der Euch auf der Zunge zergeht, dazu einen Laib Weißbrot, frisch aus dem Ofen?« Er sieht mich immer noch an, als sei ich verrückt. »Wer seid Ihr? Was wollt Ihr von mir?«

Ich erzähle ihm also die ganze Geschichte. Welch ein Mißgeschick uns ereilt hatte: »Da stehen wir jetzt, die Beschneidung ist vorbereitet, der Mohel wartet schon, alle sind bereit, das Essen ist fertig – und solch leckeres Essen! – und wir brauchen einen zehnten Mann!« »Was hat das alles mit mir zu tun?« fragt er, und ich sage zu ihm: »Was das alles mit Euch zu tun hat? Seht doch, von Euch hängt alles ab – Ihr seid der zehnte Mann! Ich bitte Euch – kommt mit mir. Der Himmel wird es Euch lohnen – und zugleich wird Euch der Handel ein delikates Mahl einbringen!« »Seid Ihr verrückt?« fragt er mich. »Oder seid Ihr nur gerade jetzt nicht ganz bei Trost? Mein Zug fährt in wenigen Minuten ab, und es ist jetzt Freitag nachmittag – kurz vor Sonnenuntergang. Wißt Ihr eigentlich, was das heißt? In ein paar Stunden schon wird mich der Sabbat einholen, und ich hänge irgendwo fest.« »Was soll's?« frage ich ihn. »So könnt Ihr auch gleich den nächsten Zug nehmen. Und in der Zwischenzeit werdet Ihr Euch das ewige Leben verdienen – und eine Suppe kosten, mit frischen Klößen, wie nur mein Weib sie so bereiten kann ...«

Warum erst lang reden? Ich setzte meinen Kopf durch. Der Braten und die heiße Suppe mit den frischen Klößen taten das ihre. Man konnte zuschauen, wie mein Bursche sich die Lippen leckte. Also schnappe ich die Reisetasche und bringe ihn nach Hause, und wir bringen die Feier hinter uns. Es war ein wahres Vergnügen. Man konnte den Braten im ganzen Haus riechen, soviel Knoblauch war daran. Ein Braten wie dieser, mit frischen warmen Teigwaren, ist eine Köstlichkeit, die uns der Himmel geschickt hat. Bedenkt man außerdem, daß es frische Dillgurken, eine Flasche Bier, vor der Mahlzeit einen Cognac und hinterher einen Kirschwein gab – dann kann man sich ein Bild von der Verfassung machen, in der sich unser Gast befand! Seine Wangen glänzten, und seine Stirn glitzerte. Und weiter? Ehe wir es merkten, war der Nachmittag vorübergegangen. Mein Gast springt auf, sieht sich um, stellt fest, wie spät es geworden ist, und fast trifft ihn der Schlag! Er will nach seiner Reisetasche greifen. »Wo ist sie?« Ich sage zu ihm: »Wozu die Eile? Erstens glaubt Ihr doch nicht etwa, wir würden Euch so davonlaufen lassen – vor dem Sabbat? Und zweitens: Wer seid Ihr überhaupt, daß Ihr Euch ein oder zwei Stunden vor dem Sabbat auf eine Reise begeben wollt? Und ehe Ihr den Sabbat irgendwo auf dem Lande verbringt, könnt Ihr ebensogut gleich bei uns bleiben.«

Er ächzt und seufzt. Wie konnte ich ihm nur etwas Derartiges antun – ihn so lange aufhalten? Was hatte ich getan gegen ihn? Er hört nicht mehr auf, mich zu belästigen. Also sage ich zu ihm: »Erstens brauchte ich Euch wohl kaum zu sagen, daß Freitag nachmittag ist, oder habt Ihr das etwa nicht selbst gewußt? Und zweitens: Woher wollt Ihr wissen, daß Gott es nicht vielleicht so gewollt hat? Gut möglich, daß er wollte, daß Ihr den Sabbat hier verbringt, damit Ihr den Fisch kosten könnt, den meine Frau bereitet. Ich garantiere Euch – soviel Fisch Ihr auch schon gegessen haben mögt –, daß Ihr noch keinen Fisch gekostet habt, der so schmeckt wie der von meiner Frau – selbst im Traum noch nicht!« Das bereitete dem Streit schließlich ein Ende. Wir sprachen die Abendgebete, tranken ein Glas Wein, und dann stellt meine Frau den Fisch auf den Tisch. Die Nasenflügel meines Gastes schwellen an, und er macht sich über den Fisch her, als habe er den ganzen Tag noch nichts gegessen. Er kann sich gar nicht fassen. Er lobt den Fisch himmelhoch. Er schenkt sich ein volles Glas Schnaps ein und bringt einen Trinkspruch auf den Fisch aus. Dann kommt die Suppe, eine besonders gehaltvolle Sabbatsuppe mit Nudeln. Und auch diese mundet ihm, und der Zimes auch und das Fleisch, das es zu dem Zimes gibt, ein schönes, fettes Bruststück. Ich sage Ihnen: Er saß nur noch da und leckte sich die Finger! Als wir den letzten Gang beendet haben, dreht er sich zu mir: »Wißt Ihr, was ich Euch sage? Jetzt, nachdem alles vorbei ist, bin ich wirklich froh, daß ich über Sabbat hiergeblieben bin. Es ist schon lange her, seit ich einen Sabbat so genossen habe wie diesen.« »Wenn dem so ist, schätze ich mich glücklich«, sage ich zu ihm. »Aber wartet ab. Dies ist nur eine Kostprobe. Wartet bis morgen. Dann werdet Ihr erleben, was meine Frau kann.« Und so kam es auch. Am nächsten Tage, nach dem Gottesdienst, setzen wir uns zu Tisch. Diesen Festschmaus hätten Sie sehen müssen! Zuerst die Appetitanreger: knusprige Waffeln und Heringsstückchen, Zwiebeln und Hühnerschmalz, Rettich und gehackte Leber, Eier und Gänsegrieben. Anschließend der kalte Fisch und das Fleisch vom gestrigen Zimes, dann die gelierte Kalbshaxe und Fisgona, wie Sie es nennen, mit dünnen Knoblauchscheiben und anschließend Kugel, nach einer ganzen Nacht im Herd – und Sie wissen gewiß, wie es riecht, wenn man den Topf aus dem Herd holt und den Deckel lüpft. Unserem Besucher fehlten die Worte des Lobes: Er war überwältigt. Also sage ich zu ihm: »Das ist noch gar nichts. Wartet, bis Ihr heute abend unseren Borschtsch gekostet habt; dann wißt Ihr erst, was gutes Essen ist.« Darauf lacht er laut los – ein freundliches Lachen, das muß man sagen – und meint: »Ja, aber was glaubt Ihr wohl, wie weit ich von hier fort bin, wenn der Borschtsch fertig ist?« Also lache ich noch lauter als er und sage: »Das könnt Ihr gleich wieder vergessen! Glaubt Ihr etwa, Ihr würdet heute abend abreisen?«

Und so kam es auch. Sobald die Lichter angezündet waren und wir ein Glas Wein tranken, um die neue Woche zu beginnen, fängt mein Freund schon wieder an, sein Gepäck zusammenzusammeln. Also rufe ich ihm zu: »Seid Ihr verrückt? Glaubt Ihr wirklich, wir würden Euch mitten in der Nacht Gott weiß wohin ziehen lassen? Und wo ist überhaupt Euer Zug?« »Was?« kreischt er mich an. »Kein Zug? Das kostet mich mein Leben! Ihr wißt genau, daß ich fort muß!« Doch ich sage: »Möge dies das größte Mißgeschick Eures Lebens sein. Euer Zug wird kommen, und wenn alles gut geht, ist er morgen gegen Einbruch der Dämmerung da. Für die Zwischenzeit wünsche ich Euch einen gesegneten Appetit und eine gute Verdauung, weil ich den Borschtsch schon riechen kann! Alles, worum ich Euch bitte«, sage ich, »ist, daß Ihr mir die Wahrheit sagt. Sagt mir, ob Ihr je zuvor einen solchen Borschtsch gekostet habt. Doch ich will nur die reine Wahrheit hören!« Wozu lange reden – er mußte es eingestehen: Nie zuvor in seinem Leben hatte er einen solchen Borschtsch gekostet. Niemals. Er fragte sogar, wie man ihn zubereitete, welche Zutaten verwendet wurden und wie lange man ihn kochte. Alles. Und ich sage: »Macht Euch darüber keine Sorgen! Hier, kostet diesen Wein und sagt mir, was Ihr davon haltet. Schließlich seid Ihr ein Experte. Aber sprecht die Wahrheit. Denkt daran – nichts als die Wahrheit. Denn wenn ich etwas hasse, dann sind es Schmeicheleien ...« So tranken wir ein Glas, dann noch eines, und anschließend gingen wir zu Bett. Und was glauben Sie wohl, was geschah? Mein Reisender verschlief und verpaßte den Morgenzug. Als er erwacht, kocht er über. Wie ein Mörder stürzt er auf mich zu. Lag es nicht bei mir, ihn aus Gerechtigkeit und Anstand aufzuwecken? Meinetwegen wird er einen Verlust erleiden, einen schweren Verlust – wie schwer, weiß er selbst noch nicht. Ich bin an allem schuld. Ich habe ihn ruiniert. Ich! ... Soll er doch reden: Ich höre schweigend zu, und als er alles gesagt hat, sage ich: »Sagt selbst: Seid Ihr nicht ein wunderlicher Kauz? Warum habt Ihr denn solche Eile? Wonach hastet Ihr? Wie lange dauert schon ein Menschenleben? Muß der Mensch sich dieses Wenige mit Hetzen und Rennen verderben? Und solltet Ihr außerdem vergessen haben, daß heute der dritte Tag nach der Beschneidung ist? Bedeutet Euch das gar nichts? Dort, wo wir herkommen, herrscht der Brauch, am dritten Tag ein noch größeres Fest zu feiern als am Tag der Beschneidung selbst. Der dritte Tag – das ist ein Grund zum Feiern! Ihr werdet doch die Feier nicht verderben wollen – oder doch?« Was kann er da noch machen? Er hat sich nicht mehr unter Kontrolle und lacht laut los – ein hysterisches Lachen. »Wozu führt das ganze Reden?« sagt er. »Ihr seid ein echter Blutsauger!« »Wie Ihr meint«, sage ich. »Doch schließlich seid und bleibt Ihr ein Gast, nicht wahr?« Beim Abendessen, nach dem ersten oder zweiten Glas, sage ich zu ihm: »Seht, es mag sich nicht geziemen – schließlich sind wir Juden –, über Milch und dergleichen zu reden, während wir Fleisch essen, aber ich würde gern Eure offene Meinung hören: Was haltet Ihr von Kreppchen mit Käse?« Er sieht mich argwöhnisch an: »Wie kommt Ihr jetzt darauf?« fragt er. »Einfach so«, erkläre ich ihm. »Es würde mich freuen, wenn Ihr die Käsekreppchen probieren wolltet, die meine Frau bereitet – denn seht Ihr, heute abend wird es Milchspeisen geben ...« Jetzt wird es ihm zuviel, und er schreit mich an: »Diesmal nicht! Ihr versucht, mich einen weiteren Tag hier zu halten, ich merke es ganz genau! Aber daraus wird nichts. Das ist nicht recht! Es ist nicht recht!« Aus seinem Toben und Sieden ist leicht zu ersehen, daß ich ihn nicht allzulange beschwatzen und auch nicht mit ihm streiten muß, denn dieser Mann ist jemand mit gesundem Appetit, der nur an eine Philosophie glaubt, und diese wendet er bei Tisch an. Also sage ich zu ihm: »Ich gebe Euch mein Ehrenwort, und wenn das nicht genügt auch meine Hand – hier, schüttelt sie –, daß ich Euch morgen rechtzeitig wecken werde, damit Ihr den ersten Zug bekommt. Ich verspreche es Euch, selbst wenn die Welt auf dem Kopf stehen sollte. Wenn nicht, so soll mich – Ihr wißt schon, was!« Daraufhin beruhigt er sich und sagt zu mir: »Denkt daran, daß Ihr mir Eure Hand darauf gegeben habt.« Und ich sage: »Versprochen ist versprochen.« Meine Frau bereitet ein Abendessen aus Milchprodukten – wie kann ich es Ihnen bloß beschreiben? Mit Kreppchen, bei denen mein Gast gestehen muß, daß alles wahr ist: Auch er hat eine Frau, und auch sie bereitet Kreppchen, doch wie könnte man sie je mit diesen hier vergleichen? Es ist ein Unterschied wie zwischen Tag und Nacht!

Ich hielt mein Wort, denn versprochen ist versprochen. Ich weckte ihn, als es noch dunkel war, und stellte den Samowar an. Er packte seine Sachen zusammen und begann, sich nett und freundschaftlich von mir und dem übrigen Haushalt zu verabschieden. Man konnte sehen, daß er wirklich ein feiner Herr war. Doch ich fiel ihm ins Wort: »Wir werden uns erst ein wenig später verabschieden. Zuvor müssen wir etwas begleichen.« »Was soll das heißen? Begleichen?« »Begleichen«, sagte ich, »bedeutet, die Zahlen zusammenzurechnen. Das ist es, was ich nun tun werde. Ich werde alles zusammenrechnen, Euch wissen lassen, auf wieviel es sich beläuft, und dann werdet Ihr so freundlich sein, mich zu bezahlen.«

Seine Wangen flammten rot auf. »Euch bezahlen?« schreit er. »Euch bezahlen für was?« »Für was?« wiederhole ich. »Ihr wollt wissen, wofür? Für alles. Das Essen, das Trinken, die Unterkunft.« Diesmal wird er weiß – nicht rot – und sagt zu mir: »Ich verstehe kein Wort mehr. Ihr seid gekommen und habt mich zu der Beschneidung eingeladen. Ihr habt mich von meinem Zug fortgeholt. Ihr habt mir meine Tasche weggenommen. Ihr habt mir das ewige Leben versprochen.« »Das stimmt«, unterbreche ich ihn. »Das stimmt. Aber was hat das eine mit dem anderen zu tun? Als Ihr zu der Beschneidung gekommen seid, habt Ihr Euch eine Belohnung im Himmel verdient. Doch das Essen, das Trinken und das Logis – muß ich Euch dies auch umsonst geben? Schließlich seid Ihr Geschäftsmann, nicht wahr? Ihr solltet wissen, daß Fisch Geld kostet und daß der Wein, den Ihr getrunken habt, der beste war, und auch das Bier und der Kirschwein. Erinnert Euch nur daran, wie Ihr den Zimes, den Pudding und den Borschtsch gelobt habt. Ihr erinnert Euch daran, wie Ihr Euch die Finger geleckt habt. Auch der Duft der Käsekreppchen hat Euch zugesagt. Es freut mich also, daß Ihr diese Dinge genossen habt; ich mißgönne sie Euch nicht im geringsten. Aber Ihr könnt doch nicht erwarten, daß ich, weil Ihr Euch eine Belohnung im Himmel verdient habt und Eure Freude bei diesem Handel hattet, für Euch zahle?« Mein Reisender schwitzte

jetzt wirklich; er sah aus, als würde ihn der Schlag treffen. Er wälzte sich herum, stieß Schreie aus und brüllte um Hilfe. »Das ist Sodom!« schrie er, »schlimmer noch als Sodom! Das ist die ärgste Schande, von der die Welt je gehört hat! Wieviel wollt Ihr?« Ganz ruhig nahm ich ein Stück Papier und einen Bleistift zur Hand und begann, die Posten zusammenzuzählen. Ich listete ihm alles auf. Ich zog Bilanz über alles, was er gegessen hatte, über jede Stunde, die er in meinem Haus verbracht hatte. Alles in allem kamen dreißig Rubel und ein paar Zerquetschte dabei heraus – genau kann ich mich nicht mehr erinnern.

Als er die Gesamtsumme sah, wurde der gute Mann grün und gelb, seine Hände zitterten, seine Augen traten fast aus dem Kopf, und wieder stieß er einen Schrei aus, lauter als alle zuvor. »Wo bin ich nur hingeraten – in eine Räuberhöhle? Gibt es denn kein einziges menschliches Wesen hier? Gibt es irgendwo einen Gott?« Also sage ich zu ihm: »Seht, Herr, wißt Ihr was? Wißt Ihr überhaupt, warum Ihr so schreit? Müßt Ihr Euch die Seele aus dem Leib schreien? Hört meinen Vorschlag: Wir fahren gemeinsam in die Stadt – weit von hier ist es nicht –, und dort werden wir Menschen finden. Es gibt auch einen Rabbiner dort – fragen wir ihn. Wir halten uns an das, was er sagt.« Als er mich so reden hörte, beruhigte er sich ein wenig. Dann – keine Sorge – mieteten wir ein Pferd und einen Wagen, kletterten hinein und fuhren in die Stadt, wir beide gemeinsam, und begaben uns direkt zum Rabbiner.

Wir erreichten das Haus des Rabbiners, als er soeben seine Morgengebete beendet hatte. Er faltete seinen Gebetmantel zusammen und legte seine Gebetriemen fort. »Guten Morgen«, sagten wir zu ihm, und er sagte: »Was gibt es heute Neues?« Neues? Mein Freund legt sofort los und unterbreitet ihm die gesamte Geschichte – von A bis Z. Kein Wort läßt er aus. Er erzählt, wie er am Bahnhof von mir angesprochen wurde und so weiter und so weiter, und als er alles erzählt hat, zieht er die Rechnung hervor, die ich ihm gegeben hatte, und gibt sie dem Rabbiner. Nachdem der alles vernommen hatte, sagt er: »Die eine Seite habe ich gehört; jetzt würde ich gern die andere Seite hören.« Er wendet sich zu mir und fragt: »Was habt Ihr zu all dem zu sagen?« Ich antworte: »Alles, was er sagt, ist wahr. Ich kann dem kein Wort hinzufügen. Es gibt nur eines, was er Euch noch sagen soll: Hat er den Fisch gegessen, das Bier, den Cognac und den Kirschwein getrunken, und hat er sich die Lippen nach dem Borschtsch geleckt, den meine Frau bereitet hat?« Bei diesen Worten bekommt der Mann fast einen Tobsuchtsausbruch, er springt herum und wirft die Arme und die Beine durch die Luft wie ein Akrobat. Der Rabbiner bittet ihn, nicht so zu kochen und nicht so wütend zu werden, denn Wut ist eine schwere Sünde. Wieder befragt er ihn zu dem Fisch, dem Borschtsch und den Kreppchen, und ob es wahr sei, daß er nicht nur den Wein, sondern auch Bier, Cognac und Kirschwein getrunken habe. Dann setzt der Rabbiner seine Brille auf, geht die Rechnung von oben bis unten durch, überprüft jeden Posten und befindet alles für korrekt! Dreißig Rubel und eine paar Kopeken, und er faßt sein Urteil kurz: Er sagt dem Mann, daß er die ganze Sache zahlen muß, außerdem Hin- und Rückfahrt in der Kutsche und Gerichtskosten für den Rabbiner selbst …

Als der Mann aus dem Haus des Rabbiners taumelt, sieht er aus, als sei er zu lange im Dampfbad gewesen; er zieht seine Geldbörse aus der Tasche, holt zwei Fünfundzwanziger heraus und faucht mich an: »Gebt mir das Wechselgeld.« »Welches Wechselgeld?« frage ich, und er sagt: »Für die dreißig, die Ihr mir berechnet habt – für diese Rechnung, die ich von Euch bekommen habe.« »Rechnung? Was für eine Rechnung? Von welchen dreißig sprecht Ihr überhaupt? Wofür haltet Ihr mich – für einen Straßenräuber? Erwartet Ihr im Ernst, daß ich Geld von Euch annehme? Ich sehe am Bahnhof einen Mann, einen vollständig Fremden; ich nehme ihm seine Tasche ab und zerre ihn fast gewaltsam zu unserer Beschneidung und verbringe einen wunderbaren Sabbat mit ihm. Lasse ich mich dann vielleicht von ihm für den Gefallen bezahlen, den er mir erwiesen hat – und für das Vergnügen, das mir der Sabbat bereitet hat?« Jetzt sieht er mich an, als sei ich wirklich übergeschnappt und sagt: »Warum habt Ihr dann all das mit mir gemacht? Warum habt Ihr mich vor den Rabbiner gezerrt?« »Warum das alles? Warum?« sage ich zu ihm. »Ihr seid schon ein komischer Kauz, das kann ich Euch versichern! Ich wollte Euch nur schnell noch zeigen, was wir für einen Rabbiner haben, das war alles …«

Dowid Frischmann

Der Kohen

Zum ersten Mal sah ich ihn bei der Feier zur Auslösung einer Erstgeburt. Er stand zwischen den beiden Gardinen eines Fensters und sah auf die Straße hinaus. Ich sah ihn nur von hinten: eine kleine hagere Gestalt mit gekrümmtem, rundem Rücken und schmalen, abfallenden Schultern. Jedenfalls nahm sich die armselige, traurige Erscheinung mit abgerissenem Kaftan im vornehmen Salon unter all den lustigen, reich gekleideten Gästen recht fremdartig aus.

Ich stand neben der jungen Dame des Hauses und plauderte mit ihr. Die großen Brillanten in ihren Ohren funkelten, auch ihre großen strahlenden Augen sprühten Funken, und die frischen roten Lippen leuchteten. Nur die leichte Blässe ihres Gesichts ließ noch etwas von den Schmerzen ahnen, die sie in den letzten Wochen auszustehen hatte. Die schöne Frau fragte mich, warum ich mich so selten sehen ließe.

»Meine Arbeit läßt mir keine Zeit, Gnädigste, ich bin so furchtbar beschäftigt.«

»Ist das mit der Kruszinska wahr? Will sie wirklich wegen dieses dummen Leutnants, der sich ihretwegen erschossen hat, die Bühne verlassen?«

Ich hatte nicht Zeit, ihr zu antworten, denn der Mann zwischen den Gardinen drehte sich in diesem Augenblick um. Ich fuhr zusammen. Er hatte ein wachsgelbes Gesicht, eingefallene Wangen und schmale blaue Lippen. Es stand für mich außer jedem Zweifel, daß er seit langem nichts gegessen hatte.

Die Dame des Hauses plauderte indessen weiter: »Es tut mir so furchtbar leid, daß ich gestern nicht im Philharmonischen Konzert sein konnte. Die Spanische Symphonie von Lalo! Beethovens Kreutzersonate, gespielt von Hubermann! Und das G-dur-Arioso aus der ›Louise‹, gesungen von der Förster-Lauterer! Nicht wahr, ich bin doch eine unglückliche Frau, die ein Mann wie Sie bedauern sollte?«

Ich hörte ihr fast gar nicht zu. Der Mann am Fenster zog meine ganze Aufmerksamkeit auf sich. Seine Brust war schmal und eingefallen, sein ganzer Körper wie der eines Kindes. Ab und zu ging ein Zittern durch alle seine Glieder; man sah ihm eine seltsame Spannung und Ungeduld an. Je näher die

Auslösungszeremonie heranrückte, um so ungeduldiger wurde er. Er sah aus wie einer, der unter dem Bewußtsein einer schweren Schuld zusammenbricht, oder wie einer, der im Begriff ist, ein Verbrechen zu begehen.

Livrierte Lohndiener liefen hin und her und trugen auf silbernen Tabletts Wein, Obst und Konfekt herum. Am Fenster links stand auf dem Fußboden ein großer tiefgrüner Oleanderbaum in einem hölzernen Kübel. Und neben dem Baume stand der arme Mann mit dem wachsgelben Gesicht. Er stand reglos da und blickte zu Boden. Es fiel mir auf, daß er seine Augen noch kein einziges Mal vom Boden erhoben hatte. In diesem Augenblick wurde meine Aufmerksamkeit abgelenkt.

Auf einem großen silbernen Tablett trug man den Neugeborenen herein. Das Kind lag inmitten goldener und silberner Schmuckstücke, Perlenschnüre und anderer Kostbarkeiten.

Der Mann ging vom Fenster weg auf das Kind zu. Kein Tropfen Blut war in seinem Gesicht zu sehen. Er schien verwirrt und wußte wohl gar nicht, wo er sich befand. Nun hob er die Augen und sah sich um. Ein blödes Lächeln spielte um seine Lippen.

Vielleicht machte die ungewohnte Ansammlung von Menschen solchen Eindruck auf ihn, vielleicht fühlte er sich befangen als der einzige Hungrige unter so viel Satten?

Nun begann er den hebräischen Vers zu stammeln: »Was ziehst du vor? Deinen Sohn zu geben …«

Einer der neben ihm Stehenden unterbrach ihn: »Einen Moment! Zuerst muß der Vater sagen: ›Das ist mein erstgeborener Sohn …‹ usw. Und dann erst sagt der Kohen: ›Was ziehst du vor?‹«

Der Mann wurde verlegen und errötete; das dauerte aber nur einen Augenblick. Sein Gesicht wurde gleich wieder blaß, noch viel blasser als vorher.

Es fehlt ihm offenbar die Übung, dachte ich mir. Das Wunder passiert ihm wohl nicht jeden Tag. Vielleicht versieht er dieses Amt sogar zum ersten Mal in seinem Leben.

Inzwischen fing der Vater an: »Das ist mein erstgeborener Sohn, und der Heilige, gepriesen sei er …«

Der Kohen ließ den Kopf noch tiefer hängen. Die Worte: »Der Heilige, gepriesen sei er« hatten auf ihn wohl einen besonders starken Eindruck gemacht.

Sehr schnell, so daß man ihn beinahe nicht verstehen konnte, leierte er nun seinen Text herunter: »Was ziehst du vor? Deinen Sohn zu geben, den Erstgeborenen, oder ihn auszulösen, wie du verpflichtet bist nach der Tora.«

Der Mann bekam fünf Silberrubel und noch fünf kleinere Silbermünzen. Der Vater verrichtete die vorgeschriebenen Segenssprüche. Schwere Schweißtropfen traten dem Kohen auf die Stirne.

Der Kohen schwang nun die Silbermünzen einigemal über dem Köpfchen des Kindes und murmelte sehr schnell die Worte: »Dieses ist statt diesem, dieser wird mit diesem ausgelöst ...« Die weiteren Worte hörte man nicht.

Er legte die Hand dem Neugeborenen auf den Kopf und sprach den Segen: »Der Herr segne dich wie Efraim und Manasse ...« Seine Hand zitterte dabei furchtbar. Dann leerte er den Becher Wein auf einen Zug und ging zur Türe.

Die Eltern des Kindes baten ihn, sich mit den andern Gästen zu Tisch zu setzen und zu essen. Er aber schüttelte den Kopf und ging.

Der Mann beschäftigte lebhaft meine Phantasie, ich wußte selbst nicht, weshalb.

»Er ist ein ganz armer Mensch«, erzählte mir der Hausherr, »seit kurzem erst aus seinem Städtchen hergezogen und wohnt nun in der Nachbarschaft. Er ist ein Mann der Tora: Tag und Nacht sitzt er in dem kleinen Lehrhaus und lernt. Ich wollte schon einen anderen Kohen einladen – meinen Bekannten Markus Kaplan. Aber gestern abend kam der Mann zu mir und bat mich, das Amt ihm zu überlassen. Ich wußte ja gar nicht, daß er Kohen ist. Und wenn man die Wahl zwischen einem reichen und einem armen Kohen hat, so wählt man doch den armen.«

Den ganzen Abend mußte ich an diesen Menschen denken. Nach einigen Wochen sah ich ihn wieder. Ich ging zufällig an jenem kleinen Lehrhaus vorbei und sah ihn durch das Fenster in Tallis und Tefillin stehen. Etwas zog mich zu ihm hin, und ich trat ein. Der Mann interessierte mich ungemein. Es war an einem Montag. Im Lehrhaus waren vierzehn oder fünfzehn Männer versammelt.

Vom Vorhofe drangen die Schreie und Rufe der Händler herein: »Einen Kalender für eine Kopeke!« »Ein Beugel für einen Groschen!« »Weiber, zwölf Knöpfe für einen Dreier!« Ein Sonnenstrahl glitt über die Pfütze in der Mitte des Platzes; die Wand gegenüber war zur Hälfte von einem schrägen schweren Schatten bedeckt, die andere Hälfte war blendend hell. Am Rinnstein stand ein Huhn, mit einem Bein an die Mauer festgebunden; es steckte den Schnabel in die schmutzige Pfütze, trank, warf den Kopf zurück, schloß

die Augen und schluckte, steckte den Schnabel noch einmal in die Pfütze und trank wieder.

Und pötzlich hörte ich: »Es erscheine Efraim, der Sohn des Elia, der Kohen ...« Man war schon bei der Toravorlesung. Der Kohen hörte aber nicht, daß man ihn aufgerufen hat. Er hatte wohl vergessen, daß er Kohen ist und daß man ihn meint. Jemand zupfte ihn am Ärmel, er erwachte gleichsam, ging auf das Podium und sprach schnell den Segensspruch.

Sein Gesicht war dabei wie versteinert, kein Muskel rührte sich darin. Auch seine Augen waren starr. Er war unheimlich blaß, nur an einer Wange brannte ein kleiner roter Fleck.

Und wieder kam mir der Gedanke: Dieser Mann ist im Begriff, ein Verbrechen zu begehen. Jedenfalls ist er tief unglücklich – das ist mir klar.

Plötzlich hörte ich die Stimme des Vorbeters: »Ist kein Levite hier?« Und gleich darauf wurde der Kohen zum zweiten Mal aufgerufen: »An Stelle eines Leviten.«

Der Kohen sprach den Segensspruch diesmal noch schneller und noch leiser als vorher. Große Schweißtropfen standen ihm auf der Stirne.

Ich muß mit ihm unbedingt sprechen, sagte ich mir.

Nach dem Gottesdienst ging ich auf ihn zu. Ich weiß nicht mehr, was ich ihm gesagt habe, aber der Mann erschrak furchtbar. Plötzlich ließ er mich stehen, ging zum Tisch, nahm irgendein Buch vor und begann laut zu lernen.

Den ganzen Tag hatte ich dann sein Bild vor Augen.

Zum dritten Mal sah ich ihn in einer sehr merkwürdigen Szene.

Er stand mit dem einen Fuß auf der Schwelle eines Hinterhauses und mit dem andern im Hof. Mehrere Frauen redeten auf ihn ein:

»Hier im Hause ist ein Kind gestorben, Reb Efraim, Ihr müßt weg, Ihr dürft nicht hinein!«

Reb Efraim schien aber nichts zu hören. Er glotzte die Frauen verständnislos an und wußte wohl gar nicht, was sie von ihm wollten.

»Das Wasser hat man schon ausgegossen. Hier im Hause ist ein Kind gestorben. Reb Efraim, Ihr seid doch Kohen!«

»Kohen? ... Ja ... Ja ... Das Wasser hat man schon ausgegossen ...« /25/

Und er stand noch immer da und rührte sich nicht vom Fleck.

»Ihr dürft nicht herein, Reb Efraim! Ihr müßt augenblicklich weg, ein Kind ist doch hier gestorben.«

»Gestorben?«

Die Stimme, mit der er es sagte, vergesse ich niemals.

»Ihr dürft nicht ins Haus«, redete die erste Frau weiter.

»Ich will gleich zum Rabbiner gehen ... Gleich gehe ich zum Rabbiner.«

»Ihr braucht nicht zum Rabbiner zu gehen, Ihr sollt nur hinausgehen, hinaus, hinaus!«

»Ich gehe schon zum Rabbiner ... Zum Rabbiner gehe ich ...«

Und plötzlich wendete er sich um und rannte davon. Mich interessierte, was er vom Rabbiner wollte, und ich ging ihm nach. Er lief so schnell, daß ich ihn kaum einholen konnte.

Die Stube war voller Menschen. Der Rabbiner stand in der Mitte, und vor ihm mein Kohen.

Der Rabbiner war ein schlanker Greis mit langem, silberweißem Bart. Etwas ungemein Mildes lag in seinen vornehmen Zügen.

Und der Mann stand vor ihm und sprach mit heiserer Stimme:

»Rabbi, ich habe gesündigt! Ich habe betrogen, gelogen, geraubt! Ich will meine Sünde beichten und bekennen!«

»Was ist denn, mein Kind?«

»Ich kann es nicht länger tragen. Es ist mir zu schwer. Anfangs glaubte ich, es sei nichts, ich würde Buße tun. Aber jetzt ... jetzt hat sich auch schon der Tod eingemischt. Ein Kind ist gestorben. Mit dem Tode spielt man nicht.«

Plötzlich verstummte er.

»Rede!« sprach der Rabbiner. »Es steht geschrieben: ›Ich werde reden und aufatmen.‹«

Und er begann zu reden.

»Rabbi, wenn Ihr nur verstehen könntet, wie es geschah! Manchmal tut der Mensch etwas und ist dabei gar nicht der Täter. Der andere, der in uns steckt, ist der Täter. Und ich habe ein Weib und fünf kleine Kinder. Den ganzen Tag sitze ich im Lehrhaus und lerne. Auch bei Nacht lerne ich. Und das Weib und die Kinder hungern. Schöpfer der Welt! Wenn ich es nur verstehen könnte! Seit drei Tagen hatten wir kein Stück Brot im Hause. Die Krämerin wollte nichts mehr borgen. Wir schuldeten ihr schon neun Gulden. Und zwei Kinder liegen krank. Typhus ist eine böse Krankheit.«

Der Rabbiner sah ihm in das gelbe Gesicht mit den blauen Lippen. Die Augen des Greises wurden etwas feucht.

»Und dann kam die Versuchung«, sprach der Mann weiter. »Fünf Rubel ... Ich hörte, daß in der Nachbarschaft die Auslösung einer Erstgeburt gefeiert wird. Ich wußte wohl, daß ich eine große Sünde begehe, aber es kamen auch Augenblicke, wo ich es nicht wußte ... Und die beiden Kinder waren krank und brauchten eine Arznei, und mein Weib wartete auf Brot ... Mit allen Kräften kämpfte ich dagegen, aber schließlich kämpfte ich nicht mehr. Im Gegenteil, es schien mir sogar, daß ich ein gottgefälliges Werk tue, an meinem Weib und an meinen Kindern. Und am Abend ging ich zum Nachbarn und bot mich ihm an. Ich glaubte, ich tue ein gottgefälliges Werk. Schöpfer der Welt! Die ganze Nacht konnte ich nicht einschlafen, und im Hirne klopfte es mir wie mit einem Hammer. Ein Schlag nach dem andern: *Du bist gar kein Kohen!* Ein Schlag nach dem andern: Du bist nur ein einfacher Israelit! Und von da an hörte das Hämmern nicht mehr auf. Ich wollte schon einigemal zu Euch kommen, aber ich konnte es nicht. Und eine Lüge zog eine andere nach sich: Nun mußte ich auch vor der Tora als Kohen stehen ... Und jetzt hat sich sogar schon der Tod eingemischt ... Der Tod ist doch schrecklich.«

Ich warf einen Blick auf den Rabbiner. Der Rabbiner hörte nicht mehr zu. Er war plötzlich ein anderer geworden. Alles Edle und Milde war aus seinem Gesicht verschwunden.

Plötzlich begann er auf und ab zu gehen. Auf und ab durch die Stube. Alles war still. Eine Lichtsäule fiel schräg zum Fenster herein und ruhte halb auf dem Gesicht des falschen Kohen und halb auf dem Boden.

Der Rabbiner ging auf und ab und redete zu sich selbst:

»Eine schwere Sünde. Du hast verschuldet, daß ein Jude ein göttliches Gebot übertrat. Denn nun ist die Erstgeburt gar nicht ausgelöst. Eine schwere Sünde. Eine schwere Sünde.«

Der Rabbiner blieb plötzlich vor dem Fenster stehen, schaute auf die Gasse hinaus und schwieg. So stand er eine Weile nachdenklich da.

Das Pendel der Wanduhr ging gleichmäßig hin und her. Vor dem roten Schrank summte eine Fliege.

Und der Rabbiner stand noch immer am Fenster und sprach zu sich selbst:

»Es steht aber geschrieben: ›Ein Mann darf in seinem Unglück nicht haftbar gemacht werden.‹ Und Hunger ist ein Unglück. Und in den Sprüchen steht: ›Ein Mensch tut übel um ein Stück Brot‹ ...« In der Stube ist Totenstille.

Plötzlich wandte sich der Rabbiner zu ihm um.

»Du mußt fasten … jeden Montag und Donnerstag fasten.«

Den Mann beruhigte das nicht. Fasten war für ihn nichts Neues. Er hatte in seinem Leben genug gefastet, nicht nur an Montagen und Donnerstagen, auch an anderen Tagen.

»Und du mußt dich auspeitschen lassen … Vierzig Schläge weniger einen Schlag.«

Der Mann war auch damit noch nicht zufrieden. Er hatte sich in seinem Herzen schon tausendmal mehr gegeißelt.

»Und du sollst in freiwillige Verbannung gehen …«

Der Mann atmete auf. Der Rabbiner hatte ihn wohl erst jetzt zufriedengestellt.

»Du wirst dein Weib heute noch herschicken. Die Gemeinde wird für sie sorgen.«

Der Mann ging.

Ich sah ihn nie wieder.

MORITZ STEINHARDT

Itzigls Barmizwe

In der letzten Woche ging es im Haus Reb Elijes ziemlich aufgeregt zu. Der Älteste der Eheleute sollte am Sabbat Barmizwe feiern. Man wollte den Tag besonders festlich begehen, weil es auch Itzigls Abschied war, denn am Tag darauf sollte er in die Fremde gehen, in eine ferne Talmudschule. Reb Elije hatte dem Gemeindediener eine Liste der einzuladenden Personen übergeben, er sollte die Einladungen persönlich überbringen. Elije hatte sich seine Liste allein zusammengestellt, jedoch seine Frau Rifke hatte das gleiche getan. So wie das Ehepaar häufig nicht einer Meinung war, so stimmten auch die beiden Listen nicht überein. Rifke gehörte in ihrer Mädchenzeit einer besseren Gesellschaft an als ihr Mann. Der hatte als Schankwirt Freunde ganz anderen Schlages herangezogen. Es waren Feiwel, der Krämer, Jankel, der Schuster, und der biedere Schneidermeister Meyer Hersch; alles ganz ehrbare Leute, die sich aber nur in den untersten Kreisen bewegten. Reb Elije war ihnen jedoch verpflichtet. So ist das eben bei Geschäftsleuten, man braucht hier und da kleine Gefälligkeiten, da kann man gute Nachbarn und Kunden nicht beiseite schieben.

Itzigl galt als Liebling der ganzen Nachbarschaft, denn er war ein aufgeweckter Junge und guter Schüler. Seine Gönner durften daher beim Fest nicht fehlen.

Als nun Frau Rifke die Liste ihres Mannes durchflog, geriet sie in Erregung. Sie konnte nicht an sich halten: »Was, den Schneider Meyer Hersch mit seinen drei Mädels und zwei Jungens hast du auch eingeladen? Unglaublich! Und des Krämers Berl und Notel, diese Gassenjungen sollen auch unsere Gäste sein? Diese Rangen mit ihren gojischen Redensarten! Und die Schusterin Janklin mit ihren vier unmanierlichen Mädels, es ist unglaublich! Du hast doch den Diener noch nicht fortgeschickt?« fragte Rifke entsetzt. »Ich hab ihm die Liste schon gegeben, ich hab es so für gut befunden. Dir habe ich die Liste nur wegen der Personenzahl noch einmal gezeigt, damit du dich danach einrichtest«, entgegnete Reb Elije in scheinbar ruhigem Ton. »O Gott, mir wird übel! – Meine Möbel, meine Vorhänge, alles werden sie mir ruinieren – ein Glas Wasser! – ich ersticke, das ist doch nicht möglich!« rief Frau Rifke.

»Ich begreife deine Aufregung nicht. Sind dir meine Freunde als Kunden recht, so müssen sie dir auch als Gäste angenehm sein«, erwiderte Reb Elije.

»Also gut«, beruhigte sich Frau Rifke, »hast du dann wenigstens diejenigen nicht eingeladen, die ich aufgeschrieben habe?« forschte sie weiter.

»Aber gewiß doch, auch die hab ich eingeladen. Warum denn nicht? Weil es deine Freundinnen sind und deine Verwandten zwanzigsten Grades, die mir noch nicht einen Groschen Nutzen gebracht haben? Ihren Wein kaufen sie dort, wo der Stöpsel mit Silberpapier verhüllt und deshalb viel teurer ist, auch wenn der Wein viel schlechter ist als der aus meinem Keller!« schrie Reb Elije, wobei er mit der Hand auf den Schanktisch schlug, daß der Glastrichter zu Boden fiel und in Stücke sprang.

»Man kann doch nicht aus allem Nutzen ziehen wollen! Das sind meine lieben Freundinnen, und ich bin besorgt, daß sie in eine Gesellschaft geraten könnten, die nicht zu ihnen paßt. Ich bin ganz durcheinander, warum hast du nur den Gemeindediener schon fortgeschickt! Es wäre mir lieber gewesen, meine Leute wären gar nicht eingeladen worden, als sie in die Gesellschaft vom Krämer, Schneider und Schuster zu bringen. Es ist nicht auszudenken, die Gemeindevorsteherin in Gesellschaft der Jankel Schusterin, die Doktorin, meine Freundin Lea, die fünf fremde Sprachen spricht und schreibt, als Gegenüber vom Krämer Feiwel. Was du angerichtet hast, ist noch nicht dagewesen«, lamentierte Frau Rifke, indem sie in der Schankstube heftig auf und ab schritt.

Reb Elije hatte sich bereits in die hinteren Räume verdrückt, denn er kannte seinen Jähzorn, und damit dieser nicht über ihn kam, hatte er lieber den Kriegsschauplatz verlassen. Nichts ärgerte ihn mehr, als der zerbrochene Glastrichter, den er erst vor einigen Tagen gekauft hatte.

Frau Rifke hatte sich allmählich beruhigt. In einem unbeobachteten Moment hatte sie noch rasch zwei Geldstücke aus der Ladenkasse genommen, um mit diesen das Barmizwefest um so üppiger auszustatten. Sie entfernte sich stumm aus der Schankstube, und als sich das Gewitter verzogen hatte, erschien Elije wieder auf der Bildfläche. Er überlegte, ob er seiner Frau nicht wirklich unrecht getan hatte. Er hätte sie fragen sollen, wen man einladen solle und wen nicht. Geschehen aber war geschehen. Dem Gemeindediener hatte er ja die Liste bereits vormittags übergeben. Die Gäste mußten also größtenteils schon benachrichtigt worden sein. Diese Gedanken beschäftigten

Reb Elije, bis die Schankstube mit Gästen gefüllt war, so daß er im Drang der Geschäfte den ganzen Auftritt vergaß.

Die Tage verstrichen, Frau Rifke sprach zwei Tage lang nicht mit ihrem Mann, dann machte sie erste Versöhnungsversuche, damit am Tag des Festes alles wieder in ungetrübtem Licht erscheine. Solche Vorkommnisse waren bei den Eheleuten nicht selten.

Einen Tag vor dem großen Familienfest war alles vergeben und vergessen. Frau Rifke hatte sich schon im Geist mit dem Arrangement der Plätze beschäftigt, und schließlich dachte sie bei sich, bei einem Barmizwefest wird ja nicht philosophiert, sondern nur von der schönen Rede des Weihlings, von den Geschenken und vom guten Verlauf des Festes gesprochen; da wird ihr die Frau Jankel Schusterin keine Schande machen, und der Schneider wird seine Jungens sicher die besten Anzüge tragen lassen. Die Vorbereitungen waren in vollem Gange. Das Gebackene geriet, wie nicht anders zu erwarten, vorzüglich. Alle Näschereien waren in reichem Maß vorbereitet, damit Frau Rifke ja nicht ins Gerede komme. Vor der Schusterin fürchtete sie sich besonders.

Der große Tag war herangekommen, ein sonniger Sabbat war Itzigl zur Barmizwe beschert.

Reb Elije führte seinen Itzigl stolz in die Synagoge und hatte schon am Tag zuvor für ihn den Schlußabschnitt der Tora-Vorlesung gekauft, damit er ihm ja reserviert bliebe. Klopfenden Herzens stand Itzigl an seinem Platz und wiederholte im Geist die Segenssprüche, damit ihm ja nichts passiere, wenn er oben am Betpult steht und alle Augen auf ihn gerichtet sind. Die Andächtigen waren sehr erstaunt, als sie Itzigl den Segensspruch sprechen hörten, denn seine Barmizwe war nur wenigen bekannt. Es ging alles prächtig vonstatten, und man war voll des Lobes über den freudestrahlenden Jüngling, weil er mit dem richtigen Tonfall gesprochen hatte. Kräftige Beifallsbezeugungen tönten Itzigl von allen Seiten entgegen. Nach dem Gottesdienst verließ Reb Elije vergnügt, mit Itzigl an der Hand, die Synagoge.

Um ein Uhr sollte das Barmizwemahl beginnen, so lautete die Einladung. Die Tafel war gedeckt, und mehrere Blumensträuße schmückten den Tisch. Die Zeit verstrich, schon war es fast halb eins, doch noch immer waren keine Gäste da. Vielleicht wollte niemand zu früh kommen. Es wurde ein Uhr, noch immer kamen die Gäste nicht. Sollte die Uhr an der Wand nicht richtig gehen? Reb Elije sah auf seine Taschenuhr – »fünf Minuten nach ein Uhr«,

ertönte es aus seinem Mund zum Entsetzen Rifkes. Itzigls Großeltern, die inzwischen eingetroffen waren, traten ans Fenster und hielten nach Gästen Ausschau. Frau Rifke ging zur Haustür und prüfte die Türklinke, doch diese funktionierte ganz richtig, und vor der Tür standen keine Gäste. Reb Elije hatte sich mit finsterer Miene und gefalteter Stirn in den großen Lehnstuhl geworfen. Etwas schien ihm durch den Kopf zu gehen. »Ich komme gleich wieder«, stieß er plötzlich hervor und sprang von seinem Sitz auf, »ich sehe nur nach der Schankstube«, und schon war er die Treppe hinuntergeeilt. Unten saß der Gemeindediener: »Du hast doch hoffentlich die Leute alle eingeladen, die auf der Liste standen, die ich dir am Montag gegeben hatte?« Der Diener zitterte am ganzen Körper, er wurde aschfahl im Gesicht und konnte nur mühevoll hervorbringen, daß er die Liste erst heute in dem Rock, den er Montag anhatte, wiederfand. Er wollte gerade fragen, ob er denn jetzt noch die Leute einladen solle, damit langte er einen zerknüllten Bogen Papier aus seiner Tasche und überreichte ihn dem vor Zorn bebenden Reb Elije. Dieser riß dem verdutzt dreinschauenden Gemeindediener die Liste hastig aus der Hand und eilte lautlos aus der Schankstube hinauf in die Festräume.

Hier hatte man sich schon tüchtig über den Kuchen und den Fisch hergemacht, und in den Gläsern schäumte der Wein. Die Tafel war ziemlich besetzt, denn Frau Rifke hatte rasch einige Wohnungsnachbarn und deren Kinder eingeladen, um Itzigls Barmizwe zu retten. Reb Elije stürmte mit dem Bogen Papier in der Hand herein, seine Frau ihm freudig entgegen, damit die Ersatzgäste nichts von dem Einladungsfiasko erfuhren. Sie hatte alles erraten und warf die Liste unbemerkt in die Ecke. Reb Elije hatte nun auch seinen Platz eingenommen, daneben der Rabbiner, der sich inzwischen eingefunden hatte, und man war fröhlich und guter Dinge.

Unterdessen wurde sich der Diener seiner Pflichtvergessenheit bewußt, und er wollte das Geschehene wiedergutmachen. Er ging daher von Haus zu Haus und lud jung und alt, groß und klein, kurz, wer ihm gerade in den Weg kam, zu Itzigls Barmizwemahl ein. Die Festgeber waren nicht wenig erstaunt, als ein Menschenstrom die Stuben füllte, und sie konnten sich den Zusammenhang nicht erklären, denn ungeladen käme doch niemand. Die Tür stand nicht still, es war ein Kommen und Gehen. Die so spät Geladenen ahnten schon, daß da wieder ein Versehen des betrunkenen Gemeindedieners vorliegen mußte. Sie fanden keinen Platz, wechselten daher nur wenige Worte mit dem Hausherrn und gingen wieder.

Der Rabbiner Reb Salme hielt soeben eine längere Ansprache an den Jüngling, als der Diener mit Gepolter in die Stube trat und meldete, daß er nun alle Leute der Gasse geladen hätte; die bis jetzt noch nicht da wären, würden noch kommen. Die Anwesenden konnten sich nicht beherrschen, es gab ein allgemeines Gelächter. Der Rabbiner mußte seine Rede unterbrechen. Reb Elije warf dem Diener wütende Blicke zu und schob ihn zur Tür hinaus. Der Rabbiner beendete nunmehr seine Rede. Hierauf ergriff Itzigl das Wort und entwickelte seine Gedanken, die man mit Spannung anhörte, denn der junge Mann hatte sich den Text selbst zurechtgelegt. Der Hauptpunkt der Rede gipfelte darin, daß jeder strebsame junge Mensch nicht an der Scholle kleben dürfe, sondern hinaus in die Welt müsse, um die Menschen kennenzulernen, denn nur im Erkennen liege der Grundstock aller Wissenschaften. Doch dürfe man sich nie in den festen Grundsätzen seines Glaubens erschüttern lassen und stets an den alten Traditionen mit inniger Liebe hängen. Heiße Tränen rannen den überglücklichen Eltern über die Wangen. Der Rabbiner sprach dem Jüngling seine Anerkennung aus und beglückwünschte die freudig bewegten Eltern, denen der Gedanke an den Abschied ihres Itzigl um so schwerer wurde. Doch was wollten sie tun! Der Junge hatte es sich in den Kopf gesetzt, und sie sollten ihn in seinem Streben nicht hindern. Bis zum Gebet blieb die Gesellschaft beisammen, dann ging man gemeinsam in die Synagoge. Als nach dem Abendgebet Reb Elije den Segensspruch sagte, und Itzigl ihm noch einmal das geflochtene Hawdolelicht hielt, überkam ihn eine ganz eigentümliche Stimmung. Es war ihm, als ob er Itzigl nicht mehr sehen sollte, und der Gedanke drückte ihm schier das Herz ab. Nach dieser Zeremonie setzte sich Reb Elije in seinen Lehnstuhl, sang halblaut vor sich hin, und Itzigl stimmte mit ein. Rifke bereitete indes alles zur Reise vor. Ein kleines Bündel mit Wäsche und ein Beutel, der Tallis und Tefillin enthielt, waren das ganze Gepäck Itzigls; etwas Zehrung für den Weg lag in einer Holzschachtel neben dem Bündelchen.

Nach einer für Reb Elije schlaflosen Nacht brach der Morgen an. Itzigl hatte auch kein Auge zugetan, denn die bevorstehende Trennung von Eltern und Geschwistern war ihm doch nicht leicht. Rifke war viel gefaßter als ihr Mann, sie redete ihm jede Besorgnis um Itzigl aus und meinte: »Um den Jungen hab ich keine Sorge; der kommt schon durch die Welt, er hat einen festen und guten Charakter, und Gott – gelobt sei er – wird ihn nur gute Wege leiten.« Diese beruhigenden Worte stärkten Reb Elije einigermaßen. Er ging an

der Seite Itzigls zum Postwagen. Reb Elije segnete seinen Sohn noch einmal schluchzend. Nach herzlichen Liebkosungen von Eltern und Geschwistern bestieg Itzigl den Wagen. Das Horn des Postillons ertönte, die Pferde zogen mit kräftigem Ruck an, und Itzigl fuhr hinaus in die weite Welt. Er lüftete noch einigemal sein Mützchen. Wie festgebannt blieb Elije stehn, bis der Wagen seinen Augen entschwunden war. Dann raffte er sich wieder auf, und mit den Worten: »Es soll in Gottes Namen sein«, eilte er nach Hause.

Vierzig Jahre waren verstrichen. Itzigl hatte anfangs, als er in der Talmudhochschule war, häufig von sich hören lassen. Dann waren die Nachrichten von ihm gänzlich ausgeblieben. Es kamen stürmische politische Zeiten. Der Postverkehr war vielleicht unterbrochen. Itzigl erwähnte in einem seiner letzten Schreiben, daß er nach Russisch-Polen gehe, wo er von einer bedeutenden Hochschule Kenntnis erlangt habe und wohin ihn ein begüterter Freund mitnehmen wolle. Reb Elije nahm sich das Ausbleiben der Nachrichten von seinem Itzigl anfangs sehr zu Herzen, doch beugte er sich allmählich der Fügung des Schicksals. Die anderen Kinder, die indes herangewachsen waren, verliehen ihm Trost, denn Itzigl, glaubte er, sei längst nicht mehr unter den Lebenden.

Reb Elije begann eines Winters zu kränkeln, und noch ehe der Frühling ins Land gezogen war, hatte er, umgeben von den Seinen, mit dem Seufzer: »Itzigl, was hast du mir angetan« seine Seele ausgehaucht. Rifke, die noch immer die Hoffnung nicht aufgegeben hatte, ihren Itzigl wiederzusehen, saß mit ihren Kindern Schiwe. Ihre Jacke hatte sie an der linken Seite eingerissen. Neben ihr saßen ihr zweiter Sohn Schije und ihre Tochter Elle, die beide schon Kinder hatten.

Die Minjenleute hatten sich gerade nach dem Morgengebet entfernt, und ein Mann von der Chewra Kaddischa saß und las in der Mischna, als eine Kutsche vor dem Haus hielt. Ein kräftiger Mann in den besten Jahren, das Antlitz von einem graumelierten Bart umrahmt, entstieg dem Wagen. Die Kleidung des Mannes unterschied sich von der der Leute des Ghetto. Er trug einen langen schwarzen Seidenmantel und auf dem Kopf eine pelzbesetzte Sammetmütze.

Rifke richtete sich auf und blickte zum Fenster hinaus. Der Kutscher war mit dem Abladen des umfangreichen Gepäcks beschäftigt. In diesem Augenblick öffnete sich die Tür, und der Fremde blieb wie versteinert stehen. Er

AK79

rang nach Worten; nur mühsam konnte er das eine: »Mutter!« hervorbringen, dann wankte er, von Erregung übermannt, zu einem Stuhl, wo er niedersank. Rifke blieb regungslos auf ihrem Schemel sitzen; Leichenblässe überzog ihr zuckendes Antlitz. Sie kämpfte mit einer Ohnmacht, so daß die Anwesenden Mühe hatten, sie ein wenig aufzumuntern. Itzigl fiel, nachdem er sich von der ersten Erregung erholt hatte, zuerst der Mutter und dann den Geschwistern um den Hals und weinte unaufhaltsame Tränen. Dann legte er den Überrock ab, nahm sein Messer aus der Tasche, schnitt in seinen Leibrock ein Loch und riß es mit der Hand größer. Er zog die schweren Reisestiefel aus und setzte sich auf eines der umherstehenden Fußbänkchen. Er weilte im Geist bei seinem Vater.

Später erzählte er, wie es ihm während der vierzig Jahr ergangen war und daß er ein vermögender Mann geworden sei.

Aufmerksam hörten ihm die Seinen zu; doch während er erzählte, fing Rifke am ganzen Körper an zu zittern! Man legte sie ins Bett, bemühte sich um sie und schickte nach einem Arzt. Rifke wehrte jede Hilfe ab: »Laßt mich ruhig sterben, liebe Kinder, laßt mich zu eurem Vater gehn; mein Ziel ist erreicht, meinen Itzigl hab ich gesehn, mehr will ich nicht, nun kann ich gehn.« Rifke lag mit friedlichem Lächeln da; sie hatte die Erlösung aus irdischer Pein herbeigesehnt. Sie mußte nicht lange auf sie warten, mit den Worten: »Gott, barmherziger! Elije, ich komm zu dir« hauchte sie ihre Seele aus.

JEHUDA STEINBERG

Das versäumte Kaddischgebet

Der junge Lehrer Herschele hätte nichts dagegen gehabt, wenn seine wilde Schülerschar, mit Pfeil und Bogen und Proviant ausgestattet, bis zum Berge Sinai gezogen wäre, ja selbst bis ins Heilige Land, wenn sie ihn nur in Ruhe lassen würden. Allein will er sein, ganz mit sich allein, in seinen vier Wänden.

Er hat ja einen Hilfslehrer. Mag der sich mit ihnen abquälen. Herschele will seine Schulbuben für ein ganzes Jahr nicht mehr sehen.

Nur allein sein und träumen können! In die Einsamkeit zieht es ihn. Ganz in sich versinken will er und still seine vier Wände anstarren.

Wie umgewandelt ist er. Sonst liebte er die Kinder so herzlich. Immer war er gern unter ihnen. Schon damals, als er selbst noch ein Hilfslehrer war. Und wie gern spielte er wie ein Kind mit ihnen.

Später, als er sein liebes Reisele heimführte, eröffnete er eine eigene Schule, um sich eine Existenz zu schaffen. Je sorgsamer er mit den Kindern umgehen würde – das wußte er –, um so lieber würden ihm die Väter ihre Kinder anvertrauen.

Nun ist sein Reisele schon seit mehr als einem halben Jahre tot. Er ist ein anderer geworden seitdem: alles ist ihm zuwider. Er kommt sich überflüssig vor in dieser Welt.

Die Sonne ist ihm versunken, kaum, daß sie aufgegangen war. Er hätte nie geglaubt, daß die Erde solch Unglück trüge – daß eines Tages sein liebes Reisele von ihm gehen könnte. Als sie bestattet wurde, hatte er keine Tränen. Mit weit aufgerissenen Augen sah er mit an, wie die Diener die heiligen Bräuche erfüllten und sein Reisele dann fortbrachten.

Mit stieren Blicken hatte er alle angesehen: Was tut ihr hier?

Es war ein böses Verhängnis.

Sieben Tage strenge Trauer ... dann die dreißig Trauertage ... Doch je mehr Tage dahingingen, um so bitterer litt er.

Wie gut, daß bald der Herbst ins Land kam!

Er schloß sich in sein Kämmerlein ein und sann und sann ...

Ist Reisele wirklich gestorben? fragte er sich. Ist das nicht nur ein Traum?

Wie schön wäre es, wenn auch er entschliefe, und schliefe und schliefe und erst am Tage seiner Bestattung wieder erwachte.

Und er versucht sich vorzustellen, wie das Leben wohl wäre, wenn Reisele noch lebte.

So wälzen sich ihm die Gedanken im Kopfe. Immer tiefer versinkt er in unruhige Träume. Rettungslos.

Was kümmert's ihn, daß inzwischen tiefer Schnee die Welt deckt! Böse Winterstürme toben durch die Gassen, und die Tage schrumpfen mehr und mehr ein.

Warum sollte die Sonne scheinen? Wozu der wechselnde Zauber der Natur: Tag und Nacht – und Nacht und Tag – was soll das ihm?

Mit den Kindern lernt er nur, weil sie zu ihm kommen. Und essen geht er nur, weil die Mutter in der Nähe wohnt und die Schwester ihn zweimal am Tage zu Tische ruft.

Das Kaddisch-Sagen am Morgen und zur Nacht fällt ihm schwer. Einen Sohn, der für sie hätte Kaddisch sagen können, hat sie ihm nicht hinterlassen. Durch den Schnee muß er gehen, wenn er ins Lehrhaus will, und er leidet in seinem dünnen Röckchen unter dem Frost. Doch je mühseliger es ihm wird, desto ruhiger wird er. Ihm ist, als ob er mit jedem Wort des Kaddisch seinem Reisele einen Gruß sende, als ob er mit ihr spräche. Von Angesicht zu Angesicht.

Manchmal meint er, aus der inneren Melodie, mit der ihm das Kaddischgebet über die Lippen kommt, zu erfühlen, wie es Reisele im Paradies ums Herz ist, ob sie fröhlich oder traurig ist.

Leichter und fröhlicher strömt das Kaddischgebet aus ihm, wenn Nässe und Kälte ihn durchschauern.

Dann wieder kommt es ihm wie eine große Sünde gegen sein Reisele vor, daß er noch auf der Erde ist. Wie gern hätte er sich freigemacht von dieser Sünde!

Die Schulbuben kommen. Der Hilfslehrer drillt sie. Auch wenn sie nicht kämen, ihm wär's gleich. Er hat seinen treuen Helfer. Die paar Jahre, die er noch zu leben hat, wird es schon mit ihm gehen.

Das Halbjahr ist zu Ende. Neue Schüler hat der Hilfslehrer geworben. Die Schüler kommen. Doch Herschele liest im Talmud, bis die Zeit zum Kaddischgebet kommt. Dann ißt er zur Nacht, legt sich in sein Bett, um in der Frühe wieder Kaddisch zu sagen.

Wie gern würde er sich von dem fröhlichen Lärm der Buben fernhalten, damit sie ihn nicht in seinen Träumen stören. Denn träumen will er, wie schön es wäre, wenn sein Reisele noch lebte und neben ihm säße.

Er will von Reiseles Seele träumen. Kennt auch die Seele der Dahingegangenen die Sehnsucht? Quälen auch sie Sorgen und Gedanken?

Was ist eigentlich der Sinn des Lebens? ... Warum scheint die Sonne? ... Leben wir nur, um zu sterben, um wehe Tage und Herzeleid hinter uns zu bringen?

Voller Bangigkeit ist er. Der Kopf schmerzt ihm. Am Fenster hatte er gesessen. Wie doch die Sonne brannte!

Bis heute hatte er nicht gemerkt, daß die Sonne wieder wärmt. Das bringt ihn auf einen Gedanken: Zu Reiseles Grab will er gehen. Den Grabstein will er wiedersehen und die Inschrift lesen. Zum Nachmittagsgebet kann er zurück sein. Vielleicht findet er auch eine leere Stelle neben ihrem Grabe, dann kann er sich dort ein kleines Plätzchen einrichten. Mit gesenktem Haupt geht er hinaus zum Friedhof. Sein Gesicht sieht so finster aus, als zürne er der Sonne, daß sie ihm in die Augen scheint.

Er geht mit hastigen Schritten, blickt über die Grabsteine und Gräber – und sucht das »seine«.

Er betrachtet die kleine Stätte. Gras wächst auf dem Hügel. In der Sprache seines Herzens redet er mit ihr. Er weiß, daß sie ihn versteht.

Grabsteine, weiße und dunkle, gerade und gewölbte – alle sind sie still wie der Tod, und Gras sprießt zwischen ihnen empor, hoch und üppig, und überwuchert die Steine.

Auf »seinem« lieben Grabe wächst ein Röslein und wiegt sich leicht im Winde. Und das schwere Blütenhaupt senkt es zur Erde wie eine junge züchtige Frau, die sich ihrer Jugend und Schönheit schämt und nicht weiß, wie sie sich retten soll vor all den Augen, die auf sie gerichtet sind.

Woher nur nimmt das Röslein seine Kraft? Wie die Jugend selber, duftend, anmutig und schön steht es da.

Zwei verliebte Vögel lassen sich auf Reiseles Grabstein nieder und zwitschern einander ein Liebeslied zu.

Das Lied summt Herschele in den Ohren, und von den Ohren schleicht es sich in sein Herz.

Die Vögel fliegen davon. Herschele sieht ihnen nach. Sie setzen sich auf einen Zweig, Herschele wendet sich ihnen zu.

Und als die Vögel wieder fortflatterten, da sieht er ihnen immer noch nach. Er hätte so gern noch einmal ihr Liebeslied gehört. Dann geht Herschele fort. Er weiß nicht wohin. Er denkt an Reisele und die Vögel. Und als er sich besinnt, findet er sich auf der Straße wieder.

Zum ersten Mal hat er das Kaddischgebet versäumt.

SCHOLEM ALECHEM

Im Monat Elul

AUS DEN AUFZEICHNUNGEN EINES GESCHÄFTSREISENDEN

»Ihr fahrt zum ›Jahrmarkt‹, und wir kommen vom ›Jahrmarkt‹. Ich habe mich schon ausgeweint, und Ihr wollt Euch erst ausweinen. Also muß ich Euch Platz machen! Rückt ein wenig näher heran, dann werdet Ihr es bequemer haben.«

Diese Worte höre ich im Eisenbahnwagen hinter meinem Rücken. Es sind zwei Männer, die sich unterhalten, obwohl eigentlich nur der eine spricht, während sich der andere auf kurze Zwischenbemerkungen beschränkt.

»Wir fahren zu zweit, ich und meine Alte. Sie liegt auf dem Fußboden und schläft. Ausgeweint hat sie sich wohl für alle Juden! Wollte vom Friedhof gar nicht wieder weggehen, sie fiel auf das Grab nieder und konnte sich nicht losreißen! Ich redete ihr zu: ›Laß es genug sein!‹ sagte ich ihr, ›du wirst sie mit deinen Tränen doch nicht wieder lebendig machen!‹ Aber sie hörte mich wie eine Wand. Und ist es ein Wunder? Dieser Verlust! Die einzige Tochter, teuer wie der Augapfel, und dazu ein wirklich gut geratenes Kind. Schön wie Gold. Und klug. Hatte eine Töchterschule beendet. Zwei Jahre ist es nun her, daß sie gestorben ist. Ihr denkt vielleicht, an der Schwindsucht? Nein, sie war gesund und stark! Sie selbst hat sich das Leben genommen ...«

»Was!«

Aus diesen Sätzen könnt ihr schon erkennen, von was für einem ›Jahrmarkt‹ sie sprechen. Von dem, der sich in den ersten Tagen des traurigen und lieben Monats Elul abspielt. Juden fahren von einer Stadt in die andere zu den Gräbern ihrer längst verstorbenen Eltern, Schwestern und Brüder, Kinder und Verwandten. Vereinsamte Mütter, verwaiste Töchter, unglückliche Schwestern und elende Weiber fallen auf die teuren, lieben Gräber nieder, um sich auszuweinen, um das verbitterte Herz auszuschütten und die verschmachtende Seele zu erleichtern.

Es ist schon sonderbar! Ich bin ja – mit Gottes Hilfe – lange genug als Geschäftsreisender unterwegs, doch niemals sind so viele zu den Gräbern gereist

wie in diesem Jahr. Die Eisenbahn kommt – Gott sei Dank – auf ihre Kosten, denn die Wagen sind gesteckt voll. Man sieht Juden mit düstern Gesichtern, Weiber mit geschwollenen, roten Augen und glänzenden Nasenspitzen, die einen fahren zum ›Jahrmarkt‹, die andern kommen vom ›Jahrmarkt‹. Die Elul-Stimmung liegt in der Luft und auch im Herzen. Man bekommt Sehnsucht nach seinem Zuhause. Unwillkürlich lausche ich dem Gespräch der beiden Männer hinter meinem Rücken.

»Meint Ihr vielleicht, es war einer von den Unglücksfällen, wie sie heute jeden Tag vorkommen? Schwarze Anarchistenblusen, rote Fahnen? Gefängnis? Gott behüte! Vor diesen Dingen hat mich Gott bewahrt, das heißt, ich habe mich selbst davor bewahrt! Wie meinen Augapfel habe ich sie gehütet! Meine einzige Tochter, und ein wirklich gut geratenes Kind, schön wie Gold, hat die Töchterschule beendet! Ich tat alles, was ich nur konnte, habe aufgepaßt, wohin sie ausgeht, und mit wem sie spricht, und was sie spricht, und was für Bücher sie liest. ›Töchterchen‹, sagte ich zu ihr, ›du willst Bücher lesen? Lies so viel du willst! Doch ich muß wissen‹, sagte ich, ›was du liest!‹

Ich bin in diesen Dingen zwar wenig bewandert, habe aber Gott sei Dank eine gute Nase, wenn ich in ein Buch nur hineinschaue, und wenn es auch französisch ist, weiß ich gleich, was das für eine Art Buch ist.«

»Ist das wahr?«

»Ich wollte nicht, daß mein Kind mit dem Feuer spielt – ist das ein Verbrechen? Meint Ihr, ich wäre zu ihr streng gewesen? Im Gegenteil, ich tat alles im guten, halb im Scherz. ›Töchterchen‹, pflegte ich zu ihr zu sagen, ›laß das Rad der Welt sich drehen, wie es sich dreht. Weder du noch ich werden seinen Gang aufhalten.‹ So sprach ich zu ihr. Und was, meint Ihr, sagte sie darauf? Gar nichts sagte sie, sie schwieg. Eine stille Taube, ein goldiges Kind! Was tut aber Gott? Wir hatten schon die schwere Zeit der Revolution und der Freiheitsmanifeste überstanden, kein Mensch dachte mehr an schwarze Blusen und rote Fahnen, die Mädels mit kurzgeschorenem Haar waren verschwunden, und es gab weder Bomben noch ähnliche Plagen. Das alles war nun überstanden. Doch solange diese Schrecken gedauert hatten, waren mir vor Angst beinahe die Zähne herausgefallen. Ist doch keine Kleinigkeit, die Sorge um die einzige Tochter, teuer wie ein Augapfel, und ein gut geratenes Kind, hat die Töchterschule beendet ...«

»Versteht sich.«

»Kurz und gut – die bitterste Zeit war vorüber. Nun konnte ich mich nach einer Partie für sie umsehen. Mitgift? Mitgift ist das wenigste, wenn Gott nur den richtigen Freier schickt. Und nun beginnt ein neues Kapitel mit Heiratsvermittlern, Partien, Freiern. Doch ich sehe, daß mit meiner Tochter etwas nicht in Ordnung ist. Ihr meint, daß sie vielleicht nicht heiraten wollte? Nein, das kann man nicht sagen. Also was dann? Das werdet Ihr bald hören. Ich fange an aufzupassen, nachzuforschen und erfahre, daß sie heimlich irgendein Buch liest. Und das nicht allein, zu dritt lesen sie das Buch. Sie und ihre Freundin, die Tochter unseres Vorbeters, auch ein gut geratenes Mädel, hat auch die Töchterschule beendet. Das sind zwei. Und der dritte ist ein Naworodoker Bursche. Ihr wollt wissen, wer der Naworodoker Bursche ist? Er ist es gar nicht wert, daß man von ihm spricht. Ein Taugenichts mit einem Ausschlag im Gesicht, mit schlechten Augen ohne Brauen, aber mit einer goldenen Brille, ein ekelhafter Kerl. Ich würde aus seiner Hand nicht einmal ein Stück Brot nehmen! Und obendrein ist er noch ein Kriecher, ein Wurm. Wißt Ihr, was ein Wurm ist? Das will ich Euch erklären. Es gibt unter den Menschen Rinder. Und es gibt Esel. Und es gibt Hunde. Und es gibt Schweine. Und schließlich gibt es Würmer. Versteht Ihr es jetzt?«

»Aha!«

»Wie dieser Wurm zu mir ins Haus kam? Durch des Vorbeters Tochter. Er ist nämlich ihr leiblicher Vetter. Er studierte irgendwas, wollte Provisor werden oder Jurist oder Zahnarzt – der Teufel weiß, was er werden wollte! Ich weiß nur, daß er mein Todesengel war! Dieser Bursche mit der goldenen Brille mißfiel mir schon auf den ersten Blick. Ich sagte das sogar meinem Weib, doch sie sagte darauf nur: ›Was dir nicht alles einfällt!‹ Ich fange an aufzupassen, die Sache gefällt mir immer weniger! Es paßt mir nicht, daß sie zu dritt lesen und dann diskutieren und sich ereifern ... Nehme ich einmal meine Tochter vor: ›Töchterchen‹, sage ich, ›was lest ihr eigentlich so eifrig zu dritt?‹ Sagt sie: ›Nichts Besonderes ... Ein Buch ...‹ Ich sage: ›Ich sehe, daß es ein Buch ist. Ich frage nur, was es für ein Buch ist.‹ Sagt sie: ›Und wenn ich es dir sage, wirst du es denn verstehen?‹ Sage ich: ›Warum soll ich es nicht verstehen?‹ Fängt sie zu lachen an und sagt: ›Das ist keines von den Büchern, die du meinst. Es ist ein Roman von Arzibaschew und heißt Sanin.‹ – ›Artze Basches‹, sag ich, ›so hieß bei uns ein blinder Melamed, der ist schon längst gestorben.‹ Fängt sie noch mehr zu lachen an. Und ich sage mir: Du lachst, Töchterchen, und deinem Vater verblutet das Herz! Ich dachte, daß sie vielleicht wieder das alte Spiel mit der Politik angefangen haben. Glaubt Ihr vielleicht, ich hätte das Buch daraufhin nicht durchgelesen?«

»Versteht sich ...«

»Ich habe es nicht selbst gelesen, sondern ließ es von meinem Gehilfen aus meinem Laden lesen. Er ist ein gebildeter junger Mann, liest russisch ganz fließend. Ich nahm meiner Tochter das Buch eines Nachts heimlich weg und gab es dem Gehilfen: ›Nimm das Buch, Berl, lies es durch und sage mir morgen, was darin steht.‹ Am nächsten Morgen verbrenne ich fast vor Ungeduld, bis Berl ins Geschäft kommt. ›Nun, Berl, was ist mit dem Buch?‹ Sagt er mir: ›Oh, ist das ein Buch!‹ Dabei knirscht er mit den Zähnen: ›Die ganze Nacht konnte ich mich davon nicht losreißen‹, sagt er. ›So? Also erzähle mir, was darin steht, damit auch ich es weiß.‹ Und mein Berl erzählt mir eine Geschichte ... Was soll ich Euch sagen? Ganz wirres Zeug! Hört einmal selbst den Unsinn: ›Es war einmal‹, erzählt er mir, ›ein Russe und der hieß Sanin. Der liebte einen guten Schluck Branntwein und eine saure Gurke hinterher ... Und er hatte eine Schwester, die hieß Lida, sie war unsterblich in einen Doktor verliebt, doch sie hatte ein Verhältnis mit einem Offizier ... Und es gab noch einen Studenten, der hieß Jura und war unsterblich in eine Lehrerin verliebt. Und diese Lehrerin fuhr einmal nachts in einem Schiffchen spazieren.‹ ›Ihr meint, mit ihrem Verlobten?‹ ›Nein, mit dem Trunkenbold Sanin ...‹ ›Ist das die ganze Geschichte?‹ ›Nein, wartet, sie ist noch nicht ganz fertig. Da war noch ein Lehrer, namens Iwan, und der ging mit dem Sanin zum Fluß zuschauen, wie die Mädchen baden ...‹ ›Kurz und gut‹, sage ich, ›was ist die Moral von der Geschichte?‹ ›Die Moral von der Geschichte‹, sagt er, ›ist, daß dieser Trunkenbold Sanin die Gewohnheit hatte, wie ein Hengst zu wiehern, selbst vor seiner eigenen Schwester Lida.‹ ›Pfui!‹ sage ich. ›Genug! Von dem Trunkenbold will ich nichts mehr hören. Ich frage dich, was ist der Witz an der Geschichte?‹ ›Der Witz ist‹, sagt er, ›daß der Offizier sich erschossen hat. Auch der Student hat sich erschossen, und die Lehrerin hat sich vergiftet. Es kam dort auch ein Jude Soloweitschik vor, der hat sich aufgehängt.‹ ›Auch du sollst dich aufhängen‹, sag ich ihm, ›mit allen andern zusammen.‹ Sagt er: ›Was schimpft Ihr auf mich? Was kann ich dafür?‹ ›Ich meine nicht dich‹, sagte ich, ›ich meine Arzibaschew ...‹ So sage ich zu meinem Berl, meine aber den Naworodoker Burschen, daß er sich doch die Cholera hole!

»Glaubt Ihr vielleicht, daß ich zu faul war, mit dem Kerl ein ernstes Wort zu reden?«

»Nun?«

»›Sag mir doch, wo hast du diesen Unsinn her?‹ Starrt er mich durch seine Brille an und fragt: ›Was für einen Unsinn?‹ Sage ich ihm: ›Ich meine Arzibaschews Geschichte von dem Trunkenbold, den man Sanin nannte …‹ ›Sanin‹, sagt er, ›ist gar kein Trunkenbold.‹ ›Was ist er denn?‹ ›Sanin‹, sagt er, ›ist ein Held.‹ ›Ist das‹, sag ich, ›sein ganzes Heldentum, daß er Branntwein aus einem Teeglas trinkt, dazu saure Gurken ißt und wie ein Hengst wiehert?‹ Der Naworodoker Bursche gerät in Wut, nimmt seine goldene Brille von der Nase, sieht mich mit seinen roten Augen, die keine Brauen haben, an und sagt: ›Ihr habt etwas läuten gehört, Onkelchen‹, sagt er, ›könnt es aber nicht nachsingen. Sanin ist ein Mensch der Natur, ein Mensch der Freiheit. Sanin‹, sagt er, ›sagt, was er denkt, und tut, was er will …‹ Und so weiter und so weiter! Der Teufel weiß, was er noch alles zusammengeredet hat von Freiheit und Liebe, und wieder Freiheit, und wieder Liebe! Und wie er so spricht, reckt er seine Hühnerbrust, fuchtelt mit den Händen und regt sich auf wie ein Prediger auf der Kanzel. Ich schaue ihn an und denke mir: ›Schöpfer der Welt! Dieser schmierige Kerl wagt es, von solchen Dingen zu sprechen. Wie wäre es zum Beispiel, wenn ich ihn am Kragen packte und zur Tür hinausschmisse, so daß er später alle seine Zähne zusammenklauben müßte?‹ Doch ich überlege es mir und denke mir weiter: ›Der Bursche ist einfach ein Narr. Wäre es denn besser, wenn er von Bomben redete?‹ Wer hätte es aber damals ahnen können, daß es Dinge gibt, die ärger sind als alle Bomben, und daß ich wegen eines solchen Unsinns mein Kind verlieren werde, meine einzige Tochter, schön wie Gold, teuer wie der Augapfel; daß mein Weib schier verrückt wird und daß ich vor Kummer und Schande alle meine Geschäfte aufgebe und – es sind schon zwei Jahre her – in eine andere Stadt ziehe? Doch ich will der Reihe nach erzählen, wie sich alles abspielte und woher das Unglück kam … Es kam nämlich von den Bauernunruhen …

Als die Bauernunruhen bei uns anfingen, fürchteten wir natürlich, daß die Geschichte mit einem Pogrom endet. Wir lebten also in der größten Angst. Doch wenn Gott will, tut er ein Wunder und wendet das Böse zum Besten. Was geschah also? Man schickte in unser Gouvernement ein Regiment Soldaten, und es wurde sofort still. Und das Regiment brachte Leben in das Städtchen, denn was gibt es Besseres für uns Juden, als ein Regiment mit Feldwebeln, Feldschern, Offizieren, Kompaniechefs und Kommandeuren?«

»Ja, das stimmt!«

»Wer konnte aber ahnen, daß des Vorbeters Tochter sich in einen Offizier verlieben wird? Daß sie sich wird taufen lassen wollen, um den Offizier zu heiraten? Es ist gar nicht zu beschreiben, was es für einen Aufruhr in unserm Städtchen gab! Ihr braucht aber keine Angst zu haben, des Vorbeters Tochter hat sich *nicht* taufen lassen und hat den Offizier nicht geheiratet. Denn als die Bauernunruhen aufhörten, zog das Regiment wieder fort, und der Offizier vergaß sogar in der Eile, von des Vorbeters Tochter Abschied zu nehmen. Dafür hat aber des Vorbeters Tochter den Offizier nicht vergessen ... Die armen Eltern! Was die Leute ausstehen mußten! Die ganze Stadt hat förmlich gekocht, auf Schritt und Tritt sprach man nur von des Vorbeters Tochter, und wieder von des Vorbeters Tochter. Böse Menschen hatten nun genug zu tun: Man schickte dem Vorbeter einmal eine Hebamme ins Haus ... Ein anderes Mal fragte man ihn, welchen Namen er seinem Enkelkind zu geben gedenke. Dabei war es sehr gut möglich, daß die ganze Geschichte erlogen war. Wißt Ihr denn, was sich böse Köpfe in so einem kleinen Städtchen nicht alles ausdenken können?«

»Das will ich meinen!«

»Den Kummer von den beiden, ich meine den Vorbeter und seine Frau, konnte man wirklich nicht mit ansehen! Denn was konnten sie dafür? Doch meiner Tochter sagte ich: ›Was gewesen, ist gewesen; doch von heute an hört jede Freundschaft mit des Vorbeters Tochter ein für allemal auf! Und wenn ich etwas sage, so ist es gesagt. Sie ist zwar meine einzige Tochter, muß aber trotzdem vor dem Vater Respekt haben. Wer konnte ahnen, daß sie mit dem Mädel trotzdem zusammenkommen wird, natürlich heimlich, hinter meinem Rücken? Und wann merkte ich es? Als es schon zu spät war! ...«

Hinter meinem Rücken höre ich jemanden husten und wie im Schlafe stöhnen. Der Mann, der die Geschichte erzählt, bleibt eine Weile stumm und fährt dann ganz leise fort.

»Es war gerade am ersten Tag der Bußgebete, ich weiß es so genau, als wäre es eben erst geschehen. Der Vorbeter sang die Bußgebete so, daß einem dabei das Herz zerriß! Sein Gesang konnte wirklich einen Stein rühren! Niemand, niemand hat so mit ihm gefühlt wie ich ... Ja, die Kinder von heute! Wehe ihren Vätern! ... Nach den Bußgebeten verrichtete ich gleich noch das Morgengebet, ging auf einen Sprung nach Hause frühstücken, nahm die Schlüssel und ging auf den Markt, um das Geschäft zu öffnen. Doch der Gehilfe war

noch nicht da. Ich wartete eine halbe Stunde, ich wartete eine Stunde – er ist immer noch nicht da. Endlich kommt er. ›Berl, warum kommst du so spät?‹ Sagt er: ›Ich komme vom Vorbeter.‹ ›Was hast du‹, frage ich ihn, ›beim Vorbeter zu suchen?‹ Und er antwortet: ›Wißt Ihr denn nicht, was mit Chaike geschehen ist?‹ (So hieß nämlich des Vorbeters Tochter.) ›Was ist‹, frage ich, ›mit Chaike geschehen?‹ ›Gott!‹ sagt er, ›sie hat sich doch vergiftet!‹«

»Ist das wahr?«

»Wie ich das höre, laufe ich sofort nach Hause. Mein erster Gedanke ist: ›Was wird Ettke dazu sagen?‹ (So hieß meine Tochter.) Ich komme nach Hause und frage meine Alte: ›Wo ist Ettke?‹ ›Ettke schläft noch. Was willst du von ihr?‹ ›Mein Gott!‹ sag ich, ›Chaike hat sich doch vergiftet!‹ Wie ich das sage, greift sich mein Weib an den Kopf und beginnt zu wimmern. ›Was wimmerst du?‹ frage ich sie, und sie antwortet: ›Ettke ist doch mit ihr gestern abend noch spazieren gegangen, wohl an die zwei Stunden …‹ ›Wie?‹ sage ich, ›wie kann das sein? Ettke ist mit Chaike zusammengewesen? Was redest du?‹ ›Ach!‹ sagt sie, ›frage mich lieber nicht! Ich mußte doch nachgeben. Sie bat mich, dir nichts davon zu sagen, daß sie jeden Tag mit Chaike zusammenkommt! Was für ein Unglück! Es wäre besser, wenn ich löge …‹ So spricht zu mir meine Alte und rennt in Ettkes Kammer. Und sie fällt sofort auf den Boden nieder. Ich laufe ihr nach, stürze mich zum Bett und schreie: ›Ettke!‹ Es gibt keine Ettke mehr …

Sie ist tot. Liegt tot im Bett. Und auf dem Tisch steht ein Fläschchen, und daneben liegt ein Zettel, mit ihrer eigenen Hand geschrieben in jiddischer Sprache. Sie konnte so gut jiddisch schreiben, es war ein Vergnügen, ihre Schrift zu lesen. ›Liebe und teure Eltern!‹ heißt es in dem Zettel, ›verzeiht mir den Schmerz und die Schande, die ich Euch antue. Ich bitte Euch hundertmal um Vergebung‹, schreibt sie, ›wir haben uns beide, Chaike und ich, das Wort gegeben‹, schreibt sie, ›am gleichen Tage, zur gleichen Stunde den gleichen Tod zu sterben, denn wir können ohneeinander nicht leben … Ich weiß‹, schreibt sie, ›daß ich an Euch ein großes, schweres Verbrechen begehe. Ich habe mich mit diesem Gedanken sehr lange gequält. Nun ist es beschlossen, und ich kann nicht mehr zurück! Eine Bitte habe ich an Euch, teure Eltern: Laßt mich an Chaikes Seite beerdigen‹, schreibt sie, ›Grab neben Grab. Bleibt gesund und vergeßt‹, so endet der Brief, ›daß Ihr einmal eine Tochter hattet mit Namen Ettke.‹ Habt Ihr das gehört? Wir sollen vergessen, daß wir eine Tochter Ettke hatten! …«

Ich höre hinter meinem Rücken ein Stöhnen und Krächzen, und eine verschlafene Frauenstimme ruft:

»Awremel! ... Awremel! ...«

»Ja, was ist, Gitke? Hast du ausgeschlafen? Willst du Tee trinken? Bald kommt eine Station. Wo ist die Teekanne? Wo ist der Tee und der Zukker? ...«

Heinrich Simon

Der Jahreskreis der jüdischen Feiertage

Der jüdische Kalender

Die jüdischen Fest- und Gedenktage sind durch den Kalender festgelegt und fallen – abgesehen vom Sabbat – immer auf dieselben Daten. Der Kalender der Juden ist ein Mondkalender, der durch die Berücksichtigung des Sonnenstandes in einer solchen Weise korrigiert und ausgeglichen wird, daß die einzelnen Monate in jedem Jahr in die gleiche Jahreszeit fallen. Demgegenüber ist ein reines Mondjahr, wie es beispielsweise im Islam gebräuchlich ist, um elf Tage kürzer als das Sonnenjahr, so daß sich die Jahresanfänge laufend verschieben und in allen Jahreszeiten liegen können.

Der Mondmonat, d.h. die Zeit von einem Neumond bis zum nächsten, hat eine Länge von etwas mehr als 29½ Tagen. Die jüdischen Gelehrten der talmudischen Zeit haben seine genaue Dauer mit 29 Tagen, 12 Stunden, 44 Minuten und 3⅓ Sekunden angegeben; diese Bestimmung ist gegenüber den modernen Forschungsergebnissen um nur ⅓ Sekunde zu groß. Zwölf Mondmonate ergeben ein Jahr von 354 Tagen, das aus sechs Monaten von je 29 Tagen und sechs Monaten von je 30 Tagen besteht. Dieses Mondjahr wird in einem Zyklus von 19 Jahren mit dem Sonnenjahr ausgeglichen. Da 19 Sonnenjahre (= 228 Monate) fast genau 235 Mondmonaten entsprechen, wird im Verlauf dieser Periode siebenmal ein Monat von 30 Tagen eingeschaltet, so daß der jüdische Kalender dreizehnmonatige Schaltjahre besitzt, die im Normalfall je 384 Tage enthalten. Diese Festlegungen komplizieren sich allerdings, weil es vorkommt, daß der Jahresbeginn nicht an dem Tag stattfindet, auf den er astronomisch fällt, sondern verschoben wird. Der wichtigste und häufigste dieser Fälle ist die aus kultischen Gründen getroffene Festlegung, daß der Neujahrstag nie auf einen Sonntag, Mittwoch oder Freitag fallen darf und daß dann, wenn sich astronomisch einer dieser Tage ergibt, der Jahresbeginn verschoben wird. Solche Vertagungen werden dann später wieder dadurch ausgeglichen, daß zwei Monate des jüdischen Jahres je nach den kalendarischen Erfordernissen entweder 29 oder 30 Tage haben können. Auf diese Weise ergeben sich für den jüdischen Kalender insgesamt sechs Jahres-

typen: das regelmäßige Gemeinjahr mit 354 Tagen, das überzählige Jahr, das 355 Tage währt, und das mangelhafte Jahr, das 353 Tage zählt. Und ebenso gibt es Schaltjahre mit 383, 384 und 385 Tagen.

Die Monate pflegt man vom Frühjahr an zu zählen, während die Jahresrechnung mit dem siebenten Monat beginnt. Die Namen der Monate des jüdischen Kalenders sind:

1. Nissan (März–April)	30 Tage
2. Ijjar (April–Mai)	29 Tage
3. Siwan (Mai–Juni)	30 Tage
4. Tammus (Juni–Juli)	29 Tage
5. Aw (Juli–August)	30 Tage
6. Elul (August–September)	29 Tage
7. Tischri (September–Oktober)	30 Tage
8. Marcheschwan (Oktober–November)	29 bzw. 30 Tage
9. Kislew (November–Dezember)	30 bzw. 29 Tage
10. Tewet (Dezember–Januar)	29 Tage
11. Schwat (Januar–Februar)	30 Tage
12. Adar (Februar–März)	29 Tage

Im Schaltjahr wird zwischen Schwat und Adar ein Monat von 30 Tagen eingeschoben, der als Adar I bezeichnet wird, so daß der eigentliche Monat Adar nun Adar II heißt. Daher kommt es, daß alle Gedenktage, die in den Monat Adar fallen, im Schaltjahr im Adar II begangen werden. Eine entsprechende Erscheinung gibt es hinsichtlich der Einschaltung auch im julianischen und gregorianischen Kalender: Der im Schaltjahr zugefügte Tag ist nicht der 29. Februar, sondern der 24. Februar, und dadurch verschieben sich die folgenden Tage.

Im römischen Kalender hieß der 24. Februar »sechster Tag vor den Kalenden des März«; bei dieser Rückwärtsrechnung war nun, wenn der Februar im Schaltjahr 29 Tage hatte, der 25. Februar dieser »sechste Tag«, und der eingeschobene 24. Februar wurde als der bisextus, der doppelte sechste Tag, bezeichnet. Noch heute heißt darum im Französischen das Schaltjahr année bissextile.

Die Tage faßt der jüdische Kalender zu Wochen zusammen, und jede Woche besteht aus sieben Tagen. Sie tragen keine Namen, sondern werden mit Ordinalzahlen bezeichnet; nur der siebente Tag der Woche hat einen Namen: Er ist der Ruhetag, der Sabbat.

Unterteilt ist der Tag in 24 Stunden, die von 6 Uhr abends gezählt werden. Der Tag beginnt also nicht wie bei uns um Mitternacht, sondern am Abend, und zwar rechnerisch um 6 Uhr, in Wirklichkeit aber bei Anbruch der Dunkelheit, sobald drei Sterne mit bloßem Auge sichtbar sind. Daher fangen Sabbat und Feiertage stets mit dem Vorabend an. Im Christentum hat sich diese Art der Tageseinteilung hinsichtlich des Weihnachtsfestes erhalten, das bekanntlich mit dem »Heiligen Abend« beginnt.

Was die Jahreszählung angeht, so hat es anfänglich keine festen Normen gegeben. Die Jahre wurden vom Auszug der Israeliten aus Ägypten, seit der Erbauung des Salomonischen Tempels oder nach der Zerstörung dieses Tempels bzw. nach dem babylonischen Exil gerechnet; auch eine Zählung nach Regierungsjahren von Königen – eigenen und fremden Herrschern – war üblich. In hellenistischer Zeit wird die nach Seleukos I. benannte Seleukidische Ära übernommen, und von ihr stammt vermutlich auch die Festlegung des Jahresanfangs auf den Herbst. Diese Seleukidische Ära, die auch als »Ära der Kontrakte« bezeichnet wird, war etwa bis zum Jahre 1000 n. Chr. bei den Juden – und nicht nur bei diesen – in alleinigem Gebrauch. Die allgemeine heutige Zeitrechnung, die die Geburt Jesu als Ausgangspunkt nimmt, wurde erstmalig im 6. Jahrhundert angewandt. Als sie sich in Europa verbreitete und zur Üblichkeit wurde, die an die Stelle der Jahreszählung nach der Seleukidischen Ära trat, führten die Juden ihre eigene, noch heute übliche Ära ein, da für sie die Geburt Jesu kein für die Zeitrechnung entscheidendes Ereignis darstellen konnte. Diese jüdische Ära nimmt die Schöpfung der Welt zum Ausgangspunkt, die im Jahre 3761 v. Chr. stattgefunden haben soll. Zu diesem Ergebnis kam man auf Grund der in der Bibel enthaltenen Genealogien und Lebensjahre, die man bis auf Adam zurückrechnete. Zweifellos ist diese Rechnung naiv, aber es ist immerhin nicht uninteressant, daß der bedeutende Astronom Kepler zu einem ähnlichen Ergebnis kam: Er datierte den Anfang unserer Welt auf das Jahr 3993 v. Chr. Von etwas 1000 n. Chr. an wurden bei den Juden zunächst Schöpfungsära und Seleukidische Ära nebeneinander verwendet; erst im Anfang des 16. Jahrhunderts wurde die Seleukidische Jahreszählung endgültig abgeschafft, so daß allein die heute gebräuchliche Weltschöpfungsära galt.

Fest- und Gedenktage in systematischer Übersicht

Der jüdische Kalender enthält eine Anzahl von Tagen, die aus den gewöhnlichen herausragen und die sich als Fest- und Gedenktage zusammenfassen lassen. Unter ihnen kann man verschiedene Gruppen unterscheiden. Zunächst sind zu nennen Sabbat und Feiertage, ferner gibt es sogenannte Halbfeiertage und schließlich Gedenktage. Sie werden hier kurz zusammengestellt und später ausführlicher behandelt.

Der wesentliche Feiertag ist der Sabbat, der wöchentliche Ruhetag.

Die übrigen Feiertage teilt man in zwei Gruppen:

die ernsten Festtage,
die freudigen Festtage.

Die erste Gruppe besteht aus zwei Festen:

dem Rosch ha-Schana (Neujahrsfest) am 1. und 2. Tischri,
dem Jom Kippur (Versöhnungstag) am 10. Tischri.

Die zweite Gruppe setzt sich aus den drei sogenannten Wallfahrtsfesten zusammen. Es sind dies:

Pessach (Passah) vom 15.–22. Nissan,
Schawuot (Wochenfest) am 6. und 7. Siwan,
Sukkot (Laubhüttenfest) vom 15.–23. Tischri.

Die beiden letzten Tage von Sukkot gelten als selbständiges Fest, das Schemini Azeret (Schlußfest) genannt wird; sein zweiter Tag wird als Simchat Tora (Torafreudenfest) bezeichnet.

Neben diesen eigentlichen Feiertagen existieren noch Halbfeiertage und Gedenktage; die Gedenktage teilt man in freudige und traurige Tage (Fasttage) ein.

Die Halbfeiertage bestehen aus

dem Neumondstag,
den Mitteltagen von Pessach und Sukkot.

Nur jeweils die beiden ersten und die beiden letzten Tage sind eigentliche Feiertage, während die dazwischenliegenden Tage als Halbfeiertage gelten. Es sei hinzugefügt, daß das Gesagte nicht für Palästina gilt; dort gibt es am Anfang und

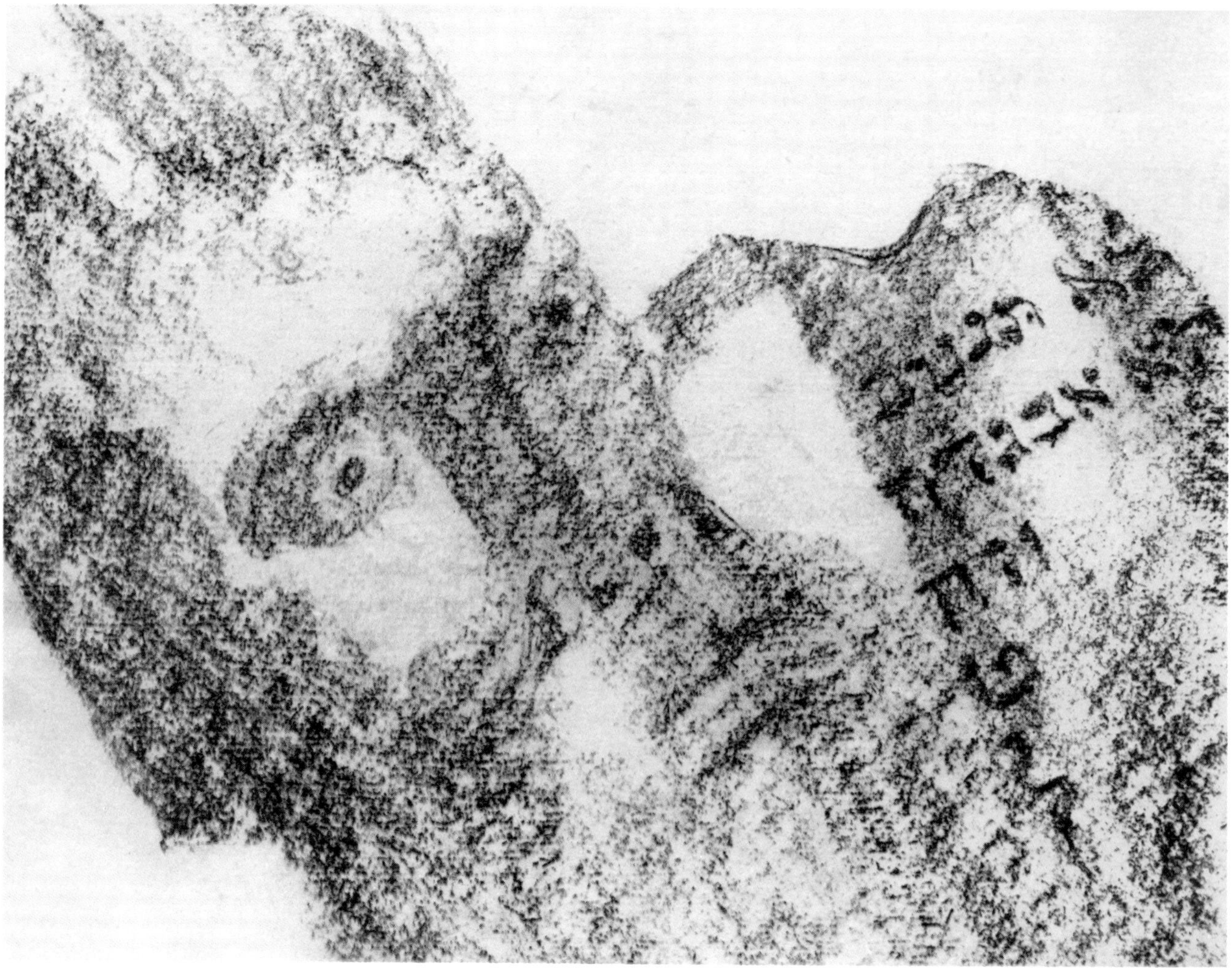

am Ende von Pessach und Sukkot jeweils nur einen Feiertag, so daß bereits der zweite Tag nur Halbfeiertag ist.

Unter den freudigen Gedenktagen sind die wichtigsten:

Chanukka (Fest der Tempelweihe), acht Tage vom 25. Kislew an,
Purim (Losfest) am 14. Adar,
der 15. Schwat (Neujahrsfest der Bäume),
Lag ba-Omer (der 33. Tag der Omerzählung zwischen Pessach und Schawuot) am 18. Ijjar.

Der traurigen Gedenktage sind insgesamt fünf, von denen vier mit der Belagerung Jerusalems und der Zerstörung des Tempels verbunden sind, nämlich

der 3. Tischri,
der 10. Tewet,
der 17. Tammus,
der 9. Aw;
dazu kommt noch der Tag unmittelbar vor Purim, der 13. Adar, das sogenannte Fasten Ester.

Für den Sabbat gilt ein allgemeines Werkverbot. Von den Feiertagen ist nur der Versöhnungstag in dieser Hinsicht dem Sabbat gleichgestellt, während an den übrigen Feiertagen das Arbeitsverbot weniger umfassend ist. Was die Halbfeiertage betrifft, so gibt es für die Mitteltage der beiden Wallfahrtsfeste Pessach und Sukkot gewisse Arbeitseinschränkungen; hingegen stellen die Neumondstage Arbeitstage dar. An den Gedenktagen, sowohl den freudigen als auch den traurigen, darf man jede Arbeit verrichten.

Der jüdische Gottesdienst

Ein Gemeindegottesdienst erfordert die Anwesenheit von mindestens zehn im religiösen Sinne volljährigen männlichen Personen. Die Volljährigkeit tritt mit der Vollendung des 13. Lebensjahres ein. Beim Gebet fungiert ein Mitglied der Betergemeinschaft als »Abgesandter der Gemeinde«. Dieser stellt sich vor den an der Ostwand des Raumes befindlichen Schrank, der die Torarollen enthält, und spricht gewisse Gebete laut, jedoch sind alle Anwesenden verpflichtet, die Gebete gleichfalls zu sagen. Die Gebetsrichtung, in der auch meist die Sitzplätze im Raum angeordnet sind, ist gegen Jerusalem, d.h. nach Osten. Die Aufgabe des Abgesandten der Gemeinde kann jeder übernehmen, sofern er die erforderlichen Kenntnisse besitzt. Meist aber hat ein speziell ausgebildeter Mann diese Funktion, der als Kantor oder Vorbeter bezeichnet wird und von der Kultusgemeinde dafür angestellt ist. Der Kantor hat keinen priesterlichen Rang; er betet mit der Gemeinde, aber nicht für sie. Ein Rabbiner hat innerhalb des Gebets keine spezifischen Aufgaben. Er ist auf Grund seiner Ausbildung ein Kenner des jüdischen Gesetzes und hat daher vor allem Rechtsentscheidungen zu fällen. Allerdings ist es weitgehend üblich geworden, daß Rabbiner auch predigen, doch ist eine Predigt für den Gottesdienst nicht erforderlich und stellt auch keinen Teil des Gebets dar. Trotzdem geht die Predigt auf alte Traditionen zurück: Bereits im Altertum war in der Synagoge die Schriftauslegung durch Gelehrte durchaus üblich.

Eine Betergemeinschaft ist eine Versammlung von Gleichberechtigten; es gibt keine Mittler zwischen Gott und den einzelnen Menschen. Zur Zeit des Bestehens des Tempels in Jerusalem (bis 70 n.Chr.) gab es eine Priesterschaft, die den Opferkult im Tempel leitete und durchführte. Zu dieser Aufgabe waren die Angehörigen des Stammes Levi bestimmt, und zwar speziell die Nachkommen des Aaron, des Bruders von Mose. Diese Abkömmlinge des Aaron werden Kohanim (Singular = Kohen) genannt. Die übrigen Angehörigen des Stammes Levi, die Leviten, erfüllten im Jerusalemer Tempel Hilfsdienste für die Priester. Das Bewußtsein der Zugehörigkeit zur Priesterschaft bzw. zu den Leviten hat sich als Familientradition bis in die Gegenwart erhalten. Auch jetzt gibt es noch gewisse Pflichten und Vorrechte der Priesterschaft, die allerdings im Kultus kaum eine Rolle spielen. Nachkommen des Aaron erkennt man zum Teil noch an den Familiennamen: So führen Personen, die Cohn, Kahn, Katz (eine Abbreviatur K"Z = Kohen Zedek [Priester der Gerechtigkeit]) oder ähnlich heißen, ihren Stammbaum auf Aaron zurück. Auch der Familienname Schiff weist auf priesterliche Abkunft hin, denn er ist als scheinbares Synonym für Kahn im deutschen Sprachraum entstanden: Wenn die Etymologie des Namens Kahn nicht mehr bewußt war, verstand man ihn fälschlich als deutsches Wort in der Bedeutung eines Wasserfahrzeugs. Falls es nun in einer Stadt so viele »Kähne« gab, daß Verwechselungen störend wirkten, nannten sich einige zum Unterschied Schiff. Hingegen ist aus dem Familiennamen Levi nicht zu folgern, daß es sich bei einem seiner Träger um einen Nachkommen der Leviten handelt, weil Levi auch ein gebräuchlicher

Vorname war und viele Vornamen zu Familiennamen geworden sind. Heißt allerdings eine Familie Halevi (= der Levit) oder Segal (Abkürzung für Segan Lewija = Vorsteher der Levitenschaft), dann führt sie sich auf die Leviten zurück.

Der jüdische Gottesdienst kennt drei ständige Gebetszeiten: das Morgengebet, das Nachmittags- und das Abendgebet. Am Sabbat, an Feiertagen und Halbfeiertagen schließt sich dem Morgengebet noch das Zusatzgebet an, da an diesen Tagen im Tempel ein zusätzliches Opfer neben dem ständig morgens und nachmittags stattfindenden dargebracht wurde. Das Nachmittagsgebet, das in der Zeit von frühestens 12.30 Uhr bis Sonnenuntergang gesagt werden kann, wird häufig, besonders vor Sabbat und Festtagen, mit dem Abendgebet vereinigt, das man dann auch etwas früher beginnen darf als zu dem Zeitpunkt, an dem drei Sterne sichtbar sind.

Der Kern der Gebete zu den verschiedenen Tageszeiten ist im wesentlichen immer und überall gleich. Im Mittelpunkt jedes Gebets steht ein Stück, das als »*Achtzehngebet*« (Schmone Eßre = hebräisch »achtzehn«) bezeichnet und stehend verrichtet wird. Der Name kommt daher, daß es ursprünglich aus achtzehn verschiedenen Segenssprüchen bestanden hat. An Werktagen hat dieser zentrale Teil heute 19 Segenssprüche, an Sabbat und Festtagen 7, im Zusatzgebet für das Neujahrsfest 9; trotzdem wird es in allen Fällen Achtzehngebet – oder auch Tefilla (Gebet) – genannt. Die ersten drei und die letzten drei Segenssprüche sind in allen Fällen identisch.

Vor dem Achtzehngebet findet sich im Morgen- und Abendgebet ständig das sogenannte Schma, das Bekenntnis der göttlichen Einheit (»Höre Israel, der Ewige ist unser Gott, der Ewige ist einzig«; 5. Buch Mose VI, 4). An diesen Vers schließen sich dann die Verse 5–9, 5. Buch Mose XI, 13–21 und 4. Buch Mose XV, 37–41.

Den Mittelpunkt jedes Sabbatgottesdienstes stellt die Vorlesung aus der Tora dar, die sich dem Morgengebet anschließt. Die Tora, das sind die *fünf Bücher Mose*, ist für den kultischen Gebrauch auf eine Pergamentrolle mit der Hand geschrieben. Die Torarolle entspricht in ihrer Form dem antiken Buch. Der gesamte Text wird in 54 Abschnitte geteilt. Jeden Sabbat wird ein Abschnitt gelesen, so daß im Verlauf eines Jahres der Zyklus abgeschlossen und dann von neuem begonnen wird. Stehen im Jahr nicht genügend Sabbate zur Verfügung, so werden bestimmte Abschnitte zusammengelegt.

Nicht nur am Sabbatvormittag findet eine Toravorlesung statt, sondern auch am Sonnabendnachmittag, am Montag- und am Donnerstagvormittag, und zwar wird dann der erste Teil des nächsten Wochenabschnitts gelesen, der am folgenden Sabbat vollständig vorgetragen wird. Für die Feiertage und Halbfeiertage gibt es eigene, thematisch zu dem betreffenden Tag passende Texte aus dem Pentateuch. Auch an den Trauertagen sowie zu Chanukka und Purim wird aus der Tora gelesen.

An die Toravorlesung schließt sich am Sabbat, an Feiertagen und an Fasttagen die Verlesung eines Textes aus den prophetischen Büchern an, der jeweils aus einem inhaltlich geeigneten, zum Toratext passenden Abschnitt besteht.

Es gibt noch einige weitere Stücke, die zum festen Bestand jedes jüdischen Gottesdienstes gehören, doch abgesehen von diesem Kern gibt es Teile – vor allem poetische Einschaltungen –, die variieren. Im Laufe der Zeit haben sich hier unterschiedliche Bräuche herausgebildet, so daß eine Anzahl differierender Riten existiert.

Die wichtigsten dieser Riten sind der spanische (sefardische) und der deutsche Ritus. Dieser ist in den rheinischen (aschkenasischen) und den polnischen Ritus unterteilt. Als ungefähre Grenze zwischen beiden Varianten des deutschen Ritus gilt die Elbe. Zum polnischen Ritus gehören neben den ostelbischen deutschen Gebieten vor allem auch Österreich, Tschechien, die Slowakei, Ungarn, Polen, die baltischen Staaten, Rußland, Weißrußland, die Ukraine und Rumänien. Diese Trennung des deutschen Ritus in zwei Gruppen vollzog sich im Mittelalter infolge der Judenverfolgungen in Deutschland, die zu einer Migration nach Osten führten. Durch spätere Wanderungen aus Osteuropa ist der polnische Ritus allerdings auch in einige westeuropäische Länder gelangt und ebenso nach Nordamerika und nach Palästina.

Innerhalb der Riten gibt es viele Besonderheiten an einzelnen Orten und in einzelnen Gemeinden. Das betrifft sowohl den synagogalen Gottesdienst als auch Bräuche, die in den Familien gepflegt werden. Wir beschränken uns auf den hierzulande geltenden polnischen Ritus und speziell auf dasjenige, was zur Berliner Tradition gehört oder hier wenigstens bekannt ist. Dabei ist noch zu bemerken, daß die Üblichkeiten des gesetzestreuen Judentums zugrunde gelegt werden. Reformen des 19. Jahrhunderts haben manche kultischen Üblichkeiten als antiquiert beseitigt, doch auch innerhalb der Kreise, die an der Tradition uneingeschränkt festhalten, ist zu unterscheiden zwischen dem, was religionsgesetzlich geboten ist, und Bräuchen, die man nicht unbedingt beachten muß. Erwähnt werden soll noch, daß der Chassidismus in Osteuropa, um sich von seinen Gegnern abzugrenzen, den spanischen Ritus übernommen hat, so daß das Gebetbuch der Chassidim von dem sonst in Osteuropa benutzten abweicht und auch viele Bräuche, wie sie oft in ostjüdischer Belletristik dargestellt werden, außerhalb chassidischer Kreise unüblich oder gar unbekannt sind.

Das Gebet verrichtet man mit einer Kopfbedeckung. Das Verhüllen bzw. Bedecken des Hauptes als Zeichen der Ehrfurcht ist eine legitime Möglichkeit, die bei vielen Völkern – nicht nur bei den Juden, sondern auch bei Babyloniern, Römern und Arabern – praktiziert wurde; die abendländisch-christliche Sitte der Entblößung des Kopfes aus ebendiesem Grunde ist ein anderes Symbol für dieselbe Gesinnung. Wenngleich weder in biblischer noch in talmudischer Zeit das Bedecken des Hauptes beim Gebet vorgeschrieben ist, hat sich diese Sitte im Laufe der Zeit so verfestigt, daß sie obligatorisch wurde und man eigentlich nie entblößten Hauptes sein soll. Darum tragen gesetzestreue Juden immer eine Kopfbedeckung.

Zum morgendlichen Gebet bekleidet sich der erwachsene männliche Beter mit dem Gebetmantel, dem Tallit, einem großen viereckigen Tuch aus Wolle oder Seide, an dessen Ecken sich Schaufäden befinden, mit denen nach biblischer Vorschrift ein Obergewand versehen sein muß. Der Tallit ist also ursprünglich ein regelmäßig getragenes Kleidungsstück, dient heute jedoch nur noch kultischen Zwecken. Man trägt den Tallit zum Morgengebet, am Sabbat und an Festtagen auch zum Zusatzgebet. Nur am Versöhnungstag wird er zu allen Gebeten angelegt. Man legt auch einen Tallit an, wenn man mit der Torarolle in Berührung kommt, was an manchen Tagen während des Nachmittagsgottesdienstes der Fall sein kann. Der Vorbeter trägt beim Gemeindegottesdienst auf Grund seiner Funktion den Tallit ständig zu allen Gebetszeiten.

Für das werktägliche Morgengebet werden außerdem Gebetriemen (Tefillin) benutzt, die an den linken Arm und um den Kopf gelegt werden. An diesen Riemen befindet sich je eine Kapsel, die einige auf Pergament geschriebene Bibelverse enthält. Das Anlegen der Tefillin ist ein Symbol dafür, daß der Mensch sich mit seinem Denken, Fühlen und Wollen in den Dienst Gottes zu stellen hat. Auch diese Verpflichtung betrifft nur die im religiösen Sinne volljährigen, also mindestens 13 Jahre alten männlichen Personen. Tefillin werden nur an Werktagen angelegt, da diese Tätigkeit als Arbeit angesehen wird; die Zeremonie entfällt darum an allen Tagen, an denen Arbeit verboten ist.

Der Sabbat

Der Sabbat ist der eigentliche und im Grunde höchste Feiertag. Die Einführung eines allgemeinen Ruhetages nach jeweils sechs Werktagen stellt eine große soziale Errungenschaft dar, die durch das Judentum geschaffen wurde. Regelmäßige Ruhetage waren sonst in der Antike unbekannt und sind es in manchen Kulturen bis heute geblieben. Im Pentateuch ist gesagt, daß am siebenten Tag keinerlei Arbeit verrichtet werden darf und daß diese Verfügung auch die Knechte, die Fremden und das Vieh betrifft. Was unter Arbeit zu verstehen sei, wird im Bibeltext nicht erläutert, und diese allgemeine und daher unkonkrete Verfügung wird in der Mischna, der etwa 200 n. Chr. kodifizierten mündlichen Lehre, präzisiert und spezifiziert: Es werden 39 Stammtätigkeiten zusammengestellt, deren Ausübung am Sabbat verboten ist; dazu kommen dann noch ähnliche und verwandte Verrichtungen, die sich unter diese Stammtätigkeiten subsumieren lassen, und ferner Beschäftigungen, die von den Rabbinen vorsorglich untersagt wurden, um auch jede unbeabsichtigte Verletzung der gebotenen Sabbatruhe zu verhindern, weil ein Übertreten des Werkverbotes nach jüdischem Recht ein schwer strafbares Delikt darstellt.

Während man werktags die vorgeschriebenen Gebete auch zu Hause verrichten darf, muß man am Sabbat die Synagoge aufsuchen. Eingeleitet wird der Gottesdienst des Sabbatbeginns am Freitagabend mit einer Begrüßung des Sabbats durch eine Reihe von Psalmen und ein Lied, das den Sabbat als Braut, Israel als Bräutigam personifiziert. Eine derartige Begrüßungszeremonie gibt es nur für den Sabbat, nicht aber für Feiertage. Zum Abschluß des Gottesdienstes wird »Kiddusch gemacht«, d. h. ein Segen über einen Becher Wein vom Vorbeter gesprochen. Ein Weinsegen ist vor dem häuslichen Abendessen am Sabbat obligatorisch. Daß dieser Kiddusch in der Synagoge gemacht wird, ist nur eine Üblichkeit, die ihren Ursprung darin hat, daß Fremde, die sich auf der Durchreise befinden und in einem Gasthaus oder in einem Gästezimmer der Gemeinde übernachten, möglicherweise dieser Pflicht nicht nachkommen können; für diese wurde darum der Weinsegen in den Gemeindegottesdienst eingefügt. Daher entbindet der synagogale Kiddusch die Ortsansässigen nicht von der Verpflichtung, selbst den Segen zu Hause vor der Mahlzeit zu sprechen.

Für die häusliche Sabbatfeier am Freitagabend hat die Hausfrau einen Teller mit zwei Broten auf den Tisch gestellt, die sie mit einem Tuch zugedeckt hat. Sie hat ferner einen Becher mit Wein bereitgestellt und die Sabbatlichter angezündet – natürlich vorher, solange noch Werktag ist, denn das Anzünden von Licht ist eine am Sabbat verbotene Tätigkeit. Man kann zu Ehren des Sabbat beliebig viele Lichter anzünden, mindestens aber müssen es zwei sein. Üblich ist es heute, zwei Kerzen zu entzünden.

Vor dem Abendessen wird vom Hausherrn Kiddusch gemacht. Er trinkt dann von dem Wein und gibt auch allen Anwesenden davon. Anschließend folgt der Segen über das Brot. Es werden zwei geflochtene Weißbrote verwendet, die im deutschen Sprachraum meist Barches genannt werden. Das Wort ist möglicherweise aus dem hebräischen »Bracha« entstanden, das Segen bzw. Segensspruch bedeutet, also eigentlich nicht die Speise, sondern die kultische Handlung bezeichnet. Hebräisch heißt dieses Brot Challa, im Jiddischen Challe, ein Ausdruck, der auch hierzulande oft benutzt wird. Es werden am Sabbat – und ebenso auch an Feiertagen – immer zwei Barches verwendet zur Erinnerung an die doppelte Ration Manna, die, wie die Bibel berichtet, während der Wüstenwanderung der Israeliten nach ihrem Auszug aus Ägypten am Freitag vom Himmel kam, so daß die Nahrung für den Sabbat im voraus eingesammelt werden konnte. Jeder an der Mahlzeit Teilnehmende bekommt ein Stück Brot, und zwar mindestens in der Größe einer Olive, und spricht den Segensspruch.

Nach dem Abendessen folgt das Tischgebet, das natürlich auch sonst gesagt wird. Das Tischgebet ist kein Bittgebet, sondern ein Dankgebet, und darum erfolgt es nach dem Abschluß der Mahlzeit. Für den Freitagabend gibt es – wie auch für die übrigen Sabbatmahlzeiten – eine Reihe von häuslichen Gesängen, die meist in den Gebetbüchern enthalten sind; doch ist es jedem freigestellt, ob er noch nach der Beendigung des Tischgebets den Sabbat in der Familie durch gemeinsames Singen feiern will.

Für den Sabbat sind drei Mahlzeiten obligatorisch: abends, morgens und nachmittags. Die Morgenmahlzeit soll erst nach dem Gottesdienst eingenommen werden. Sie fällt daher in die Zeit des späten Vormittags, denn der Vormittagsgottesdienst, bestehend aus dem Morgengebet mit Tora- und Prophetenvorlesung und dem Zusatzgebet, ist relativ lang. Auch für diese Mahlzeit gibt es als Einleitung einen Kiddusch und einen Segensspruch über Brot, wofür wieder zwei Brote nötig sind.

Nachdem der Sabbat beendet ist, also nach Einbruch der Nacht, wird sowohl in der Synagoge zum Abschluß des werktäglichen Abendgebets als auch zu

Hause die Zeremonie der Hawdala (Unterscheidung) durchgeführt, die Trennung zwischen Feiertag und Werktag, zwischen Heiligem und Profanem. Die Hawdala besteht aus drei Segenssprüchen: über Wein, über Wohlgerüche und über Licht. Es wird dazu eine geflochtene Kerze mit mehreren Dochten angezündet. Als Wohlgerüche dienen Gewürze, meist Nelken und Zimt, die in einer Büchse aufbewahrt werden. Meist sind solche Gewürzbüchsen aus Metall, besonders aus Silber. Eine bestimmte Form ist für die Büchse nicht vorgeschrieben, und es gibt eine große Mannigfaltigkeit der Typen. Beliebt sind vor allem kleine Türme in Filigranarbeit, so daß man an den Gewürzen, die einen letzten Wohlgeruch des Sabbats symbolisieren, riechen kann. Anstelle des Weines kann man für die Hawdala auch andere Getränke, besonders Schnaps, nehmen. Man pflegt das Glas so reichlich zu füllen, daß etwas auf einen Untersatz überläuft, und löscht die Flamme nach dem Abschluß der Zeremonie in dieser Flüssigkeit.

Der Neumondstag

Die Wiederkehr des Mondes, der Monatsbeginn, gilt als ein freudiges Ereignis, dessen im Gottesdienst gedacht wird. So findet an diesem Tage eine Toravorlesung statt, für die immer derselbe Abschnitt vorgesehen ist, allerdings keine Vorlesung aus den prophetischen Büchern. Ferner wird – wie an Feiertagen – das Zusatzgebet gesprochen. Als es noch keinen festen Kalender gab und das Sichtbarwerden des neuen Mondes jeweils durch Beobachtung festgestellt wurde, war Neumond ein wichtiges Fest. Aber nach der Einführung eines festen Kalenders um die Mitte des 4. Jahrhunderts n. Chr. ging die Bedeutung dieses Tages zurück, so daß der Neumondstag zwar kultische Besonderheiten aufweist, aber im übrigen ein Werktag ist.

Man zählt vom Neumondstag insgesamt dreißig Tage bis zum nächsten; das bedeutet aber, daß wir nur in mangelhaften Monaten mit 29 Tagen auf diese Weise auf den nächsten Monatsersten kommen, der dann der folgende Neumond ist. Bei dreißigtägigen, also vollzähligen Monaten gelangen wir hingegen zum dreißigsten Tag des laufenden Monats. In einem solchen Fall gelten sowohl der dreißigste Tag des Monats als auch der erste des folgenden als Neumond; es werden also nach vollzähligen Monaten zwei Neumondstage in gleicher Weise begangen, wenngleich als eigentlicher Neumondstag der Monatserste angesehen wird.

Am Sabbat vor dem Neumond wird der Termin des Beginns des neuen Monats nach der Tora- und Prophetenvorlesung angekündigt und ein spezieller Segensspruch gesagt, der als Neumondweihe bezeichnet wird.

Es gibt auch einen Mondsegen, der im Freien bei Mondschein gesprochen wird. Die Zeremonie wird frühestens nach Ablauf von drei Tagen seit dem astronomischen Neumond durchgeführt, und zwar nur an Werktagen; der spätestmögliche Termin ist die Monatsmitte.

Die Fest- und Gedenktage im Verlauf des Jahres

Wenn wir diejenigen Tage, die sich – abgesehen von Sabbaten und Neumondstagen – als besondere herausheben, fortlaufend durch das Jahr betrachten wollen, dann erhebt sich die Frage, an welchem Punkt wir anfangen sollen. Die Jahreszählung beginnt zwar im Herbst, aber der erste Monat des neuen Jahres gilt als der siebente Monat in der Zählung der Monate, und so wird er auch in der Bibel genannt. Daher ist es weitgehend üblich, den Zyklus der Feiertage im Frühjahr zu beginnen mit dem Pessachfest, das auf Grund seines Charakters das erste der Wallfahrtsfeste ist und in den Monat Nissan, den ersten Monat, fällt. Es läßt sich auch rechtfertigen, den Zyklus der besonders bemerkenswerten Tage dort beginnen zu lassen, wo die Vorlesung aus der Tora zu ihrem Ende und ihrem Neubeginn kommt, am neunten Tag des Laubhüttenfestes; denn das Laubhüttenfest wird im Pentateuch als »Erntefest am Ausgang des Jahres« bezeichnet.

Doch gewiß kann man auch mit den Festen des siebenten Monats anfangen, so daß nicht nur die wichtigsten Feiertage am Anfang der Betrachtung stehen, sondern sich auch eine Übereinstimmung mit der Zählung der Jahre ergibt. Man muß in jedem Fall natürlich berücksichtigen, daß die Zeit kontinuierlich verläuft. Daher ist jeder Einschnitt künstlich und zerreißt Zusammengehöriges. Wie sich im Kultus das Herannahen des Pessachfestes bereits vor dem Neumond des vorangehenden Monats Adar ankündigt, so dient der Monat Elul der Einstimmung auf die »ehrfurchtgebietenden Tage«, die hohen Feiertage des Monats Tischri. Infolgedessen kommt man, wenn man das Festjahr im Nissan beginnen läßt, in Schwierigkeiten, da zuvor eigentlich auf die vorangehenden »ausgezeichneten Sabbate« hingewiesen werden müßte, und ebenso sind auch die zehn Bußtage, wie die Periode von Neujahr bis zum Versöhnungstag zusammenfassend genannt wird, im Grunde kein Neubeginn, sondern stehen in kontinuierlichem Zusammenhang mit der vorangehenden Zeit.

Rosch ha-Schana

Am 1. und 2. Tischri wird das Neujahrsfest begangen, das ein Feiertag mit ernster Bedeutung ist. Der Name Rosch ha-Schana kommt in der Bibel nicht vor, und auch in den Gebeten dieses Festes ist kaum davon die Rede. Im Festsegen – und auch sonst – wird vom »Tag der Erinnerung« oder »Tag des Posaunenschalls« gesprochen.

Der Sinn des Neujahrsfestes liegt in der Erinnerung an den Bund, der zwischen Gott und Israel geschlossen wurde und der für die Israeliten eine sittliche Forderung und Verpflichtung darstellt. Der Tag soll dazu dienen, die Menschen zu veranlassen, in sich zu gehen, sich vom Bösen abzuwenden und gut zu handeln. Rosch ha-Schana ist der Tag, an dem der Mensch Rechenschaft über sein Tun ablegen und sich seiner moralischen Pflichten bewußt werden soll. Im Talmud findet sich die Vorstellung, daß an diesem Tage Gott über den Menschen zu Gericht sitzt und sein Urteil fällt. Das aufrichtige Bemühen des Menschen, sich zu bessern, seine sittlichen Pflichten zu erfüllen, sich des Bundes mit Gott zu erinnern, wird auch Gott seinerseits veranlassen, dieses Vertrages zu gedenken und dem Menschen ein glückliches Leben zu gewähren. Mit dieser Vorstellung hängt auch der traditionelle Neujahrswunsch »Zu einem guten Jahr mögest du eingeschrieben sein« zusammen.

Als äußeres Mittel, den Menschen an seine moralischen Pflichten zu erinnern, dient die Posaune, der Schofar. Das ist ein Widderhorn, das im Morgengottesdienst nach der Tora- und Prophetenlesung sowie an mehreren Stellen des Zusatzgebets in festgelegten Tonfolgen geblasen wird (außer wenn der Festtag auf einen Sabbat fällt).

In vielen Gemeinden ist es Brauch, den Betraum für den Neujahrsgottesdienst besonders feierlich auszugestalten: Um die Erhabenheit des Tages zu betonen, pflegt in der Synagoge die weiße Farbe vorzuherrschen; der Vorhang vor dem Toraschrank, die Decke auf dem Vorbeterpult und die Kleidung des Vorbeters sind weiß, im Gegensatz zu dem sonst Üblichen. Einer der Höhepunkte des Gottesdienstes besteht darin, daß sich die Gemeinde an diesem

Tage während des Zusatzgebets zu Boden wirft; das wird nur am Neujahrsfest und am Versöhnungstag getan.

Rosch ha-Schana wird überall zwei Tage gefeiert, auch in Palästina, wo bei den übrigen Festen die zweiten Tage entfallen. Der Kultus ist im wesentlichen an beiden Tagen identisch. Unterschiede gibt es nur in der Toravorlesung und der Verlesung der Prophetentexte sowie hinsichtlich der speziell für Rosch ha-Schana bestimmten poetischen Einschaltungen, wo aus dem reichen Schatz dieser Literatur unterschiedliche Stücke für beide Tage ausgewählt wurden.

Die häusliche Feier des Neujahrstages besteht darin, daß dem Kiddusch und dem Segensspruch über das Brot noch ein Segen über Baumfrüchte angefügt wird. Man nimmt dazu einen Apfel, den man vor dem Verzehr mit Honig bestreicht, wobei man dem Wunsch Ausdruck verleiht, das neue Jahr möge gut und süß werden. Die Brote für das Neujahrsfest sind nicht wie sonst geflochten und länglich, sondern es ist üblich, rund gewickelte Weißbrote zu verwenden, um auf diese Weise den Jahreskreislauf zu symbolisieren. Wer sonst das Brot in Salz zu tauchen pflegt, verwendet am Neujahrstag Honig oder Zucker.

Es gibt den Brauch, am Nachmittag des ersten Neujahrstages nach dem Gebet an ein fließendes Gewässer zu gehen, um dort eine Zeremonie vorzunehmen, die Taschlich genannt wird. Dabei wird eine Prophetenstelle zitiert, in der es heißt: »... und wirf (taschlich) in die Meerestiefen all ihre Sünden.« Dabei kehrt man die Taschen nach außen, um auf diese Weise das Fortwerfen der Sünden zu symbolisieren. Fällt der erste Tag Rosch ha-Schana auf einen Sabbat, wird die Taschlich-Zeremonie auf den zweiten Feiertag verschoben.

Zwischen Rosch ha-Schana und Jom Kippur

Der Tag nach Rosch ha-Schana, der 3. Tischri, ist ein Fasttag, das sogenannte Fasten Gedalja. Dieser traurige Gedenktag ist mit der Eroberung des Reiches Juda durch die Babylonier verknüpft. Nachdem der Tempel durch Nebukadnezar im Jahre 586 v. Chr. zerstört und ein Großteil der Bevölkerung exiliert worden war, wurde über die in Juda Verbliebenen Gedalja als Statthalter eingesetzt. Nach einiger Zeit fiel er einem politischen Mord zum Opfer, und diese Tat führte dazu, daß auch der Rest der jüdischen Bevölkerung das Land verlassen mußte.

AK75

Das Ritual dieses Tages ist das für Fasttage allgemein übliche; nur für den 9. Aw bestehen andere Regelungen. Das Fasten dauert von Sonnenaufgang bis zum Eintritt der Nacht. Im Morgen- und Nachmittagsgebet wird aus der Tora gelesen, für den Nachmittagsgottesdienst gibt es auch einen Prophetenabschnitt. Die Lesungen sind an allen Fasttagen – abgesehen vom 9. Aw – dieselben. Wenn der 3. Tischri auf einen Sabbat fällt, wird der Fasttag auf den Sonntag verlegt.

Die gesamte Periode von Rosch ha-Schana bis zum Versöhnungstag wird als die zehn Bußtage bezeichnet; in dieser Zeit werden besondere Bußgebete eingeschaltet. Der Sabbat zwischen den beiden Feiertagen wird »Sabbat der Umkehr« genannt. An ihm hält üblicherweise der Rabbiner eine Bußpredigt, auch dort, wo sonst das Predigen nicht seine Aufgabe ist.

Jom Kippur

Den Höhepunkt der zehn Bußtage bildet der Versöhnungstag (Jom Kippur), der wichtigste Festtag des jüdischen Jahres. An ihm wird nach talmudischer Tradition das Urteil über den Menschen, das am Neujahrsfest, dem Tag des Gerichts, gefällt wurde, besiegelt und bekommt damit Gültigkeit. Der Versöhnungstag soll dazu dienen, den Menschen zu entsühnen, ihn die göttliche Verzeihung für seine Missetaten erlangen zu lassen. So ist der Versöhnungstag ein Tag der Reue, der Buße und der Umkehr.

Dieser Tag ist ein strenger Fasttag, und zwar vom Beginn des Festes am Abend bis zu seinem Ausgang am nächsten Abend. Weder Essen noch Trinken sind erlaubt; auch Körperpflege mit Ausnahme des Benetzens der Hände und Augen mit Wasser ist untersagt. Bevor man sich am Vorabend des Festes in die Synagoge begibt, entzündet man zu Hause ein Licht zum Andenken an seine verstorbenen Angehörigen, das 24 Stunden brennen soll. Manche pflegen auch eine Kerze im Vorraum der Synagoge aufzustellen. Es ist allgemein üblich, daß der Vorhang vor dem Toraschrank und die Decke auf dem Vorbeterpult weiß sind; auch die Torarollen befinden sich in weißen Hüllen. Die Betenden pflegen weiße Kleidung und eine weiße Kopfbedekkung zu tragen.

Der Abendgottesdienst, der noch bei Tageslicht beginnt, wird nach den Anfangsworten der ihn einleitenden Formel Kol Nidre (alle Gelübde) genannt. Dieser Text besteht in einer Erklärung, daß alle Gelübde und Schwüre null und nichtig sein sollen. Es handelt sich hier – und das muß betont werden, weil es häufig zu böswilligen Mißdeutungen gekommen ist – um Versprechungen, die der Mensch vorschnell Gott gegenüber abgegeben hat, nicht um juristische Verpflichtungen gegenüber anderen Menschen; solche Eide und Schwüre werden durch den Versöhnungstag nicht außer Kraft gesetzt.

Am Versöhnungstag dauert der Gottesdienst den ganzen Tag. Zu dem Morgengebet, dem festtäglichen Zusatzgebet und dem Nachmittagsgebet kommt noch ein nur an diesem Tage übliches Schlußgebet, an das sich dann nach Einbruch der Nacht das werktägliche Abendgebet und die Hawdala anschließen. Durch die Einschaltung einer Vielzahl poetischer, nur für diesen Tag bestimmter Stücke wird erreicht, daß die Zeit ausgefüllt wird, so daß man, ohne daß Pausen entstehen, von einer Gebetszeit zur anderen übergehen kann.

An Besonderheiten des Kultus ist zunächst ein ausführliches Sündenbekenntnis zu nennen, das der Tefilla angefügt wird. – Am Ende des Morgengebets, nach der Tora- und Prophetenlesung, gedenkt man in einer Zeremonie, die Seelenfeier genannt wird, seiner verstorbenen Angehörigen. (Seelenfeiern finden im polnischen Ritus nicht nur am Versöhnungstage statt, sondern auch an den Wallfahrtsfesten, und zwar am achten Tag Pessach, am zweiten Tag Schawuot und am Schlußfest, dem achten Tag des Laubhüttenfestes.) – Der Höhepunkt des Zusatzgebets ist eine ausführliche Beschreibung des Entsühnungsrituals, das der Hohepriester im Jerusalemer Tempel vornahm. Dabei wirft sich die Gemeinde mehrmals auf die Knie. – Das Nachmittagsgebet beginnt mit einer Toravorlesung; als Prophetentext wird das ganze Buch Jona vorgetragen, weil einer seiner wesentlichen Gedanken darin besteht, daß die Bewohner der Stadt Ninive durch Buße den ihnen prophezeiten Untergang abwenden konnten. – Auf das Nachmittagsgebet folgt als Abschluß das Ne'ilagebet. Ne'ila heißt Schließung und bezieht sich auf die Schließung der Tempeltore, die mit einer Zeremonie nach dem Nachmittagsopfer vorgenommen wurde. Vielfach deutet man Ne'ila auch als die Schließung der Himmelstore, als den Zeitpunkt der letzten Chance, die göttliche Vergebung zu erlangen, und der Mensch bittet darum, daß ihm ein günstiges Geschick für das Jahr besiegelt werden möge. Das Gebet endet mit der Bekräftigung der göttlichen Einheit und schließt mit einem Schofarton.

Der Versöhnungstag ist damit zu seinem Ende gekommen, nicht aber der Gottesdienst, denn unmittelbar an das Ne'ilagebet, das zeitlich so kalkuliert

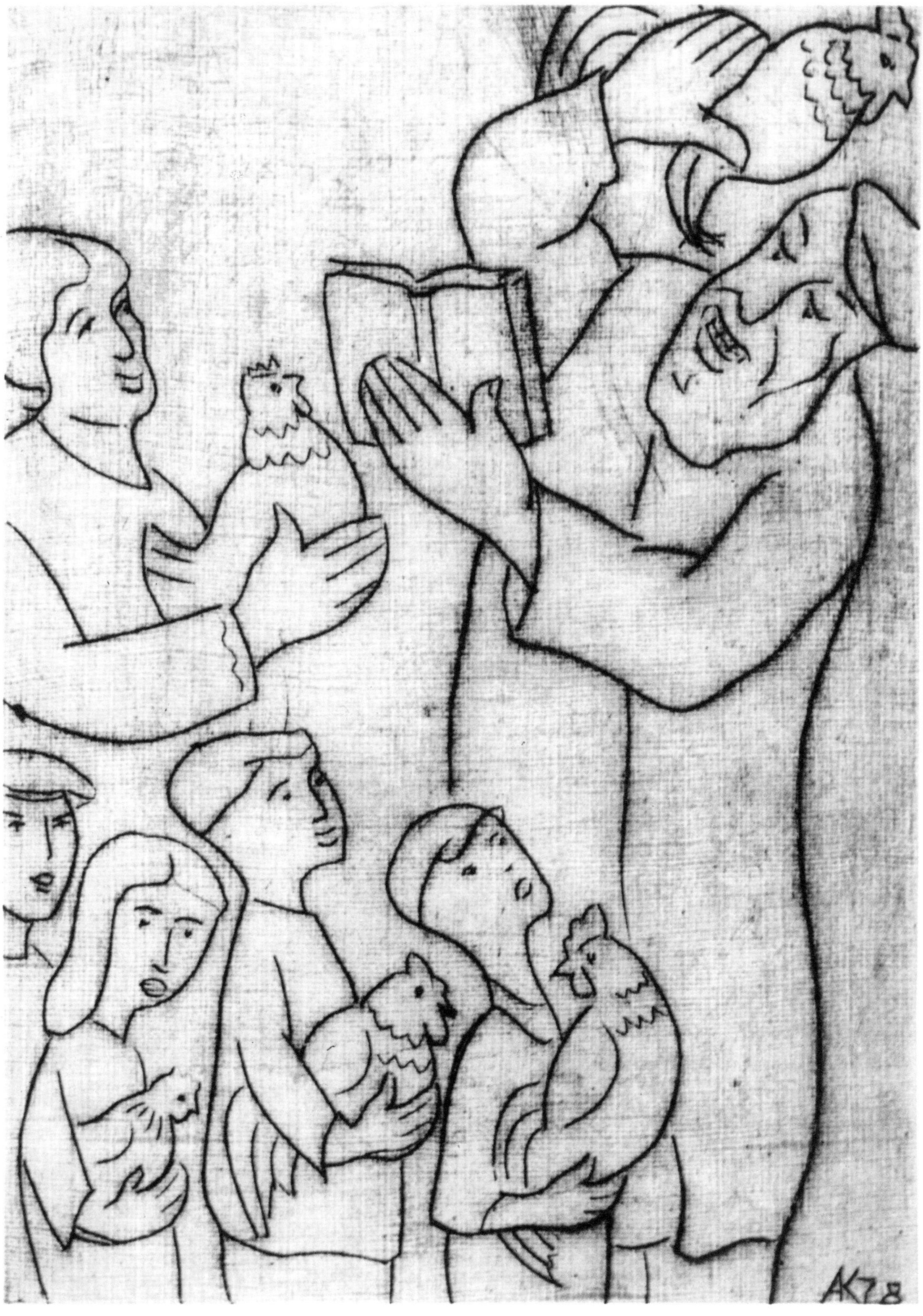
AK78

AK78

werden muß, daß sein Abschluß mit dem Tagesende zusammenfällt, schließt sich das werktägliche Abendgebet und die Hawdala, der Unterscheidungssegen zwischen dem Heiligen und dem Profanen an. Im Anschluß an den Gottesdienst wird dann noch der Mondsegen im Freien gesprochen, der im Tischri mindestens bis zu diesem Termin verschoben wird und nicht während der zehn Bußtage gesagt wird. Vielfach ist es Sitte, noch an diesem Abend mit den Vorbereitungen für den Bau der Hütte zum bevorstehenden Laubhüttenfest zu beginnen.

Die Mahlzeit, die man nach dem langen Fasten einnimmt, wird als »Anbeißen« bezeichnet; sie trägt einen festlichen Charakter, und man wünscht sich gegenseitig ein gutes Jahr und eine gute Besiegelung.

Sukkot

Am 15. Tischri beginnt das Laubhüttenfest (Sukkot), das dritte in der Reihe der Wallfahrtsfeste. Es dauert neun bzw. sieben Tage, da der achte Tag, das sogenannte Schlußfest (Schemini Azeret), als selbständiger Feiertag angesehen wird; der neunte Tag, der Torafreudenfest (Simchat Tora) heißt, ist der zweite Tag dieses Schlußfestes, der nur außerhalb Palästinas begangen wird.

Als die »drei Wallfahrtsfeste« werden Pessach, Schawuot und Sukkot zusammengefaßt, weil zur Zeit des Bestehens des Tempels die gesamte männliche Bevölkerung des Landes verpflichtet war, an diesen Festtagen nach Jerusalem zu ziehen und dort jeweils bestimmte Opfer darzubringen. Alle Wallfahrtsfeste haben eine doppelte Bedeutung: Sie sind sowohl auf die Natur als auch auf die Gesellschaft bezogen, sind einerseits Erntefeste, andererseits von religiös-historischem Charakter.

Sukkot ist das »Fest des Einsammelns«, ein Dankfest für das Einbringen der Ernte, vor allem der Obst- und Weinernte; zugleich erinnert Sukkot an die vierzigjährige Wüstenwanderung der Israeliten nach ihrem Auszug aus Ägypten und an das Wohnen in unfesten Hütten während dieser Periode. Die doppelte Bedeutung des Festes symbolisiert einerseits der Feststrauß, der am Vormittag im Gottesdienst verwendet wird, andererseits das Gebot, während dieser Tage in einer Hütte (Sukka) zu wohnen.

Der Feststrauß (Lulaw) besteht aus einem Zweig der Dattelpalme, drei Myrten- und zwei Bachweidenzweigen, die zu einem Gebinde vereinigt sind, sowie aus einer Zitrusfrucht, dem Etrog, einer Zitronenart (Citrus medica Cedra). Diese »vier Arten« werden nach der Tefilla des Morgengebets in die Hand genommen – außer am Sabbat – und insgesamt neunmal in einer festgelegten Weise geschüttelt: nach Osten, Süden, Westen, Norden, nach oben und nach unten. Das erfolgt vor und während der Rezitation der Psalmen 113–118, des »Hallel«. Diese Psalmen bilden einen charakteristischen Bestandteil des Morgengebets an allen Wallfahrtsfesten, an Chanukka sowie an den Neumondstagen. Nach dem Zusatzgebet wird der Feststrauß noch einmal in die Hand genommen, eine Torarolle wird auf das Vorlesepult gelegt, und die Gemeinde umkreist die Bühne, wobei spezielle liturgische Gedichte rezitiert werden.

Der erste und der zweite Tag Sukkot sind Feiertage, die darauffolgenden Tage (3. bis 7. Tag) Halbfeiertage. Der siebente Tag hat allerdings eine besondere religiöse Bedeutung und führt einen eigenen Namen: Hoschana rabba. Dieser Tag gilt als Gerichtstag über das Wasser, als der Tag, an dem von Gott über den lebenspendenden Regen beschlossen wird, der ja im Vorderen Orient nur während des Winterhalbjahres fällt. An Hoschana rabba werden nach dem Zusatzgebet sämtliche vorhandenen Torarollen auf das Vorlesepult gelegt, und es finden sieben Umzüge mit dem Feststrauß statt. Im Anschluß daran nimmt man ein aus fünf Ruten bestehendes Bachweidenbündel und schlägt damit auf den Boden, daß die Blätter abfallen. Das mag Ausdruck der Festesfreude sein oder im Zusammenhang mit den unmittelbar vorher rezitierten Bitten um Regen stehen; jedenfalls geht der Brauch auf die biblische Zeit zurück. Er wurde für so wichtig erachtet, daß er unbedingt ausgeübt werden mußte. Das Abschlagen der Weidenblätter ist eine Arbeit und kann daher am Sabbat nicht erfolgen. Aus diesem Grunde darf Hoschana rabba, der 21. Tischri, nie auf einen Sabbat fallen, und folglich kann der 1. Tischri, der Jahresbeginn, nie am Sonntag sein, sondern wird auf den Montag verschoben, wodurch das vorhergehende Jahr um einen Tag länger werden muß.

Am Sabbat der Sukkot-Woche wird zusätzlich zur Tora- und Prophetenlesung, und zwar bevor die Tora aus dem Schrein ausgehoben wird, ein Buch der Hagiographen, des dritten Teils der Bibel, gelesen: das Buch Kohelet. Kohelet ist eine der sogenannten »fünf Rollen«; zu diesen gehören außerdem das Hohelied, das Buch Ruth, die Klagelieder und das Buch Ester. Diese fünf Bücher sind die einzigen Hagiographen, die im synagogalen Kultus verwendet werden. Falls Sukkot am Sabbat beginnt, wird Kohelet am achten Tage, am Schlußfest, gelesen.

Für Sukkot charakteristisch ist das biblische Gebot, in einer Hütte zu wohnen, einem unfesten Gebäude. Die Hütte muß so beschaffen sein, daß sie kein festes Dach besitzt; vielmehr ist sie mit Zweigen, Stroh oder Reisig gedeckt, und zwar so dicht, daß bei Sonnenschein die schattigen Stellen im Innern überwiegen, und so locker, daß nachts die Sterne hindurchschimmern. Die Laubhütte wird möglichst wohnlich ausgestattet und schön ausgeschmückt. In unseren Breiten wird das Gebot, in der Hütte zu wohnen, insofern erleichtert, als nur die Mahlzeiten in ihr eingenommen werden sollen, denn es kann in dieser Jahreszeit ja bereits recht kühl sein. Aber auch in dieser eingeschränkten Form läßt sich die Verpflichtung oftmals schwer erfüllen. Nicht nur das Klima ist hierfür ein Grund, sondern auch die Wohnverhältnisse in modernen Großstädten bieten nur selten die Voraussetzungen für den Bau einer Hütte, es sein denn, man hat einen nach oben völlig freien Balkon, auf dem sie errichtet werden kann. Man behilft sich in der Weise, daß meist auf dem Hof der Synagoge eine Hütte gebaut wird oder daß sie dort immer steht und jedes Jahr nur frisch gedeckt und ausgeschmückt wird. Dort wird dann vormittags und abends nach dem Gottesdienst eine symbolische Mahlzeit eingenommen.

Schemini Azeret

Auch am Schlußfest (Schemini Azeret) wird die Laubhütte noch benutzt, jedoch nicht mehr der Feststrauß. Der Gottesdienst zeichnet sich besonders dadurch aus, daß nach der Tora- und Prophetenlesung eine Seelenfeier zum Gedenken der Toten stattfindet und daß der Vorbeter in das Zusatzgebet ein Gebet um Regen, ein längeres poetisches Stück, einschaltet, das in feierlicher Form rezitiert wird. Damit beginnt die Wintersaison, und von nun an wird bis zum Beginn des Pessachfestes in jede Tefilla die Erwähnung eingeschaltet, daß Gott Regen fallen läßt.

Der zweite Tag des Schlußfestes führt einen eigenen Namen: Simchat Tora, Torafreude. An ihm endet der jährliche Zyklus der Torabschnitte, und es wird wieder von vorn begonnen; an diesem Tag werden also der Schluß und darauf der Anfang des Pentateuchs verlesen. Das Ausheben der Tora erfolgt bei dieser Gelegenheit in besonders feierlicher Form: Sämtliche vorhandenen Torarollen werden aus dem Schrank genommen und in einer Prozession siebenmal um die Vorlesebühne bzw. durch den Synagogenraum getragen. In den

meisten Berliner Synagogen war es üblich, daß der Zug durch zwei Synagogendiener angeführt wurde, jeder mit einer großen brennenden Kerze in der Hand. Den Trägern der Torarollen pflegen Kinder mit bunten Fähnchen zu folgen. Während oder nach der Zeremonie werden die Kinder mit Süßigkeiten beschenkt. In den leeren Toraschrein wird während der Umzüge häufig eine brennende Kerze gestellt. Die Umzüge finden sowohl nach dem Abendgebet als auch im Morgengottesdienst statt. In manchen Gemeinden wird bereits am Abend ein Teil des Toraabschnittes verlesen, und es werden möglichst viele Personen dazu aufgerufen, indem die einzelnen Stücke mehrmals gelesen werden. Auch Knaben, die das dreizehnte Lebensjahr noch nicht vollendet haben, pflegt man bei dieser Gelegenheit als Gruppen zur Tora zu rufen. Der Schluß des Pentateuchs, der vom Tod des Moses handelt, und der Beginn des Textes, der das Schöpfungswerk beschreibt, werden auf jeden Fall nur im Morgengottesdienst gelesen. Zu diesen Abschnitten aufgerufen zu werden gilt als eine ganz besonders hohe Ehrung für den Betreffenden. Der Anfang des Bibeltextes wird übrigens am Sabbat, der dem Torafreudenfest folgt, im Rahmen des üblichen Wochenabschnitts noch einmal gelesen, während der Schlußabschnitt des Pentateuchs kein eigentlicher Wochenabschnitt ist und nur Simchat Tora rezitiert wird.

Chanukka

Am 25. Kislew beginnt das achttägige Tempelweihefest (Chanukka), das zu den freudigen Gedenktagen gehört, nicht zu den biblisch vorgeschriebenen Feiertagen. Es erinnert an den erfolgreichen Aufstand der Makkabäer gegen die syrische Herrschaft und die im Jahre 165 v. Chr. erfolgte Wiedereinweihung des geschändeten Tempels in Jerusalem. Es wird überliefert, daß man in dem von den Syrern entweihten Heiligtum nur einen einzigen unversehrten Ölkrug fand, dessen Inhalt normalerweise nur für einen Tag als Brennstoff für den siebenarmigen Tempelleuchter gereicht hätte. Aber durch ein Wunder soll dieses geringe Ölquantum für acht Tage genügt haben, so daß inzwischen neues reines Öl hergestellt werden konnte.

Um dieses Wunders zu gedenken, werden sowohl in der Synagoge als auch zu Hause Lichter entzündet. Das geschieht nach Einbruch der Dunkelheit; nur am Freitagabend muß es natürlich früher erfolgen, um das sabbatliche

Werkverbot nicht zu übertreten. Üblicherweise wird heute ein achtarmiger Leuchter (Menora) verwendet. Am ersten Abend wird ein Licht angezündet, am zweiten zwei Lichter, bis dann am achten Tag alle Kerzen brennen. Aufgesteckt werden die Kerzen von rechts nach links; angezündet werden sie so, daß stets das neu hinzugekommene Licht als erstes an die Reihe kommt. Da die Lichter symbolische Bedeutung haben, darf man sich ihrer nicht als Mittel zu irgendwelchen Zwecken bedienen, d.h. sie sind nicht zur Beleuchtung des Raumes bestimmt, und sie dürfen auch nicht zum Anzünden eines anderen Lichts benutzt werden. Darum ist am Chanukkaleuchter – meist am Schaft – noch ein neunter Arm angebracht, auf dem sich eine zusätzliche Kerze befindet, der »Diener«, den man entzündet, um ihn dann zum Anzünden der Chanukkakerzen zu benutzen. Vorher werden entsprechende Segenssprüche gesagt; nach dem Anzünden singt man eine mehrstrophige Hymne.

Am Chanukkafest ist Arbeit gestattet, doch während die Kerzen brennen – mindestens dreißig Minuten lang –, pflegt man nicht zu arbeiten. Auch Frauen sind zum Anzünden der Chanukkalichter verpflichtet und tun dies, wenn der Familienvater nicht zugegen ist. Die Traditionsliteratur weist besonders darauf hin, daß Frauen jegliche Hausarbeit unterlassen sollen, solange die Kerzen brennen.

Vielfach vergnügt man sich während des Brennens der Lichter mit Spielen. Besonders beliebt ist das nur zu Chanukka übliche Trendelspiel. Der Trendel ist ein kreiselartiger Würfel, der in Drehung versetzt wird. Seine vier Seiten tragen jeweils einen hebräischen Buchstaben: N, G, H, Sch. Diese Buchstaben werden als die Anfänge der hebräischen Wörter »nes gadol haja scham« (ein großes Wunder war dort) gedeutet; aber wahrscheinlicher ist es, daß es sich um Abkürzungen deutscher Wörter handelt, die sich auf die Einsätze beziehen, nämlich: nimm, gib (oder: nichts, ganz), halb, stell ein (noch einmal den Einsatz). Als Einsatz dienen meist Nüsse, die man hinterher verzehrt.

Der synagogale Kultus weist eine auf das Fest bezügliche Einschaltung in der Tefilla auf. – Nach der Tefilla des Morgengebets sagt man Hallel, die Psalmen 113–118. Außerdem gibt es für jeden Tag einen speziellen Toraabschnitt, der verlesen wird, am Sabbat zusätzlich zum regulären Wochenabschnitt.

Am Sabbat Chanukka – bzw. am ersten Sabbat, wenn es im Verlauf des Festes zwei Sabbate gibt – wird als Prophetenlesung ein Text des Secharja gelesen, der in die Vision des von zwei Ölbäumen flankierten goldenen Leuchters mündet und mit den Worten ausklingt: »Nicht durch Macht und nicht durch Kraft, sondern durch meinen Geist, spricht der Ewige der Heerscharen.« Also nicht der militärischen Aktionen der Makkabäer gegen die syrische Fremdherrschaft gedenkt die jüdische Tradition hauptsächlich, sondern die geistige Komponente ist das Entscheidende. Und so ist auch in der talmudischen und rabbinischen Literatur Chanukka wegen des Ölwunders, nicht aber der kriegerischen Heldentaten wegen von Bedeutung.

In Mittel- und Westeuropa hat die zeitliche Nähe des Chanukkafestes zu Weihnachten dazu geführt, daß Chanukka in ähnlicher Weise wie Weihnachten zu einem Familienfest geworden ist, das auch von Personen, die der Tradition relativ fernstehen, im häuslichen Kreise gefeiert wird. Analog zu Weihnachten hat sich die Sitte der Bescherung verbreitet. So hat sich gerade dasjenige Fest den Bräuchen der Umwelt besonders angepaßt, das seinem eigentlichen Inhalt nach an den erfolgreichen Widerstand gegen die Assimilation in hellenistischer Zeit erinnert.

Die Monate Tewet und Schwat haben je einen Gedenktag aufzuweisen, der Tewet einen Trauertag, der Schwat ein freudiges Gedenken. Der 10. Tewet gilt als derjenige Tag, an dem Nebukadnezar begann, die Stadt Jerusalem zu belagern (Anfang 587 v. Chr.). Dieses die Eroberung der Stadt und die Zerstörung des Tempels vorbereitenden Ereignisses wird in Form eines Fasttages gedacht, dessen Ritual dem für Fasttage üblichen entspricht (vgl. die Angaben zum Fasten Gedalja). Bedingt durch das System des jüdischen Kalenders, ist der 10. Tewet der einzige Fasttag, der auf einen Freitag fallen, also unmittelbar dem Sabbat vorangehen kann; andererseits ist der 10. Tewet niemals ein Sabbat, so daß keine Verschiebung des Fastens jemals erforderlich ist.

Der 15. Schwat gilt als »Neujahr der Bäume« und ist ein freudiger Gedenktag. Um diese Zeit pflegen in Palästina die Bäume zu knospen. Im synagogalen Kultus ist das Datum von geringer Bedeutung. In der Familie pflegt man möglichst viele Sorten Baumfrüchte zu essen, vornehmlich solche, die in Palästina wachsen. In Israel ist es heute Sitte, daß Kinder an diesem Tag Bäume pflanzen.

S+U-Bahn-Netz

gültig ab 17. September 2001

www.s-bahn-berlin.de

VBB Partner im Verkehrsverbund Berlin – Brandenburg

S Bahn Berlin
Deutsche Bahn Gruppe

S+U-Bahn-Netz Tarifbereich Berlin

- S1 Wannsee DB ◂▸ Oranienburg DB
- S2 Blankenfelde ◂▸ Bernau DB (b Bln)
- S25 (Lichterfelde Süd ◂▸) Potsdamer Platz ◂▸ Hennigsdorf (b Bln)
- S26 Lichterfelde Süd ◂▸ Birkenwerder
- S3 Erkner ◂▸ Ostbahnhof DB (◂▸ Westkreuz)
- S4 Gesundbrunnen ◂▸ Westhafen
- S45 Flughafen Berlin-Schönefeld DB ◂▸ Westend
- S46 Königs Wusterhausen DB ◂▸ Hermannstraße (◂▸ Westend)
- S5 Strausberg Nord ◂▸ Spandau DB
- S6 (Zeuthen ◂▸) Grünau ◂▸ Warschauer Straße
- S7 Ahrensfelde ◂▸ Potsdam Hbf DB
- S75 Warte
- S8 Grüna
- S85 Spindl
- S86 Spindl
- S9 Flugha

Purim

Der Monat Adar, in Schaltjahren der Adar II, ist von zweifacher Bedeutung: In ihm findet das Purimfest statt, außerdem dient er als Auftakt für das Pessachfest, das in den Nissan, den folgenden Monat, fällt.

Purim, ein freudiger Gedenktag, dessen Beobachtung nicht biblisch vorgeschrieben ist, wird am 14. Adar (bzw. Adar II) zur Erinnerung an die Errettung der Juden in Persien gefeiert, die im Buch Ester beschrieben ist. Das Esterbuch, das zu den Hagiographen, dem dritten Teil der Bibel, gehört, ist ein Roman, und die Historizität der Handlung läßt sich nicht erweisen. Weder kennen wir aus historischen Quellen einen persischen König Ahasveros, noch ist die Eheschließung eines Perserkönigs mit einer Jüdin beglaubigt. Doch von der Sache her ist der Inhalt dieses Romans wahr, daß nämlich jüdische Minoritäten, deren Sitten und Gebräuche sich von denen der Umwelt unterschieden, immer wieder Opfer von Verfolgungen geworden sind, die durch Verleumdungen ausgelöst wurden.

Das Esterbuch berichtet davon, daß der Minister Haman den Perserkönig bewog, den Befehl zu erlassen, alle Juden im persischen Reich auszurotten, daß es jedoch Ester, der jüdischen Ehefrau des Königs, durch geschickte Diplomatie gelang, den mächtigen Minister zu Fall zu bringen und zu erreichen, daß die Juden die Erlaubnis erhielten, sich gegen diejenigen zu wehren, die diesen Befehl auszuführen suchten. Auf diese Weise gelang es den Juden, über ihre Widersacher zu siegen.

Im Buch Ester wird erzählt, daß die Königin Ester, bevor sie auf Betreiben ihres Vetters Mordechai, anscheinend eines nicht unbedeutenden Höflings, beim König den Versuch unternahm, für die Rettung ihres Volkes aktiv zu werden und sich in dieser Angelegenheit an den König zu wenden, drei Tage lang fastete und daß alle jüdischen Bewohner der Hauptstadt Susa dasselbe taten. Zur Erinnerung daran wird der Tag vor Purim (13. Adar bzw. Adar II) als Fasttag begangen, der Fasten Ester genannt wird. Fällt dieses Datum auf einen Sabbat, so wird das Fasten verschoben. In diesem Falle muß allerdings, da ja am folgenden Tag das Purimfest stattfindet, das Fasten vorverlegt werden; als Fasttag wird dann der Donnerstag, 11. Adar, begangen. Das Ritual des Fastens Ester stimmt mit demjenigen der anderen Fasttage überein.

Purim, das Losfest, hat seinen Namen daher, daß der Minister Haman den für die Ausrottung der Juden im persischen Reich geeigneten Termin durch

das Los bestimmte, nämlich den 13. Adar. Nachdem nun die Juden an diesem Tag Hamans Anschlag vereitelt und ihre Feinde überwunden hatten, feierten sie ihre Rettung am folgenden Tag, dem 14. Adar. Nur in der Hauptstadt Susa gab es schwerere und länger andauernde Kämpfe, so daß man die Rettung erst am 15. Adar feiern konnte. Der 15. Adar heißt darum Schuschan-Purim, Purim von Susa, und wird noch heute in Jerusalem anstelle des 14. Adar festlich begangen. An sich gilt die Verfügung, erst am 15. Adar der Errettung zu gedenken, für alle Städte, die bereits zur Zeit Josuas von einer Mauer umgeben waren.

Purim ist als freudiger Gedenktag ein Arbeitstag. Als Besonderheit des synagogalen Rituals ist vor allem zu erwähnen, daß sowohl nach dem Abendgebet als auch morgens nach der Toravorlesung das Buch Ester gelesen wird. Ester gehört zu den »fünf Rollen«, ist aber das einzige dieser Bücher, für das auch heute noch eine handgeschriebene Pergamentrolle verwendet wird. Die Pflicht, der zweimaligen Verlesung des Esterbuches beizuwohnen, sei es in der Synagoge, sei es zu Hause, gilt auch für Frauen und Kinder. Es ist üblich, daß bei der Lesung die Kinder die Erwähnung des Namens Haman durch Lärminstrumente, vornehmlich Knarren, zu übertönen suchen. – Für den Morgengottesdienst von Purim gibt es einen speziellen Toraabschnitt, jedoch findet keine Prophetenlesung statt. In die Tefilla wird – analog zu Chanukka – ein auf das Fest bezüglicher Text eingeschaltet.

Bereits im Buch Ester wird von der Festlegung berichtet, daß der Freude über die Rettung durch ein Festmahl, durch gegenseitiges Beschenken mit Speisen und durch Spenden für die Armen Ausdruck verliehen werden soll. Das ist zu einer allgemeinen Üblichkeit geworden. Das Festmahl findet in der Regel am Nachmittag statt, nachdem man das Nachmittagsgebet möglichst frühzeitig verrichtet hat. Man pflegt die Mahlzeit nach Möglichkeit bis nach dem Eintritt der Dunkelheit hinzuziehen, also bis der 15. Adar (Purim von Susa) begonnen hat, weil auch der auf Purim folgende Tag, an dem die Juden der Stadt Susa ihre Rettung feierten, als Freudentag gilt. Nur wenn Purim auf einen Freitag fällt, findet die Festmahlzeit am Vormittag statt, da sie dann vor Eintritt des Sabbats beendet sein muß. Zu Purim ist es erlaubt, viel zu trinken, sogar sich zu betrinken, denn im Esterbuch ist das Mahl, das man zur Erinnerung an das Ereignis einnehmen soll, als Trinkgelage bezeichnet.

Es gibt für Purim eine große Anzahl von Bräuchen, die allerdings lokal sehr verschieden sind. Verbreitet sind karnevalistische Vergnügungen, besonders die Kostümierung von Kindern, die Aufführung von dramatischen Purimspielen, die meist die Estergeschichte zum Inhalt haben, aber auch andere biblische Ereignisse behandeln. In der Gegenwart sind in unserem Raum vor allem einige kulinarische Spezialitäten üblich: besonders die sogenannten Hamantaschen und »Kreppchen«. Die Hamantaschen sind ein dreieckiges gefülltes Kleingebäck aus Kuchenteig; die Füllung kann aus Mohn, Früchten, Rosinen, Mandeln, süßem Weißkäse oder anderen Zutaten bestehen. Unter »Kreppchen« versteht man gefüllte Nudelteigtaschen, die entweder eine Fleischfüllung haben und mit Brühe gegessen werden oder – mit Weißkäse oder Sauerkirschen gefüllt – als Nachtisch dienen. Beide Speisen symbolisieren die Ohren des Bösewichts Haman. Solche Spezialitäten und andere, meist selbstgefertigte Leckereien werden auch Freunden und Bekannten als Geschenk übersandt bzw. überbracht.

Als die »vier ausgezeichneten Sabbate« werden je zwei Sabbate vor Purim und zwei Sabbate nach Purim bezeichnet. Es sind Sabbate, an denen – zusätzlich zu der regulären Toravorlesung – aus einer zweiten Torarolle noch jeweils ein weiterer Abschnitt gelesen wird und die einen speziellen, nicht an den Wochenabschnitt gebundenen Prophetenabschnitt haben. Der erste dieser ausgezeichneten Sabbate fällt in die Woche vor dem Neumond des Adar (bzw. des Adar II) oder auf den Neumondstag selbst; der zweite ist der Sabbat vor Purim, so daß in den meisten Jahren zwischen beiden ausgezeichneten Sabbaten ein normaler Sabbat liegt. Von den anderen beiden dieser vier Sabbate ist der eine der letzte Sabbat des Adar (bzw. des Adar II) oder der Neumondstag des Nissan, wenn dieser ein Sabbat ist; der andere geht ihm um eine Woche voraus. Daher ist es möglich, daß auch zwischen dem zweiten und dem dritten dieser ausgezeichneten Sabbate eine Unterbrechung eintritt. Jeder dieser vier Sabbate trägt einen eigenen Namen, der entweder vom Inhalt des zusätzlich gelesenen Bibeltextes oder rein formal von den Anfangsworten dieses Textes hergenommen ist.

Der erste dieser Sabbate ist der »Sabbat der Schekel« (Schabbat Schekalim). Diese Bezeichnung bezieht sich auf die Tempelsteuer in Höhe von einem halben Schekel, die jährlich im Adar – also vor dem 1. Nissan, dem Beginn des religiösen Jahres – fällig wurde und die jeder Mann von 20 Jahren an zur Erhaltung des Tempels zu zahlen hatte. Zur Zeit des Bestehens des Tempels wurde die zahlungspflichtige Bevölkerung durch Boten an diese Steuer erinnert; dieser Üblichkeit gedenkt man im Gottesdienst bis heute.

Unmittelbar vor Purim folgt dann der »Sabbat Gedenke« (Schabbat Sachor; nach dem Textanfang benannt). Er erinnert an die Feindschaft der Amalekiter gegen die Israeliten zur Zeit der Wüstenwanderung nach dem Auszug aus Ägypten. Da nach der Tradition Haman amalekitischer Herkunft war, bezieht sich dieser Sabbat sowohl auf das bevorstehende Purimfest als auch auf den Auszug aus Ägypten und damit auf Pessach.

Der dritte der ausgezeichneten Sabbate ist der »Sabbat der roten Kuh« (Schabbat Para). Er ist mit dem bevorstehenden Pessachfest verbunden: Kultisch unreine Personen durften das Pessachopfer im Jerusalemer Tempel nicht darbringen und mußten sich darum einer Reinigungszeremonie unterziehen, zu der die Asche einer rotbraunen Kuh benötigt wurde.

Als letzter dieser ausgezeichneten Sabbate folgt dann der »Sabbat des ersten Monats« (Schabbat ha-Chodesch). Der an ihm gelesene zusätzliche Bibelabschnitt weist auf den Nissan als den ersten Monat des kultischen Jahres hin und auf die Verpflichtung, das Pessachfest zu feiern.

An jedem dieser Sabbate werden in das Morgengebet auch Dichtungen, die für den jeweiligen Tag bestimmt sind, eingeschaltet. Auch für das Morgengebet der beiden Sabbate, die die Reihe der vier ausgezeichneten Sabbate unterbrechen können, gibt es poetische Einschaltungen.

Pessach

Mit dem Monat Nissan beginnt das kultische Jahr; Nissan ist der erste Monat, weil in ihm sowohl die Natur erwacht, der Frühling anhebt, als auch Israel mit dem Auszug aus Ägypten als Volk in die Geschichte eintritt.

In den Nissan fällt das erste der drei Wallfahrtsfeste, das Pessachfest, das in der Bibel auch als Fest der Mazzot (Singular: Mazza), der ungesäuerten Brote, bezeichnet wird. Der Name Pessach (Überschreitung) stammt von dem in der Bibel gebotenen Opfer eines Lammes, das vor dem Auszug der Israeliten aus Ägypten geschlachtet und gegessen wurde. Im Bibeltext (2. Buch Mose 12, 27) heißt es, Gott habe, als er alle Erstgeborenen in Ägypten erschlug, die Israeliten verschont, indem er ihre Häuser überging. Daher wird dieses Fest Überschreitung genannt; auch das geopferte Lamm wird mit diesem Namen bezeichnet.

Wie alle Wallfahrtsfeste hat Pessach eine historische und eine mit der

Natur verbundene Bedeutung. Historisch erinnert das Fest an den Auszug der Israeliten aus Ägypten, und noch heute wird im Gedenken an dieses Ereignis nur Ungesäuertes gegessen, weil der plötzliche Aufbruch aus Ägypten es nicht gestattete, den Brotteig vor dem Backen säuern zu lassen. In landwirtschaftlicher Hinsicht ist Pessach mit der Ernte der Wintergerste verbunden: Am zweiten Tag des Festes wurde zur Zeit der Existenz des Jerusalemer Tempels von der neuen Gerstenernte ein Omer, ein Quantum von 3,96 Litern, geopfert; erst danach durfte von diesem neuen Korn gegessen werden.

Pessach wird acht Tage lang, vom 15. bis zum 22. Nissan, begangen (in Palästina bis zum 21. Nissan). Zu den Hauptmerkmalen dieses durch seine Vorschriften besonders eindrucksvollen Festes gehört das Verbot, Gesäuertes (hebräisch Chamez) zu genießen, ja sogar es überhaupt zu besitzen. Unter Gesäuertem werden alle Getreideprodukte verstanden, die in irgendeinem Stadium, selbst vor dem Mahlen, durch die Einwirkung von Fermenten, von Feuchtigkeit oder Hitze einen Gärungsprozeß durchgemacht haben. Um die Wohnung von Gesäuertem zu befreien, findet deshalb vor Pessach ein äußerst gründlicher Hausputz statt. Der Hausherr ist verpflichtet, am Vorabend des 14. Nissan – bzw. falls das ein Sabbat ist, bereits einen Tag früher – das gesamte Haus nach noch vorhandenem Gesäuerten zu durchsuchen und seinen Fund dann am Morgen zu verbrennen. Am Vormittag des 14. Nissan muß das Haus von Gesäuertem frei sein. Da nun der Hausherr nach der vorangegangenen gründlichen Reinigung schwerlich Gesäuertes finden dürfte, ist es üblich, einige Brotkrumen speziell für diese Suchaktion hinzulegen; andernfalls wäre der vor der Suche gesagte Segensspruch, der sich auf die Verpflichtung des Wegräumens des Gesäuerten bezieht, nutzlos, und das soll vermieden werden.

Da nun aber an sämtlichen Lebensmitteln Gesäuertes haften kann, weil sie möglicherweise damit in Berührung gekommen sind, müssen auch sie aus dem Hause entfernt werden. Ebenso müssen alle Küchengeräte und Bestecke durch Ausglühen oder Auskochen von jeder Spur von Gesäuertem befreit werden. Auch Geschirr muß von Gesäuertem völlig frei sein, doch ist es nicht möglich, irdene Gefäße auszukochen oder auszuglühen, weil das Material eine solche Behandlung nicht vertragen würde. Aus diesem Grund wird für Pessach Geschirr verwendet, das nur für diese Gelegenheit bestimmt ist, während das sonst gebrauchte separiert wird.

Nimmt man diese Vorschriften genau, ergibt sich eine komplette Revolution des gesamten Haushalts. Es muß gesichert werden, daß alle Nahrungsmittel, die in der Pessachzeit im Haushalt verwendet werden, weder bei ihrer Herstellung noch bei ihrer Lagerung jemals mit Gesäuertem in Berührung gekommen sind. Während der gesamten Festzeit werden außer den Mazzot keinerlei Getreideprodukte verzehrt; auch Hülsenfrüchte und Reis sind – jedenfalls nach dem für unser Gebiet gültigen Brauch – nicht gestattet.

Der geistigen Vorbereitung auf das Pessachfest dient der unmittelbar vorangehende Sabbat, der als der »große Sabbat« bezeichnet wird. An diesem Tage, der sich auch durch eine spezielle Prophetenlesung auszeichnet, wird in die Tefilla des Morgengebets neben anderen poetischen Einschüben auch eine ausführliche Darlegung der Pessachvorschriften eingeschaltet. Auch dort, wo sonst überlicherweise nicht gepredigt wird, hält der Rabbiner einen Lehrvortrag, der sich auf das bevorstehende Fest bezieht. Im Anschluß an das Nachmittagsgebet wird der Hauptteil derjenigen Texte gelesen, die für das häusliche Mahl an den beiden ersten Festabenden bestimmt sind.

Während der synagogale Kultus des Pessachfestes im wesentlichen dem der anderen Wallfahrtsfeste entspricht, zeichnet sich dieses Fest dadurch aus, daß es für die beiden ersten Abende ein häusliches Ritual gibt, eine festliche Mahlzeit, die nach einer festen Ordnung verläuft. Nach dem hebräischen Wort für »Ordnung« wird diese Zeremonie Seder genannt. Zum Seder versammelt sich die ganze Familie; nach Möglichkeit werden auch Gäste eingeladen. Auf einer Schüssel befinden sich die zu dieser Mahlzeit erforderlichen symbolträchtigen Speisen: drei Mazzot, die jede in eine Serviette gehüllt sind oder in einer dreifächerigen Tasche liegen; ferner »Erdfrüchte«, wofür man Radieschen, Sellerie oder Petersilie verwendet; ein Gefäß mit Salzwasser; Bitterkraut, worunter Meerrettich oder Kopfsalat (oder beides) verstanden wird; ein aus geriebenen Äpfeln, Mandeln, Zimt und Wein bereitetes bräunliches Mus; ein Knochen mit etwas gebratenem Fleisch daran und ein gekochtes Ei. Der Knochen mit Fleisch dient der Erinnerung an das Pessachopfer, das Opferlamm, wenngleich es nicht üblich ist, einen Hammelknochen dafür zu verwenden; das Ei soll das Wallfahrtsopfer symbolisieren. Beides muß zum Verzehr geeignet sein, wird jedoch nicht gegessen, während die übrigen Speisen, die auf der Sederschüssel liegen, im Verlauf der Zeremonie genossen werden. Auch sie sind von symbolischer Bedeutung und werden auf die Knechtschaft der Juden in Ägypten bezogen: Das Salzwasser, in das die Erdfrüchte getaucht werden, erinnert an die vergossenen Tränen, das Bitterkraut an die bitteren Leiden, das braune Fruchtmus an den Lehm, aus dem die Israeliten Ziegel herstellen mußten, die Mazzot werden als »Brot der Armut« bezeichnet.

Die Ordnung der häuslichen Feier entspricht den Gepflogenheiten des antiken Gastmahls. Auch die symbolisch gedeuteten Speisen sind Bestandteile der antiken Mahlzeit, so daß Gewohnheiten des Altertums und Symbolik zusammengeflossen sind. Den antiken Üblichkeiten entspricht auch die Vorschrift, bei der Mahlzeit nicht zu sitzen, sondern zu liegen, was ein Vorrecht der Freien war. Diese Sitte wird beim Seder insofern beachtet, als man angelehnt sitzt und der Hausherr einen besonders bequemen, mit Kissen ausgepolsterten Sessel benutzt. Getrunken wird am Sederabend Wein, und zwar sind vier Becher pro Person vorgeschrieben. Zusätzlich zu den Trinkgefäßen für die Teilnehmer der Mahlzeit wird ein weiterer mit Wein gefüllter Becher auf den Tisch gestellt, der für den Propheten Elia bestimmt ist, dessen Kommen erwartet wird: Elia gilt als der Vorbote des Messias.

Der wesentliche Inhalt des Seder ist die Verlesung spezieller Texte, die sich auf den Auszug aus Ägypten beziehen; sie sind in der Pessach-Haggada (Haggada heißt »Erzählung«) zusammengestellt. Derjenige, der den Seder »gibt«, d.h. leitet, soll die Texte nach Möglichkeit nicht nur vortragen, sondern sie auch erklären. Die abendfüllende Zeremonie beginnt mit dem Festtagskiddusch, dann folgt der Segen über die Erdfrüchte, nach dem dann Petersilie oder Radieschen in Salzwasser getaucht und gegessen werden. Den formalen Anlaß für den Vortrag der Texte, die vom Auszug aus Ägypten erzählen sowie das Fest und dessen Ritual erklären, bilden vier Fragen, die das jüngste teilnehmende Kind stellt und die sich auf den Sinn des Zeremoniells richten.

Die Verlesung der Haggada wird durch das Abendessen unterbrochen. Der erste Teil des Seder schließt mit einem zeremoniellen Waschen der Hände, dann folgt ein Segensspruch über das Brot und einer speziell über das ungesäuerte Brot. Nach diesen beiden Segenssprüchen wird von der obersten und der mittleren Mazza je ein Stück gegessen. Von der mittleren Mazza befindet sich allerdings nur weniger als die Hälfte noch auf der Sederschüssel, weil der Hausherr den größten Teil bereits zu Beginn des Seder als Nachtisch (Afikoman) beiseite gelegt hat. Nach dem Genuß der Mazzot wird ein Segensspruch über das Bitterkraut gesagt, das dann in das lehmartige Fruchtmus getaucht und gegessen wird. Man benutzt hier als Bitterkraut meist Kopfsalat. Schließlich wird Mazza mit Bitterkraut genossen; hierfür verwendet man Meerrettich und die unterste Mazza.

Das Abendessen soll aus mindestens zwei Gängen bestehen. Als erster Gang sind hartgekochte Eier in Salzwasser üblich. Eier werden entweder als Symbol des Lebens gedeutet oder sind auch ein Zeichen der Trauer, da man sich bei der Festfreude der Zerstörung des Tempels erinnern soll. Die Üblichkeit, Eier zu essen, läßt sich allerdings auch aus den antiken Eßgewohnheiten erklären: Die römische Mahlzeit begann mit Eiern; bei Horaz findet sich die Formulierung »ab ovo usque ad mala« (vom Ei bis zu den Äpfeln) als Umschreibung für das Menü (Satiren I, 3, Vers 6–7). Auf die Eier folgt meist ein Fleischgericht, wobei zu beachten ist, daß kein gebratenes Fleisch an diesen beiden Abenden Verwendung findet. Hammelfleisch, das bei sefardischen Juden üblich ist, wird in unserem Gebiet bei der Festmahlzeit nicht gegessen.

Den Abschluß des Abendessens bildet der symbolische Nachtisch, der Afikoman, das vorher beiseite gelegte Stück Mazza. Es hat sich der fröhliche Brauch herausgebildet, daß der Hausherr zunächst das Stück nicht finden kann, weil die an der Feier teilnehmenden Kinder sich seiner bemächtigt und es versteckt haben. Damit die Feier fortgesetzt werden kann, muß das Stück Mazza mit einem kleinen Geschenk ausgelöst werden.

Dann nimmt der Seder seinen Fortgang. Der zweite Teil, der mit dem Tischgebet beginnt, ist etwas aufgelockert und trägt der Ermüdung der Teilnehmer, besonders der Kinder, insofern Rechnung, als in ihm eine Reihe von Liedern enthalten ist, deren Refrain von allen gemeinsam gesungen wird. Das bekannteste Lied ist das vom Zicklein, das in deutscher Übertragung auch in »Des Knaben Wunderhorn« gelangt ist. Mit ihm endet der Seder, dessen Ritual an beiden Abenden im wesentlichen gleich ist.

Die beiden ersten und die beiden letzten Pessachtage sind Feiertage, während die Zwischentage als Halbfeiertage gelten. Das synagogale Ritual entspricht in seinem Aufbau dem der anderen Wallfahrtsfeste. Mit Pessach endet das Winterhalbjahr und beginnt das Sommerhalbjahr. Die Regenzeit ist in Palästina abgeschlossen, und darum entfällt die Erwähnung von Regen in der Tefilla, beginnend mit der lauten Wiederholung des Zusatzgebets durch den Vorbeter am ersten Pessachtag. An dieser Stelle wird ein umfangreiches Gebet um Tau eingeschaltet, das ein Gegenstück zum Regengebet am Schlußfest bildet; eine regelmäßige Bitte um Tau während des ganzen Sommers gibt es allerdings im hierzulande geltenden Ritus nicht.

Nach der Tefilla des Morgengebets wird das Hallel (Psalm 113–118) gesagt, wie das auch an den anderen Wallfahrtsfesten geschieht. Allerdings wird Pes-

sach das Hallel nur an den beiden ersten Tagen zur Gänze vorgetragen; an den anderen Tagen wird nur ein sogenanntes »halbes Hallel« gesagt, bei dem man die Anfänge von Psalm 115 und 116 ausläßt. Als Begründung wird angegeben, daß das Hallel ein Lob- und Dankgebet ist; da jedoch die Befreiung der Israeliten aus der ägyptischen Knechtschaft mit dem Tod so vieler Ägypter verbunden war, wird die Freude gemindert, denn über den Tod seiner Feinde soll man sich nicht freuen.

Am Sabbat der Zwischentage wird nach dem Hallel im Morgengebet eine der »fünf Rollen« gelesen, und zwar das Hohelied. Beginnt Pessach am Sabbat oder Sonntag, dann gibt es keinen Zwischensabbat, und daher erfolgt in einem solchen Fall die Lesung des Hohenliedes am achten bzw. siebenten Pessachtage.

Am letzten Tag des Festes findet nach der Tora- und Prophetenlesung – wie an den anderen Wallfahrtsfesten – eine Seelenfeier zum Gedenken der Toten statt.

Am zweiten Tage des Pessachfestes wurde im Jerusalemer Tempel das Omer dargebracht, das Opfer der Wintergerste. Von diesem Termin zählt man sieben Wochen bis zum Wochenfest (Schawuot). Diese Zählung, für die es eine festgelegte Formulierung gibt und der ein Segensspruch vorangeht, erfolgt täglich, nachdem die Dunkelheit angebrochen ist; die erste Zählung findet am zweiten Sederabend gegen Ende der häuslichen Feier statt. Nach dem Gerstenopfer heißt die Periode dieser Zählung die Omerzeit; der neunundvierzigste Tag im Omer ist der Tag vor Schawuot.

Die Zeit der Omerzählung gilt als eine Trauerzeit, in der man Lustbarkeiten vermeidet. Im Talmud wird als Begründung darauf hingewiesen, daß in dieser Periode vierundzwanzigtausend junge Gelehrte, die Schüler des Rabbi Akiba waren, einer Seuche zum Opfer fielen. Akiba spielte eine führende Rolle beim Bar-Kochba-Aufstand zur Zeit des römischen Kaisers Hadrian. In der Liturgie der in die Omerzeit fallenden Sabbate wird in speziellen Dichtungen vor allem der jüdischen Opfer der Kreuzfahrer in den Jahren 1096 und 1146 gedacht.

Ausgenommen von der Trauer ist der 33. Tag im Omer (Lag ba-Omer; Lag ist eine Abbreviatur aus den hebräischen Buchstaben Lamed = 30 und Gimel = 3), an dem nach der Tradition die Seuche aufhörte, die die Schüler des

Rabbi Akiba befallen hatte. Darum gilt dieser Tag, der auf den 18. Ijjar fällt, als ein Freudentag. Während an den übrigen Tagen der Omerzeit keine Ehen geschlossen werden, ist das an Lag ba-Omer gestattet, so daß sich dieser Tag durch eine Vielzahl von Hochzeiten auszeichnet.

Schawuot

Am 6. und 7. Siwan findet das Wochenfest (Schawuot) statt, das zweite in der Reihe der drei Wallfahrtsfeste. Es hat – wie die beiden anderen Wallfahrtsfeste – eine doppelte Bedeutung, eine auf die Natur bezogene und eine historische. In der biblischen Zeit war Schawuot nur das »Fest der Erstlinge«, und es wurden an diesem Tage im Jerusalemer Tempel zwei Weizenbrote geopfert, die aus dem Mehl der neuen Ernte hergestellt waren. Auch die Erstlinge anderer landwirtschaftlicher Produkte durften erst von Schawuot an als Opfer dargebracht werden. An dieses mit dem bäuerlichen Leben verknüpfte Fest der Erstlinge erinnert noch heute der Brauch, zu Schawuot die Synagogen mit frischem Grün und mit Blumen auszuschmücken.

Von weit größerer Bedeutung ist der religiös-historische Inhalt des Wochenfestes geworden. Nach der talmudischen Überlieferung ist Schawuot die Zeit der Verkündung der Zehn Gebote am Berg Sinai, des ersten umfassend formulierten Sittengesetzes in der Geschichte der Menschheit, das sich auf eine als ewig gesetzte Norm gründet. Auf der Anerkennung dieser Gebote durch die Israeliten beruht der Bund zwischen Gott und dem Volke, das von Gott erwählt wurde, einen besonderen Auftrag zu erfüllen: die göttlichen Gebote zu befolgen und sie in der Welt zu verbreiten. Die Erwählung Israels, die Vorstellung von der besonderen Rolle der Juden, besteht in der Erfüllung dieser speziellen Aufgabe, als ein heiliges, Gott verpflichtetes Volk zu leben, stellt also eine besondere Verpflichtung dar. In diesem Sinne ist die Formulierung »auserwähltes Volk« zu verstehen, nicht aber bedeutet sie ein Vorrecht der Juden gegenüber anderen Menschen.

Der Gottesdienst des Wochenfestes unterscheidet sich im Prinzip nicht von dem der anderen Wallfahrtsfeste: Im Morgengebet wird nach der Tefilla das Hallel, die Psalmen 113–118, gesagt; am zweiten Festtag schließt sich daran die Lesung des Buches Ruth, einer der sogenannten fünf Rollen, an; nach der Tora- und Prophetenlesung des zweiten Tages findet eine Seelenfeier statt.

Am ersten Tage des Festes wird aus der Tora ein Stück aus dem 2. Buch Mose gelesen, das die Zehn Gebote enthält. Eine Besonderheit der Toravorlesung besteht darin, daß nach dem ersten gelesenen Vers des Abschnittes ein umfangreiches Gedicht in aramäischer Sprache vorgetragen wird, das nach seinem Anfangswort Akdamut genannt wird. Eine derartige Unterbrechung der Toravorlesung ist nur Schawuot üblich. Sie stellt einen Überrest eines früheren Brauches dar, jedem Satz der Tora die aramäische Übersetzung folgen zu lassen. Die Üblichkeit entstand in der Zeit nach dem babylonischen Exil (Ende des 6. Jahrhunderts v. Chr.), als Aramäisch zur Umgangssprache der Juden wurde und die Kenntnis des Hebräischen zurückging, so daß der Bibeltext nicht mehr von allen verstanden wurde. Diese Sitte erhielt sich zum Teil über die Zeit hinaus, in der Aramäisch gesprochen wurde; in Frankreich und Deutschland war eine Lesung der aramäischen Übersetzung des Toraabschnitts für Schawuot noch im Mittelalter üblich. Das Gedicht Akdamut, das im 11. Jahrhundert entstand, leitet diese Übersetzung ein und wurde daher nach dem ersten hebräischen Satz eingeschaltet. Später wurde der Vortrag der aramäischen Übersetzung abgeschafft, während die poetische Einleitung im Kultus erhalten ist. Für den zweiten Feiertag gibt es etwas Entsprechendes, nämlich eine aramäische Einleitung zum Prophetenabschnitt, ursprünglich zu seiner Übersetzung. – Die in die Tefilla des Morgengebets eingeschalteten poetischen Stücke beziehen sich im wesentlichen auf die Zehn Gebote. In das Zusatzgebet werden sogenannte Asharot (Ermahnungen) eingefügt, poetische Bearbeitungen der in der Tora enthaltenen 613 Vorschriften (248 Gebote und 365 Verbote).

Von seinem religiösen Inhalt her ist Schawuot ein Feiertag von besonders großer Bedeutung. Demgegenüber ist besonderes Brauchtum nicht vorhanden, so daß das Ritual äußerlich weniger eindrucksvoll ist als das anderer Feste. Im Unterschied zu den anderen Wallfahrtsfesten darf man am Wochenfest essen, was man will (im Gegensatz zu Pessach) und wo man will (im Unterschied zu Sukkot). Der Genuß von Milchspeisen ist weitgehend üblich, allerdings ein Brauch, an den man sich nicht halten muß und der auch den Fleischgenuß nicht ausschließt. Das christliche Pfingstfest, das ja aus Schawuot entstanden ist, zeichnet sich in gleicher Weise durch das Fehlen besonderen Brauchtums aus.

Die Sommermonate

Mit dem Wochenfest endet die Reihe der Feiertage des Kalenderjahres. Im Monat Tammus wird der 17. als Fasttag begangen. Bereits im Bibeltext ist von einem Fasten im vierten Monat (entsprechend der Rechnung nach dem mit Nissan beginnenden Festkalender) die Rede. Hier handelt es sich allerdings wahrscheinlich um den 9. Tammus, den Tag, an dem das babylonische Heer unter Nebukadnezar die Stadtmauer von Jerusalem durchbrach (586 v. Chr.). Die Mischna, die mündliche Lehre, berichtet, daß im Jahre 70 n. Chr. die Römer die Jerusalemer Stadtmauer am 17. Tammus durchbrochen hätten, und nennt noch vier andere traurige Ereignisse, die am 17. Tammus stattfanden. Die Durchbrechung der Mauern Jerusalems ist dasjenige Ereignis, dessen man sich am Fasttag des 17. Tammus erinnert, und es werden hier beide Eroberungen zusammengefaßt, diejenige des Jahres 70 n. Chr. und die des Jahres 586 v. Chr. Das Ritual des 17. Tammus ist das für Fasttage übliche (vgl. Fasten Gedalja S. 300 f.). Wenn der 17. Tammus auf einen Sabbat fällt, wird das Fasten auf den Sonntag verschoben.

Mit dem 17. Tammus beginnt eine dreiwöchige Trauerzeit, die sich bis zu dem Tag erstreckt, an dem man der Zerstörung des Jerusalemer Tempels gedenkt, dem 9. Aw. »Die drei Wochen« sind ein fester Begriff für diesen Zeitraum, während dessen man sich zweier nationaler Katastrophen erinnert. Für den synagogalen Kultus gibt es besondere Melodien in Moll; Hochzeiten dürfen während der drei Wochen nicht stattfinden. Es ist auch untersagt, die Haare zu schneiden. Man legt weder neue Kleider an, noch genießt man neue Früchte, d. h. solche, die man in diesem Jahr noch nicht gegessen hat, denn dann wäre es nötig, den Zeitsegen zu sprechen, dessen Inhalt einen Dank an Gott dafür darstellt, daß man diese Zeit erleben durfte.

In den »neun Tagen«, vom 1. Aw an, wird der Trauer noch stärker Ausdruck verliehen. Man vermeidet alle Lustbarkeiten und genießt – abgesehen vom Sabbat – kein Fleisch und keinen Wein; man badet nicht, und außer am Sabbat wechselt man auch nicht die Leib- und Tischwäsche.

Der 9. Aw ist derjenige Tag, an dem der Tempel zerstört wurde, und zwar sowohl der erste durch Nebukadnezar als auch der zweite durch Titus. Als Zeichen besonders tiefer Trauer sind die Vorschriften für diesen Tag strenger als für die anderen Fasttage. Sie entsprechen denjenigen des Versöhnungstages: Man enthält sich des Essens bereits von der Abenddämmerung an, und auch das Waschen, Salben und das Anziehen von Lederschuhen ist untersagt. Verboten ist auch das Studium der Tora, abgesehen von den Klageliedern, dem Buch Hiob und denjenigen Teilen des Buches Jeremia, die Berichte über den Untergang des jüdischen Staates und Strafandrohungen enthalten. In mancher Hinsicht gehen die Vorschriften für den 9. Aw sogar über diejenigen für den Versöhnungstag hinaus: So darf die Mahlzeit, die man vor dem Beginn des Fastens, am 8. Aw vor dem Eintritt der Abenddämmerung, einnimmt, nur aus einem einzigen Gericht bestehen. Vielfach wird nur Brot und ein hartes Ei gegessen, und man sitzt dabei auf der Erde oder auf einem niedrigen Hocker. Am 9. Aw pflegt man bis zur Mittagszeit nicht auf einem Stuhl zu sitzen, sondern auf dem Fußboden oder auf einem Schemel, und man grüßt auch einander nicht. In dieser Hinsicht entsprechen die Vorschriften dieses Trauertages denen, die für die siebentägige Trauerwoche nach dem Tode eines nahen Verwandten gelten.

Was den synagogalen Kultus angeht, so ist es für den Gottesdienst am 9. Aw charakteristisch, daß die Synagoge jeglichen Schmuckes beraubt ist und einem Trauerhaus gleicht. Die Beleuchtung ist ganz spärlich; es herrscht daher ein Halbdunkel. Der Vorhang vor dem Schrank, in dem die Torarollen aufbewahrt werden, ist entfernt, so daß der Raum völlig kahl wirkt. Im Anschluß an das Abendgebet setzt sich der Vorbeter auf die Stufen, die zum Toraschrank führen, und trägt das biblische Buch der Klagelieder vor; daran schließen sich dann noch einige elegische Poeme.

Für den Morgengottesdienst ist besonders charakteristisch, daß weder der Tallit noch die Tefillin angelegt werden, da sie als Schmuck gelten. Es gibt für den 9. Aw einen speziellen Toraabschnitt, der gelesen wird, ebenso einen Prophetentext. Im Anschluß daran werden wieder Elegien vorgetragen, und zwar ist es weitgehend üblich, daß diese Aufgabe nicht vom Vorbeter übernommen wird, sondern daß die am Gottesdienst Teilnehmenden jeweils einzelne Dichtungen rezitieren. Die vorwiegend aus dem Mittelalter stammenden Texte beziehen sich nicht nur auf die Tempelzerstörung, sondern viele Verfolgungen der Juden im Verlauf der Geschichte haben den Anlaß geboten, Trauergedichte zu verfassen. Die große Zahl der Elegien für den 9. Aw ist in einem besonderen Gebetbuch gesammelt. Erst beim letzten dieser Trauergesänge, der vom Vorbeter vorgetragen wird, während die Gemeinde jede Strophe wiederholt, erhebt man sich vom Boden.

Am Nachmittag ist die Trauer insofern bereits gemildert, als das normale

Sitzen auf einem Stuhl gestattet ist. Zum Nachmittagsgebet werden Tallit und Tefillin angelegt. Es findet eine Toravorlesung und eine Prophetenlesung statt, und zwar die für Fasttage allgemein übliche. Der 9. Aw ist der einzige Tag des Jahres, an dem das Nachmittagsgebet mit Tefillin verrichtet wird. – Fällt der 9. Aw auf einen Sabbat, wird der Fasttag auf den 10. Aw verschoben.

Die auf den 9. Aw folgenden sieben Sabbate werden als »Sabbate des Trostes« bezeichnet, weil an ihnen Prophetenabschnitte tröstlichen Inhalts zur Verlesung gelangen.

Der letzte Monat des Kalenderjahres, der Monat Elul, stellt keinen Abschluß dar, sondern ist ganz auf die Hohen Feiertage des Monats Tischri bezogen. Die Zeit vom Anfang des Elul bis zum Ausgang des Versöhnungstages gilt als die Zeit der Selbstbesinnung und der Buße. Im Elul soll man sich der Umkehr, des Gebets und der Wohltätigkeit befleißigen, damit Gott dem Menschen seine bösen Taten verzeiht. Um den Menschen aufzurütteln und zu erschüttern, wird den ganzen Elul hindurch nach der werktäglichen Morgenandacht Schofar geblasen. Nur am letzten Tage des Monats bläst man nicht, um das Schofarblasen an den Neujahrstagen, das biblisch vorgeschrieben ist, deutlich von dem Blasen im Elul abzuheben, das nur ein Brauch ist. Vom Sonntag der Woche an, in der das neue Jahr beginnt, werden vor dem werktäglichen Morgengebet poetische Bußgebete gesagt, so daß der Gottesdienst an diesen Tagen besonders früh anzufangen pflegt. Fällt allerdings der Neujahrstag auf einen Montag oder Dienstag, wird mit diesen Zusätzen bereits eine Woche früher begonnen. Der letzte Tag des Monats Elul zeichnet sich durch eine besonders große Zahl solcher Dichtungen aus. Von den Anfangsworten eines dieser Bußgebete hat dieser dem neuen Jahr vorangehende Tag einen besonderen Namen erhalten: Gedenke des Bundes. Ihm folgt dann der Tag des Jahresbeginns, Rosch ha-Schana, der »Tag der Erinnerung«.

Anhang

Worterklärungen

Die Transkription der in den Erzählungen enthaltenen fremden Wörter und Eigennamen entspricht weitgehend der von den Autoren benutzten Lautung. Hingegen wird in der Abhandlung über den Jahreskreis der jüdischen Feiertage von Heinrich Simon die in der Wissenschaft übliche sefardische Lautung des Hebräischen verwendet. Im Wortverzeichnis stehen die wissenschaftlich gängigen Wortformen in Klammern. Einzelanmerkungen, die mit nebenstehenden Ziffern gekennzeichnet sind, werden am Schluß der Worterklärungen erläutert.

ADAR – Monat des jüdischen Kalenders, in den das Purimfest fällt; etwa Februar/März.

AHASVEROS – König von Persien im biblischen Buch Ester.

AKDOMES (AKDAMUT) – Umfangreiches aramäisches Gedicht, das die Toravorlesung des ersten Tages des Wochenfestes einleitet; verfaßt von Meir ben Isaak aus Worms (11. Jahrhundert).

ALMEMOR – Erhöhtes Podium in der Mitte der Synagoge, von dem aus die Tora vorgelesen wird.

ARBEKANFES – »Vier Ecken«. Ein viereckiges Stück Stoff, das in der Mitte eine Öffnung hat, um über den Kopf gezogen zu werden, an den vier Ecken mit Schaufäden versehen. Der Arbekanfes wird von männlichen Personen ständig unter dem Obergewand getragen in Erfüllung des biblischen Gebotes, ein Kleid mit Schaufäden zu tragen.

AUFRUFEN ZUR TORA – Der zu lesende Toraabschnitt wird in Einzelpartien unterteilt, und es wird jeweils ein Beter zur Tora gerufen, der vor und nach der Lesung einen Segen spricht. Als erster wird ein Kohen aufgerufen, danach ein Levit. Ist kein Levit anwesend, wird der Kohen noch einmal anstelle eines Leviten aufgerufen. Die Zahl der Aufgerufenen variiert an den verschiedenen Tagen, an denen eine Toravorlesung stattfindet; am Sabbatvormittag beträgt sie mindestens sieben. Zur Tora aufgerufen zu werden ist eine Ehre, und es sollen daher besonders Würdige dafür gewählt werden. In Osteuropa war allerdings diese Ehrung weitgehend käuflich; sie wurde vorher versteigert und so dem Meistbietenden zugesprochen. In bestimmten Fällen haben Personen Anspruch darauf, zur Tora aufgerufen zu werden, z. B. ein Knabe bei Erreichung des Alters der religiösen Volljährigkeit (Barmizwe), ein junger Ehemann unmittelbar nach der Trauung.

AUSLÖSUNG EINER ERSTGEBURT (PIDJON HA-BEN) – Da alle Knaben, die als erstes Kind ihrer Mutter geboren werden, ursprünglich als Gott geweiht galten, müssen sie von dieser Verpflichtung gelöst werden. Dies pflegt in einer 30 Tage nach der Geburt stattfindenden Zeremonie durch die Zahlung einer Summe von 5 Silberschekeln (etwa 12–15 Mark) an einen Kohen, einen Angehörigen der ehemaligen Priesterschaft, zu geschehen. Weitgehend ist es üblich, einen armen Kohen auf diese Weise finanziell zu unterstützen.

9. AW – siehe Tischebow.

BARMIZWE (BARMIZWA) – »Sohn der Pflicht«. Bezeichnung für einen Knaben, der mit Beendigung des 13. Lebensjahres als in religiöser Hinsicht volljährig gilt. In übertragenem

Sinne wird auch die damit verbundene Zeremonie so genannt.

BEDECKEN – Zu Beginn der Trauzeremonie wird die Braut mit einem Schleier verhüllt.

BESCHNEIDUNG – Männliche Kinder werden eine Woche nach der Geburt beschnitten und dadurch in die jüdische Gemeinschaft aufgenommen.

BITTZETTELCHEN – Angeblich kann ein chassidischer Rebbe Wunder wirken. Darum übergibt man ihm das Anliegen schriftlich zusammen mit einem Geschenk.

BUSSGEBETE – Die Zeit der Bußgebete sind die Tage vor dem Neujahrsfest, und zwar vom letzten Sonntag des Monats Elul an; sofern das neue Jahr an einem Montag oder Dienstag beginnt, vom vorletzten Sonntag des Elul an.

CHALLE – Geflochtenes Weißbrot für den Sabbat, im Deutschen auch als Barches bezeichnet.

CHANUKKA – Achttägiger Halbfeiertag (d. h. ohne Arbeitsverbot) zur Erinnerung an den Makkabäeraufstand gegen die Syrerherrschaft in Palästina und an die Wiedereinweihung des geschändeten Tempels in Jerusalem 165 v. Chr. An jedem Abend des Festes, das in den November oder Dezember fällt, werden an einem achtarmigen Leuchter Lichte angezündet, am ersten Abend eins, am zweiten zwei usw. Nach dem Anzünden wird die Chanukkahymne, ein mehrstrophiges Lied, gesungen.

CHARAUSSES – Mus aus geriebenen Äpfeln, geriebenen Nüssen oder Mandeln, Zucker, Zimt und etwas Wein. Wird am Sederabend mit bitteren Kräutern zusammen gegessen; symbolisiert den Lehm, aus dem die Israeliten in Ägypten für den Pharao Ziegel herstellen mußten.

CHASSIDISCH – siehe Chossid.

CHEDER – Jüdische Elementarschule.

CHEWRA KADDISCHA – »Heilige Brüderschaft«. In den jüdischen Gemeinden bestehende wohltätige Vereinigung, die sich vor allem auch mit der Bestattung der Toten beschäftigt.

CHOSSID (Plural CHASSIDIM) – Anhänger einer Mitte des 18. Jahrhunderts in der Ukraine entstandenen, später in Osteuropa weit verbreiteten religiösen Bewegung mit mystisch-ekstatischen, auch abergläubischen Zügen.

DAJEN – Rabbinatsassessor.

DEUTSCHE SINTFLUT – Umschreibung für aufklärerische Ideen, die aus Deutschland kamen.

DIENER – Zusätzliches Licht am Chanukkaleuchter zum Anzünden der anderen Kerzen.

ELIA – Prophet; gilt als Vorbote des Messias.

ELUL – Name des dem Neujahrsfest vorangehenden Monats. In manchen Gegenden ist es üblich, in dieser Zeit die Gräber von Angehörigen zu besuchen.

ERUW – Ein größerer Bezirk oder eine Stadt kann mit einem Draht umgeben werden, um innerhalb dieses Bereiches das Tragen benötigter Gegenstände (z. B. eines Gebetbuches) am Sabbat zu ermöglichen, was sonst, ohne das Arbeitsverbot zu übertreten, nur innerhalb des Hauses erlaubt ist. Durch den Draht wird der umschlossene Raum über die eigene Wohnung hinaus ausgedehnt und der öffentliche Bereich mit dem privaten theoretisch zu einer Einheit gemacht. Da dafür gesorgt werden muß, daß der Eruw intakt bleibt, gibt es an manchen Orten einen eigens zur Kontrolle eingesetzten Hüter.

ERZVÄTER – Abraham, Isaak und Jakob.

ESTER – Jüdische Ehefrau des Perserkönigs Ahasveros im biblischen Buch Ester.

FASTEN ESTER – Unmittelbar dem Purimfest vorangehender Fasttag.

GEDÄCHTNISMAZZE – In Osteuropa war es vielfach üblich, ein Stück Mazze an der Zimmerwand aufzuhängen, das jährlich erneuert wurde. Angeblich sollte es gegen Feuersbrünste schützen.

GEMARA – Bestandteil des Talmuds (s. dort).

GESELLSCHAFT DER PSALMLESER – Das gemeinsame Lesen von Psalmen außerhalb des Gottesdienstes gilt als fromme Tat, die besonders von solchen Personen ausgeführt wird, die auf Grund mangelnder Bildung nicht zum Talmudstudium fähig sind.

Gevatter – Derjenige, der die ehrenvolle Aufgabe übernimmt, bei der Beschneidung das Kind zu halten.

Gog und Magog – Über Gog, den König von Magog, berichtet der Prophet Ezechiel (Kap. 38 und 39) in einer eschatologischen Vision; in späterer Literatur sind Gog und Magog Völkernamen. Zu Beginn der messianischen Endzeit werden Gog und Magog gegen die in ihr Land zurückkehrenden Juden kämpfen, jedoch vernichtet werden.

Goj (Plural Gojim) – Nichtjude.

gojisch – Nichtjüdisch.

Gostyniner Rebbe – Jechiel Meir Lipschütz (1816–1888); angesehener chassidischer Rebbe, der in Gostynin (westlich von Warschau) wirkte.

Grosser Sabbat – Der Sabbat unmittelbar vor Pessach.

Gut Jontew – »Guten Feiertag!« Gebräuchlicher Sabbatgruß.

Gut Schabbes – »Guten Sabbat!« Gebräuchlicher Festtagsgruß.

Haggada – Erzählung vom Auszug Israels aus Ägypten, die an den beiden ersten Abenden des Pessachfestes beim häuslichen Mahl vorgelesen wird.

Haman – Minister des Perserkönigs im biblischen Buch Ester; Prototyp des Bösewichts, der die Juden vernichten will und den deshalb die gerechte Strafe ereilt.

Hanna und ihre sieben Söhne – Märtyrergeschichte, die im 2. Makkabäerbuch (Kap. 7) erzählt wird: In der Zeit der Verfolgungen durch den syrischen König Antiochos IV. wurden die Juden gezwungen, von geopferten Schweinen zu essen. Sieben Brüder wurden mit ihrer Mutter vor den König gebracht und sollten zu dieser verbotenen Handlung veranlaßt werden. Sie blieben jedoch standhaft und wurden nacheinander vor den Augen der Mutter gemartert und getötet.

Haube – siehe Stirnband.

Haudu – Hebräischer Name für Indien. Das Herrschaftsgebiet des Königs Ahasveros erstreckte sich laut dem biblischen Buch Ester (1,1) von Haudu bis Kusch (Äthiopien).

Hauschano rabbo (Hoschana rabba) – Der 7. Tag des Laubhüttenfestes. Nach der Vorstellung der jüdischen Mystik wird das am Neujahrsfest über den Menschen von Gott gefällte und am Versöhnungstag besiegelte Urteil am Hauschano rabbo rechtskräftig und wird den himmlischen Gerichtsvollziehern zur Vollstreckung übergeben. Wer in dem betreffenden Jahr sterben werde, dessen Kopf werfe angeblich in der Nacht des Hauschano rabbo keinen Schatten.

Hawdole (Hawdala) – Zeremonie, die nach dem Ausgang des Sabbats verrichtet wird zur Unterscheidung zwischen Heiligem und Profanem. Dazu wird eine geflochtene Kerze verwendet.

Hiob – Sinnbild des leidenden Gerechten auf Grund des biblischen Buches Hiob.

Höre Israel – Bekenntnis der göttlichen Einheit (5. Buch Mose, 6, 4); zentraler Vers des Morgen- und Abendgebetes sowie des individuell verrichteten Nachtgebetes.

Hohe Feiertage – Neujahrsfest und Versöhnungstag.

Jahrzeit – Jährliches Gedenken des Todes der Eltern und der nächsten Verwandten. Man pflegt an dem betreffenden Tag ein Licht anzuzünden und im Gemeindegottesdienst das Kaddischgebet zu sprechen.

Jalkut – Titel eines mittelalterlichen Bibelkommentars.

Jetro – Heidnischer Priester der Midjaniter. Moses heiratete dessen Tochter Zipora (vgl. 2. Buch Mose, 2, 21).

Jisgadal ... Schmeh rabbo – Anfangsworte des Kaddischgebets.

Jom Kippur – Versöhnungstag; der höchste jüdische Feiertag, Fasttag mit ganztägigem Gottesdienst. Fällt in den September oder Oktober.

JOWON – Hebräischer Name für Griechenland.

KADDISCH – Gebet zur Lobpreisung Gottes, das auch als Totengebet verwendet wird.

KAFTAN – Langes Obergewand für Männer, das zur jüdischen Tracht in Osteuropa gehörte.

KAPORES – »Sühnopfer«. Am Tage vor dem Versöhnungstag pflegt man Hühner als Sühnopfer zu schlachten (einen Hahn für einen Mann, eine Henne für eine Frau), um auf sie die eigenen Sünden gleichsam zu übertragen. Die der Schlachtung vorangehende Zeremonie wird als »Kapores schlagen« bezeichnet. Besonders in chassidischen Kreisen ist dieser Brauch verbreitet.

KASCHERN – Koscher machen, durch eine sorgfältige Reinigung in den Zustand ritueller Tauglichkeit bringen.

KEST – Freie Wohnung und Verköstigung, die einem jungen Ehepaar von den Eltern bzw. Schwiegereltern gewährt werden.

KIDDUSCH – Segen über Wein an Sabbat und Festtagen.

KITTEL – Weißes Sterbegewand.

KOHEN (Plural KOHANIM) – Nachkomme des Aron, Angehöriger der Priesterschaft zur Zeit des biblischen Tempelkultes. Dieser Personenkreis hat bis in die Gegenwart bestimmte kultische Vorrechte, z. B. beim Aufrufen zur Tora (siehe dort) und bei der Auslösung einer Erstgeburt (siehe dort), und Verpflichtungen, so das Verbot, sich in einem Haus aufzuhalten, in dem ein Todesfall eingetreten ist.

KOL NIDRE – Einleitender Text im Gottesdienst am Vorabend des Versöhnungstages; daher auch Bezeichnung für den gesamten Vorabend.

KOSCHER – Rituell tauglich.

KREPPCHEN – Gefüllte Nudelteigtaschen.

KUGEL – Eine Art Auflauf für den Sabbat. Das Gericht wird vor Beginn des Sabbats in den Ofen geschoben, wird dort langsam gar und hält sich warm, so daß am Sabbat eine warme Speise genossen werden kann, ohne das Arbeitsverbot zu übertreten.

KUSARI – Titel des philosophischen Werkes des Jehuda Halewi (etwa 1085 – nach 1140).

KUSCH – Biblischer Name für Äthiopien (vgl. Haudu).

LAG BO-AUMER (LAG BA-OMER) – Der 33. Tag nach Pessach. Ein freudiger Gedenktag, an dem die Schulkinder Ausflüge machen.

LAUBHÜTTENFEST (SUKKOT) – Erntefest im Herbst, an dem man zum Gedenken an die Wüstenwanderung der Israeliten in laubgedeckten Hütten wohnt.

LEVIATHAN – Biblisches Meerungeheuer.

LEVIT – Angehöriger des Stammes Levi. Der Stamm war zum Tempeldienst bestimmt und war in dieser Funktion den Priestern (Kohanim) unterstellt.

LITWAK – Litauischer Jude. In Litauen war die rationalistische Richtung des Judentums vorherrschend. Von den polnischen Juden werden die litauischen daher als Gegner des chassidischen Wunderglaubens gern verspottet.

LULOW (LULAW) – Feststrauß für den Morgengottesdienst des Laubhüttenfestes.

MAIMONIDES – Führender jüdischer Philosoph, Arzt und Gesetzeslehrer, Verfasser eines berühmten Talmudkompendiums. Lebte 1135–1204.

MAZZE (MAZZA, Pl. MAZZOT) – Ungesäuertes Brot für Pessach (siehe dort).

MEIR, RABBI – Gesetzeslehrer im 2. Jahrhundert n. Chr. in Palästina, der häufig in der Mischna zitiert wird; Mitglied des Synhedrions. Bei Tiberias befindet sich sein angebliches Grab, über dem zwei Lehrhäuser erbaut sind. Allerdings schwankt die Überlieferung hinsichtlich der Frage, ob es sich um das Grab dieses Rabbi Meir handelt oder um das eines anderen. Die Stätte ist Ort spezieller jährlicher Feierlichkeiten. Gaben für den Unterhalt der Institution sollen den Spender gegen Krankheiten und Nöte schützen.

MELAMED – Elementarlehrer.

MESUSE – Auf Pergament geschriebene Bibelverse, die, in einer Hülse befindlich, am rechten Türpfosten jedes bewohnten Raumes befestigt werden.

MESSIAS, DER SOHN JOSEFS – In der jüdischen Traditionsliteratur Vorläufer des Erlösers aus dem davidischen Geschlecht; fällt in den Kämpfen gegen Gog und Magog (siehe dort).

MIKWE – Rituelles Tauchbad.

MINJENLEUTE – Bezeichnung für Bedürftige, die gegen Entgelt die Verpflichtung übernehmen, ständig beim Gemeindegottesdienst zugegen zu sein, damit die für das Gebet erforderlichen zehn erwachsenen Männer anwesend sind.

MISCHNA – Die mündliche Lehre. Bildet zusammen mit der Gemara den Talmud.

MISNAGED (Plural MISNAGDIM) – »Gegner«. Richtung der osteuropäischen jüdischen Orthodoxie, die die mystischen und abergläubischen Praktiken der Chassidim ablehnte und bekämpfte.

MISRACH – »Osten«. Eine oft künstlerisch ausgeführte Zeichnung, die im Hause an die Ostwand gehängt wird, um die Gebetsrichtung anzuzeigen.

MOHEL – Person, die die Beschneidung vornimmt.

MORDECHAI – Vetter der Ester im biblischen Buch Ester.

NE'ILO (NE'ILA) – Schlußgebet am Versöhnungstag.

OSTWAND – Da der Toraschrank an der Ostwand der Synagoge steht, sind dort die vornehmsten Plätze.

PEIES – Schläfenlocken, die sich orthodoxe Juden wachsen lassen.

PERÜCKE – siehe Stirnband.

PESSACH (PASSAH) – Das achttägige jüdische Osterfest im Frühjahr. An ihm werden zur Erinnerung an den Auszug der Israeliten aus Ägypten besondere Speisevorschriften beachtet: Es werden ungesäuerte Brote (Mazzes) gegessen, alles Gesäuerte bzw. damit in Berührung gekommene Gegenstände werden aus dem Hause entfernt.

PIDJON HA-BEN – siehe Auslösung der Erstgeburt.

PREFERENCE ... OKO – In Osteuropa beliebte Kartenspiele. An den Chanukkatagen wird gern Karten gespielt, sonst sind Glücksspiele verpönt.

PSALMLESER – siehe Gesellschaft der Psalmleser.

PURIM – Freudiges Fest zur Erinnerung an die Errettung der Juden im alten Persien. An diesem Tag wird das biblische Buch Ester gelesen, in dem das Ereignis geschildert wird. – Es heißt, daß Purim ein Fest sei, das nie abgeschafft werde; man werde sich dieser Errettung aus tödlicher Bedrohung noch erinnern, wenn – abgesehen von den fünf Büchern Mose – die anderen Bücher der Bibel längst vergessen sein werden (Jerusalemer Talmud, Traktat Megilla, I, fol. 70 d).

PURIMSPIELER – Am Purim sind Aufführungen scherzhafter Spiele üblich, die meist das im Buch Ester beschriebene Geschehen zum Inhalt haben. In Osteuropa zogen vor allem Bedürftige von Haus zu Haus und suchten durch ihre Darbietungen Almosen zu erhalten.

RABBI MEIR – siehe Meir.

RAHEL – Frau des Jakob, eine der vier Erzmütter (Sara, Rebekka, Lea, Rahel).

RAMBAM – Abkürzung für Rabbi Moses ben Maimon = Maimonides (siehe dort).

REB – Jiddisch für »Herr«.

REBBE – Bezeichnung für das geistige Oberhaupt einer Gruppe von Chassidim; auch für einen Elementarlehrer.

ROSCH HASCHONO (ROSCH HA-SCHANA) – Neujahrsfest. Zweitägiger hoher Feiertag im Herbst.

SABBATAUSGANGSMAHL – Am Sabbat sind drei Mahlzeiten obligatorisch. In chassidischen Kreisen spielt das Essen am Ende des Sabbats als Verabschiedung von der »Königin Sabbat« eine besonders große Rolle.

SABBATENGEL – Nach einer talmudischen Erzählung (Traktat Sabbat, fol. 119b) wird der Mensch am Sabbateingang von zwei Engeln aus der Synagoge nach Hause geleitet; dort werden diese durch ein Begrüßungslied willkommen geheißen.

SALZBRETT – Brett zum Salzen von Fleisch. Rituell geschlachtetes Fleisch muß, um es koscher zu machen, gesalzen werden, damit die letzten Reste von Blut entfernt werden.

SCHAWUOT – siehe Wochenfest.

SCHEWORIM – siehe Tekio.

SCHIWE – Siebentägige Trauerwoche, zu deren Einhaltung die nächsten Angehörigen (Ehepartner, Eltern, Kinder und Geschwister) verpflichtet sind. Die Trauerwoche beginnt unmittelbar nach der Beerdigung; man sitzt während dieser Zeit auf einem niedrigen Schemel, daher der Ausdruck »Schiwe sitzen«. Als äußeres Zeichen der Trauer wird bei der Beerdigung bzw. beim Empfang der Todesnachricht die Kleidung eingerissen.

SCHLACHMONES – Aus hebräisch »mischloach manot« (Sendung von Geschenkportionen). Zu Purim pflegen Freunde und Bekannte einander Speisen zu senden, meist Kuchen, Obst oder Süßigkeiten (vgl. Ester 9, 19 und 22).

SCHMOINE-ESSRE (SCHMONE ESSRE) – Achtzehngebet; ursprünglich aus 18 Segenssprüchen bestehendes Hauptgebet, das täglich dreimal, an Feiertagen viermal gesagt wird. Im Vormittags- und Nachmittagsgottesdienst folgt dem Gebet des einzelnen der laute Vortrag des Gebets durch den Vorbeter.

SCHMURE-MAZZE – Mazze, die aus Weizen hergestellt ist, der vom Moment der Ernte an besonders überwacht wird, um jede Möglichkeit des Säuerns beim Ernten und beim Mahlen auszuschließen. An den Sederabenden soll nur solche Mazze verwendet werden, mindestens für die drei Mazzes, die auf der Sederschüssel liegen und dem Ritual dienen. Normale Mazze wird aus handelsüblichem Mehl gebacken.

SCHNORRER – Bettler.

Schofar – Gekrümmtes Widderhorn, das im Gottesdienst des Neujahrsfestes und an den Werktagen des dem Neujahrsfest vorangehenden Monats Elul geblasen wird; vor dem Blasen sagt der Bläser einen besonderen Segensspruch. Einen Ton bläst man auch am Ende des Versöhnungstages.

SCHOISCHANAS JAAKEW – »Lilie Jakobs«. Lied, das beim Purimmahl gesungen zu werden pflegt.

SCHOLEM ALECHEM – »Friede sei mit Euch.«; übliche jüdische Grußformel.

SCHUSCHAN-PURIM – Purim von Susa, der Hauptstadt Persiens, wo das Fest nach dem Bericht des biblischen Buches Ester erst einen Tag später begangen werden konnte. In Städten, die bereits in den Tagen des Josua von einer Mauer umgeben waren, wird dieser Tag anstelle des Purimtages festlich begangen.

SEDER – Häusliches Zeremoniell an den beiden ersten Abenden des Pessachfestes. Im Mittelpunkt steht die Verlesung und Erläuterung der Haggada, des Berichts über den Auszug der Israeliten aus Ägypten.

SIMCHAS TAURO (SIMCHAT TORA) – siehe Torafreudenfest.

STIRNBAND – Binde zum Bedecken der Stirn. Da eine verheiratete jüdische Frau ihr Haar nicht zeigen soll, war es in Osteuropa üblich, bei der Hochzeit die Haare abzuschneiden und auf dem Kopf ständig eine Haube zu tragen, an die sich vorn das Stirnband anschließt. Die Mode des Stirnbandes und der Haube wurde im 19. Jahrhundert durch das Tragen von Perücken ersetzt.

STREIMEL – In Osteuropa von Juden getragener Pelzhut.

SUKKOT – siehe Laubhüttenfest.

SÜNDENBEKENNTNIS – Wird am Versöhnungstag und vor dem Tode gesagt.

TALLIS (TALLIT) – Gebetmantel. Viereckiges Umschlagetuch aus Wolle oder Seide mit Schaufäden an den Ecken. Wird von Männern beim Morgengebet getragen.

TALMUD – Hauptwerk der jüdischen Religion nach der Bibel, bestehend aus der Mischna, der mündlichen Lehre, die als Ergänzung zur Bibel im 2. Jahrhundert n. Chr. schriftlich fixiert wurde, und der Gemara, der enzyklopädischen Diskussion über die Lehrsätze der Mischna. Die Gemara, die etwa im 6. Jahrhundert n. Chr. abgeschlossen wurde, wird auch als Talmud im engeren Sinne bezeichnet.

Taschlich – Brauch, nach dem Nachmittagsgebet des ersten Tages des Neujahrsfestes an ein fließendes Gewässer zu gehen, um dort symbolisch die Sünden fortzuwerfen.

Tefillin – Gebetriemen. Lederriemen, auf denen ein würfelförmiges Kästchen befestigt ist, in dem sich auf Pergament geschriebene Bibelworte befinden. Werden von Männern beim werktäglichen Morgengebet getragen.

Tekio, Teruo, Scheworim – Bezeichnung für verschiedene Tonfolgen beim Blasen des Schofar.

Tischebow (Tischa be-Aw) – Der 9. Aw. Gedenktag zur Erinnerung an die Tempelzerstörungen 586 v. Chr. und 70 n. Chr. Strenger Fasttag. Fällt in den Hochsommer.

Tora – Die fünf Bücher Mose, Pentateuch.

Torafreudenfest – Abschlußtag des Laubhüttenfestes. An ihm wird der jährliche Zyklus der Vorlesung der Tora beschlossen und gleich wieder neu begonnen.

treife – Nach den rituellen Speisevorschriften verboten. Gegenteil von koscher.

Trendel – Kreisel für ein Glücksspiel an den Chanukkatagen.

Tu bi-Schwat – Neujahr der Bäume.

Waschti – Frau des Ahasveros im biblischen Buch Ester.

Wochenabschnitt – Die Tora ist in 54 Abschnitte eingeteilt, von denen wöchentlich einer im Gottesdienst gelesen wird.

Wochenfest – Feiertag, der sieben Wochen nach dem Pessachfest stattfindet (Mai/Juni). Er ist einerseits ein Erntefest und erinnert andererseits an die Gesetzgebung am Berge Sinai.

Zaddik (Plural Zaddikim) – Chassidischer Wunderrebbe.

Zimes – Gericht der osteuropäischen jüdischen Küche, bestehend aus geschmortem Obst und Gemüse, das mit Fleisch zusammen gekocht wird.

Anmerkungen zu Einzelstellen

1 Berditschewer – Anspielung auf eine Anekdote vom Berditschewer Zaddik Levi Isaak ben Meir (ca. 1740–1810).

2 Leben soll man durch die Gebote … – Die Bibelworte »und er soll durch sie leben« (3. Buch Mose 18,5) erweitert der Talmud durch »nicht aber soll er durch sie sterben« (Traktat Joma, fol 85b; Traktat Sanhedrin, fol. 74a).

3 Zeit zum Tun … – Nach talmudischer Interpretation (Traktat Berachot, fol. 63a) stehen die beiden Satzhälften des Psalmverses 119, 126 zueinander in einem Kausalverhältnis, und zwar könne man den Vers von vorn nach hinten bzw. von hinten nach vorn erklären. Also entweder: »Es ist für Gott an der Zeit zu handeln, weil sie deine Lehre gebrochen haben« oder »Weil es Zeit ist, für Gott zu handeln, haben sie deine Lehre gebrochen«.

4 So lass die Furcht … – Stelle aus dem Gebetstext; ebenso die folgenden Zitate.

5 Brücke aus Papier – Eine Legende besagt, daß in messianischer Zeit die Juden eine papierne Brücke, die Nichtjuden eine eiserne überschreiten müssen. Die Eisenbrücke werde einstürzen, doch die Papierbrücke nicht.

6 Türke – Sammelbezeichnung für die Mohammedaner.

7 siebzig Völker – Die Völker der Welt, die unter Führung von Gog und Magog in messianischer Zeit gegen Israel kämpfen werden.

8 ZWEIERLEI GESCHIRR – Im traditionellen jüdischen Haushalt muß aus rituellen Gründen für Fleisch- und Milchspeisen separates Geschirr verwendet werden.

9 LEUCHTER – An Sabbat und Feiertagen werden mindestens zwei Kerzen entzündet; darum sind zwei Leuchter üblich.

10 WIE SCHÖN IST DIESER BAUM – Zitat aus den talmudischen »Sprüchen der Väter« (3, 9): »Wer auf dem Wege lernend wandelt, sein Lernen aber unterbricht und spricht: ›Wie schön ist dieser Baum! ...‹, dem rechnet es die Schrift an, als wäre er des Todes würdig.«

11 GÄSTE – Nach chassidischer Vorstellung werden als »himmlische Gäste« Abraham, Isaak, Jakob, Josef, Moses, Aron und David in der Laubhütte erwartet.

12 BANNFLUCH DES JOSUA – Vgl. das biblische Buch Josua 6, 17ff: Ein besonders schwerer Bannfluch gegen die Stadt Jericho und ihre Bewohner zur Zeit der Einwanderung der Israeliten nach Kanaan. Nach der Eroberung der Stadt wurden alle Bewohner und alle Tiere erschlagen sowie die gesamte Stadt verbrannt.

13 WENN SCHON DER LEVIATHAN ... – Zitat aus dem Talmudtraktat Mo'ed katan, fol. 25 b. Bedeutung: Wenn der Große und Starke (in diesem Fall ein großer Gelehrter) nicht standhalten kann, was sollen dann die Schwachen tun?

14 MIT POSAUNEN ... – Zitat aus Psalm 98, 6.

15 FREUT EUCH ... – Aus dem Morgengebet für das Torafreudenfest.

16 BEISTAND DER ARMEN ... – Aus dem Gebetstext.

17 SIEBEN HEILIGE – Gäste (siehe Nr. 11).

18 ERGIESSE DEINEN ZORN, HERR – Vers aus dem biblischen Buch Jeremia 10, 25, der in das Ritual des Sederabends aufgenommen ist.

19 BEREITETEN SICH VOR AUF DAS KLAGEN ... – Bezieht sich auf den 9. Aw, den Tag der Tempelzerstörung.

20 ÄGYPTISCHES GESINDEL – Laut 2. Buch Mose 12, 38 schloß sich den aus Ägypten ziehenden Israeliten eine Menge nicht Dazugehöriger an.

21 BESSER IST'S ... – Zitat aus dem talmudischen Traktat Jewamot, fol. 118 b.

22 FÜNFTE FRAGE FÜR DEN SEDER – Im Anfang der Lesung der Haggada stellt das jüngste Kind vier Fragen, die sich auf das Ritual beziehen und den Anlaß bieten sollen, vom Auszug aus Ägypten zu berichten.

23 DER MANN SOLL ÜBER DAS WEIB HERRSCHEN – Laut 1. Buch Mose 3, 16.

24 RÜCKGABE DER MITGIFT – Im Falle einer Scheidung auf Grund sittenwidrigen Verhaltens der Frau verliert diese ihren in die Ehe eingebrachten, im Ehevertrag spezifizierten Besitz.

25 WASSER AUSGIESSEN – Bei einem Todesfall pflegt man alles geschöpfte Wasser, das sich im Hause befindet, auszugießen, da es als verunreinigt gilt.

Verzeichnis der Abbildungen

Seite
2 Kerzen einsegnende Mädchen, Pastell, 1979, 405 × 330
4 Trauung, Pastell, 1980, 310 × 420
11 Zwei Frauen im Gespräch, farbige Kreide, 1979, 475 × 315
14 Die Stadt Glupsk, Kaltnadelradierung, 1976, 205 × 162
20 Der bewölkte Himmel, farbige Kreide, 1979, 310 × 390
30 Die Ernährerin, Pastell, 1973, 255 × 365
33 Das Mahl, Kaltnadelradierung, 1975, 241 × 326
36 Alter mit Ziege, farbige Kreide, 1980, 470 × 310
42 Nachtwächter, Kreide, 1974, 380 × 560
45 Heu wird heimgefahren, farbige Kreide, 1980, 310 × 450
48 In der Synagoge, Öl auf Karton, 1977, 715 × 505
51 Das Gebet, Kreide, 1974, 275 × 350
55 Gebet, farbige Kreide, 1980, 320 × 405
68 Reb Oiser, Pastell, 1977, 440 × 320
73 Tewje der Milchmann, farbige Kreide, 1976, 590 × 400
78 Der Lesende vor der Kerze, Kaltnadelradierung, 1978, 269 × 174
86 Rogatschow, Feuer, Pastell, 1979, 405 × 325
90 Erew Sukkot, Kreide, 1973, 485 × 350
93 Cheder, Kreide, 1974, 350 × 510
95 Klempner, Kaltnadelradierung, 1978, 175 × 269

Seite
102 Simchat Tora, farbige Kreide, 1979, 385 × 260
107 Kinder mit Fähnchen, Kaltnadelradierung, 1978, 269 × 185
111 Menora, Pastell, 1979, 405 × 325
116 Der erste Schnee, farbige Kreide, 1979, 310 × 420
126 Chanukka, Kreide, 1974, 255 × 365
131 Der Schneider, Pastell, 1977, 375 × 250
134 Komödianten, Kaltnadelradierung, 1978, 180 × 267
138 Der Leierkastenmann, Kaltnadelradierung, 1978, 246 × 207
149 Geschenke zum Feiertag, Kaltnadelradierung, 1978, 186 × 263
154 Abendessen der Armen, farbige Kreide, 1977, 385 × 255
163 Hochzeit unter Blumen, farbige Kreide, 1979, 405 × 330
167 Hochzeit, Kaltnadelradierung, 1978, 177 × 266
170 Interieur, Öl, 1976, 500 × 650
177 Brötchenverkäufer, Kaltnadelradierung, 1978, 264 × 176
180 Der Fuhrmann, farbige Kreide, 1979, 410 × 320
183 Abendessen, Kaltnadelradierung, 1978, 175 × 269
188 Vor dem Haus, Tempera, 1978, 325 × 450
194 Der Künstler, farbige Kreide, 1977, 255 × 370
199 Das ungleiche Paar, Gouache, 1978, 650 × 410
202 Blaue Nacht, farbige Kreide, 1978, 280 × 380

206 9. Aw,
Kreide, 1973, 280 × 400
209 Das Gebet,
farbige Kreide, 1980, 310 × 410
212 Die Hochzeitskapelle,
Pastell, 1979, 405 × 330
217 Hochzeit,
Kaltnadelradierung, 1976, 359 × 308
223 Unter der Laterne,
Pastell, 1980, 325 × 450
231 Der Storch,
farbige Kreide, 1979, 405 × 315
240 Chaine der Rabbi,
farbige Kreide, 1977, 370 × 265
244 Blumen schenken,
Kaltnadelradierung, 1977, 249 × 162
247 Mutter an der Wiege,
Pastell, 1978, 410 × 320
255 Die Segnung,
Kreide, 1974, 360 × 260
258 Die Uhrmacher,
Gouache, 1960, 390 × 440
260 Mutter ist tot,
Kaltnadelradierung, 1979, 162 × 250
263 Der Lehrer und seine Schüler,
farbige Kreide, 1979, 405 × 325
265 Schüler und Lehrer mit Buch,
Kaltnadelradierung, 1978, 173 × 270
269 Am Grab,
Kaltnadelradierung, 1978, 261 × 177
275 Wehklagen,
Tempera, 1961, 440 × 388
278 Hochzeit auf dem Friedhof,
Kaltnadelradierung, 1976, 221 × 160
280 Alter Mann mit Gebetbuch,
Kaltnadelradierung, 1975, 252 × 174
284 Moses,
Kreide, 1974, 465 × 365
287 Gottesdienst,
Pastell, 1980, 455 × 315
293 Lichtbenschen,
Pastell, 1980, 450 × 310
295 Der neue Mond,
farbige Kreide, 1979, 405 × 330
298 Am Altar,
Tempera, 1972, 640 × 500
300 Die Talmudleser,
Kaltnadelradierung, 1975, 162 × 200
303 Opfergaben,
Kaltnadelradierung, 1978, 268 × 177
304 Zum Laubhüttenfest,
Kaltnadelradierung, 1978, 269 × 176
308 Alter mit Tora und Junge,
Kaltnadelradierung, 1978, 267 × 183
310 Chanukka-Feier,
farbige Kreide, 1977, 325 × 440
314 Erniedrigung des Haman,
Kaltnadelradierung, 1976, 164 × 244
318 Gebet zum Sabbat,
Kaltnadelradierung, 1975, 164 × 193
323 Untergehende Sonne,
Öl auf Karton, 1975, 650 × 400
327 Talmudisten,
farbige Kreide, 1979, 385 × 225
330 Rogatschower Friedhof,
farbige Kreide, 1979, 320 × 405
332 Alter Friedhof,
farbige Kreide, 1980, 410 × 310
Hochzeitsmusikanten,
farbige Kreide, 1979, 420 × 300

Die Angaben der Druckgrafik sind dem Œuvrekatalog von Dr. Lia Strodt, Leningrad, und Rudolf Mayer, Dresden, zur Ausstellung »Anatoli Kaplan, Das grafische Werk«, Leipzig 1989, Museum der Bildenden Künste, entnommen. – Bei den Größenangaben, in Millimetern, steht Höhe vor Breite.

Übersicht der Fest- und Gedenktage im jüdischen Jahr

Monat des jüdischen Jahres	Anzahl der Tage	Festtage	Name des Festes
Nissan (März–April)	30	15. bis 22.	Pessach
Ijjar (April–Mai)	29	18.	Lag ba-Omer
Siwan (Mai–Juni)	30	6. und 7.	Schawuot
Tammus (Juni–Juli)	29	17.	
Aw (Juli–August)	30	9.	Tischa be-Aw
Elul (August–September)	29		
Tischri (September–Oktober)	30	1. und 2.	Rosch ha-Schana
		3.	Fasten Gedalja
		10.	Jom Kippur
		15. bis 23.	Sukkot
		22.	Schemini Azeret
		23.	Simchat Tora
Marcheschwan (Oktober–November)	29 bzw. 30		
Kislew (November–Dezember)	30 bzw. 29	25. bis 2. oder 3.	Chanukka
Tewet (Dezember–Januar)	29	10.	
Schwat (Januar–Februar)	30	15.	Tu bi-Schwat
Adar (Februar–März)	29	13.	Fasten Ester
		14.	Purim
		15.	Schuschan-Purim

ISBN 3-351-02897-0

1. Auflage 2000

Einbandgestaltung Torsten Lemme
Druck und Binden GRAFO S. A.
Printed in Spain

www.aufbau-verlag.de